RHYMESTER UTAMARU'S A GUIDE TO RAP MUSIC HISTORY

ライムスター宇多丸の

「ラップ史」入門

宇多丸
高橋芳朗
DJ YANATAKE
渡辺志保
NHK-FM「今日は一日“RAP”三昧」制作班 編

NHK出版

はじめに

この本は、２０１８年1月8日の午後0時15分から、一時中断を挟んで午後10時45分まで、約10時間にわたってＮＨＫ-ＦＭで放送された「今日は一日〝ＲＡＰ〟三昧」という番組を、できるだけリアルタイムでのオンエアの雰囲気を生かしたまま、書籍化したものです。

最初にこの番組の企画について打診を受けたのは、最終的に決定された放送日から、半年以上前のことでした。実は、一回目の打ち合わせをする前の時点では、僕自身はなぜか、「きっとアメリカのヒップホップ／ラップ・ヒストリーをたどるような内容で、その司会進行あたりを仰せつかるのだろう」と、勝手に思い込んでいたのです。

ところが、いざ話を聞いてみると、番組制作班の希望はどちらかと言うと、「日本語ラップ中心でお願いします」というものだったという……なるほど、時はまさに「フリースタイルダンジョン」ブーム真っ最中、そういう需要がかつてないほど高まっているという

INTRO

のも、考えてみれば当然のことではありました。

ただし、軽視されてはならないのは、日本のヒップホップ／ラップがここまで進化・成長を遂げてきた過程には、やはり、特に本場アメリカのシーンの動向が、常に強い影響を及ぼしてきた、という事実です。

その時代その時代の日本語ラップ作品が「なぜ、こうなっているのか」を真に理解するためには、その時点までのアメリカのラップ作品の流れを知っておくことが不可欠、と言いきっていいほどだと個人的には考えています。それは、本編中にも出てくるように、ヒップホップという文化がそもそも、「随時改定される共通ルールの下で一斉に競われる」、言わばスポーツ的な側面を強く持っているから、でもあるのですが……。

そこで僕が提案したのが、実際の番組や本書がそうなっているように、アメリカ側の歴史を約10年区切りで追った後、「そのころ、我が国では……」というふうに、今度は同時期の日本サイドで起こっていたことを見ていく、という進行スタイルです。

パラレルに進んでいく両者の歴史を交互に検証することで、特に近年の日本語ラップブームからこのジャンルに興味を持ったようなビギナーのみなさんの認識が、より立体的なものになるのではないか……しかも、意外にもと言うべきか、日米のヒップホップ／ラップシーンをこのように並列させてひもといていくような入門編的コンテンツは、これまでまとまった形では作られてきませんでした。

ならば、滅多にないこの機会、生かさない手はない！

もっとも、まだ比較的若い文化とはいえ、アメリカと日本を合わせればやはり延べ75年分にもなる情報と選曲のすべてを、僕ひとりで紹介するというのはさすがに荷が重い。

そこで声をかけたのが、長年の友人でもある高橋芳朗さん、DJ YANATAKE（ヤナタケ）さん、渡辺志保さんのお三方。それぞれ、内外問わずラップの歴史や楽曲にくわしいのはもちろん、放送メディアでのトーク力も証明済みの方々です。構成や選曲、ゲストの人選なども、彼らと打ち合わせを重ねて練り上げていきました。

さらに当日の放送では、DJ YANATAKEさんが、会話の流れに合わせて、歴史的名曲の数々を流してくれてもいます（そちらの全曲リストも巻末に掲載していますのでご参照ください）。また、当初はスラング解説コーナーのみの出演予定だった渡辺志保さんも、せっかくスタジオにいるならということで、急遽、2000年以降のパートから本編の方にも参加してもらいました。結果、世代別の熱気がしっかり反映されて、さらに充実した内容になったのではないかと思います。

とにかく目指したのは、これまでこのジャンルにいっさい興味も知識もなかったような方々でも、すんなり入ってこられるような、徹底した敷居の低さです。友だちの家で、時にゆるい笑いも交えながら、ひたすら曲を聴きまくり、音楽談義を繰り広げる……そんなイメージで、まずは何しろトークを楽しんでいただきつつ、気がついたらそれなりの知識も身についている、くらいのバランスが実現できていれば、理想なのですが。

INTRO

最後の方でも話題になっていますが、アメリカでは、今やロックの売り上げを凌駕(りょうが)し、完全にポップカルチャーにおけるメインストリームとなったヒップホップ／ラップ。しかし残念ながら、特にここ日本ではなぜか、一般層への浸透が著しく遅れている、というのが現状です。

我々のこの試みが、そんな状況を少しでも前進させる一助となるならば、これに勝る喜びはありません。

ライムスター 宇多丸

ライムスター宇多丸の「ラップ史」入門　目次

CONTENTS

70'S → 80'S

MIDDLE & LATE 80'S 2

第2章　80年代中期〜後期

第4章　2000年代

本書は、NHK-FM「今日は一日〝RAP〟三昧」(2018年1月8日放送)から生まれました。第1章~第5章の本文は、放送内容をもとに構成・加筆したものです。脚注の執筆は編集部が担当しました。

写真右から、宇多丸、渡辺志保、高橋芳朗、DJ YANATAKE

1

70's→80's

[第1章]

70〜80年代初頭

1973年8月11日、
ラップはニューヨークで生まれた

[そのとき、日本は?]

日本語ラップの起源を求めて

イントロダクション

宇多丸　よいしょー！　さあ、景気良くいきましょう。みなさん、こんにちは。ラップグループ・**ライムスター**[1]の宇多丸と申します。ふだんはラップをやっております。さあ、これから10時間にわたって、ラップとは何なのか、ヒップホップとは何なのか?!　一気にひもといていこうと思います。

最近、世間でコマーシャルでも何でもいいですけれども、ラップを聴く機会がたいへん多くなったと思います。ラップがこれだけ市民権を得た今だからこそ、「今日は一日〝RAP〟三昧」、満を持してお送りします。

「**フリースタイルダンジョン**」[2]というテレビ番組で、フリースタイルバトル、つまりはラップで言い合いするところをご覧になって、そこからラップに興味を持ったという人もいらっしゃるかもしれません。

今日はそもそも、ヒップホップ／ラップという文化がどのように生まれたのか、というところから始めて、本場アメリカを中心に時代とともに成長するラップの姿を、時系列に追いかけつつ、その歴史をヒット曲の数々とともに紹介していきます。それと並行して、「そのとき、日本は？」と、日本におけるラップの拡がりにも触れることにします。

そもそも、フリースタイルバトルというものが、いきなり日本で生まれたわけではないですから。そのような文化が、どうして日本で生まれたのか、日本では何が起きていたのか。アメリカと日本のラップシーンを並行して紹介していきます。現在の「フリースタイルダンジョン」へと至るラップブームにどのようにつながったのか、最後まで聴くと、「なるほど！」と把握できるということでござい

1．ライムスター　日本のラップグループ。89年結成。メンバーに宇多丸、Mummy-D、DJ JIN。別名「キング・オブ・ステージ」。93年にアルバム『俺に言わせりゃ』でインディーズデビュー。98年リリースのシングル「B-BOYイズム」が大ヒット、日本語ラップ界のアンセムとなる。以後今日に至るまでの日本のヒップホップシーンを開拓・牽引してきた。メンバーそれぞれがラジオパーソナリティ、俳優としてなど、多方面で活躍している。最新作に2017年リリースのアルバム『ダンサブル』。

2．「フリースタイルダンジョン」　ラッパーのZeebraがオーガナイザーを務めるフリースタイルMCバトルのテレビ番組。テレビ朝日にて、2015年9月から放送されている。

ます。ということで、「今日は一日〝RAP〟三昧」。本日の番組MC、さっきから**NHKにあるまじき速度でしゃべっております**、先ほども言いました、ライムスターという、まあ、日本を代表するラップグループ……。

高橋芳朗（以下、高橋）　フフフフフ……うん、いいと思いますよ！

宇多丸　**「日本を代表する」と言わざるをえない、言わないとウソになる……。**

高橋　まったく問題ないと思います！　スタッフのみなさんもうなずいてますから（笑）。

宇多丸　このくだりをあまり長くやりすぎるとちょっとね（笑）。非常にベテランのグループなんですけど、昨日も島根県の松江でバリバリ２時間以上のライブをこなして、朝帰ってきたという、ラッパー宇多丸でございます。

ふだんは某他局のラジオでね……もういいや、ＴＢＳラジオというところでやっているんですけれども、本日は、ＮＨＫにおじゃましまして、まあ、「しゃべりが立つ」ということもあるんですかね……。わかりませんけれども、10時間にわたってお付き合いいただきたいと思います。

早口になりがちなんでね。**「落ち着け、俺。落ち着け、俺」**と自分を落ち着かせていたり、椅子の高さをギイギイ調節したりしているんですけども。

高橋　フフフフフ。

宇多丸　そんな感じで、ライムスター宇多丸が、ヒップホップ／ラップの歴史を紹介していくのですが、ワタクシひとりではね、やはり、少々手に余るところもございますので、本日は心強い助っ人を２名！　もう**このふたりがいれば、僕はもう10時間黙っていたとしても、何の問題もない！**　そんな方々を紹介したいと思います。まずは音楽ジャーナリスト、高橋芳朗さんです。

高橋　こんにちは！　よろしくお願いいたします！

宇多丸　高橋さんは、洋楽のヒップホップ／R

&Bのさまざまな作品の解説や、アーティストのインタビューなどをやっています。

高橋　もともと「**FRONT**」[3]、のちに「blast」と改名するヒップホップ専門誌の編集部に勤務していまして。その後、フリーの音楽ジャーナリストになりました。

宇多丸　アメリカのヒップホップやR&B、いわゆるブラックミュージックについてならば、知らないことはない！

高橋　勘弁してください（笑）。

宇多丸　今日はよろしくお願いいたします！　そして、もうお一方、強力な助っ人です。DJ YANATAKEさんです！

DJ YANATAKE（以下、ヤナタケ）　よいしょー！　よろしくお願いします！

宇多丸　ものすごく、近所の家からやってきた……。

ヤナタケ　いや、引っ越したんです。それほど遠くはないですが……。

宇多丸　あ、引っ越した？　そんな個人情報を10時間の放送のド頭に言うことはなかったですね（笑）。ヤナタケさんは、もともと渋谷にある、レコードショップで……。

ヤナタケ　もうNHKのすぐ近くで！　近くにあったレコードショップでずっと働いていました。このNHKでまさかラップの番組を10時間もできるとは、なかなか感慨深いですね。

宇多丸　レコードショップの店員として、ヒップホップブームのど真ん中で、いろいろと活動しながらですね、現在でも他局でヒップホップ番組をやったりという人です。ひとことで言えば、**日本のヒップホップシーンのフィクサーです**。

ヤナタケ　フフフ。

宇多丸　暗躍してます。

ヤナタケ　……まあ、そうですね、そうですね、**暗躍してます！**

宇多丸　ということで、主に高橋さんにアメリカのヒップホップを、ヤナタケさんに日本のヒップホップの歴史を担当していただきます。

3．「FRONT」　94年、シンコー・ミュージックから、音楽雑誌「CROSSBEAT」の増刊として刊行されたヒップホップ／R&B専門誌。宇多丸や高橋芳朗も編集・原稿執筆で関わる。99年より「blast」と誌名変更。2007年に休刊。

まあでも、みんなでやいのやいの言いながら進めていきたいと思っております。

ヤナタケ　そうですね、友達の家でレコードをばんばん聴いてあれこれ話す、というイメージで。

宇多丸　そもそも、「今日は一日〇〇三昧」というシリーズ自体がそういう企画でしょ？　今日も、ものすごくがっつり予定を組んであります。

最新にして最強、ケンドリック・ラマー

宇多丸　このあと、歴史を順繰りにたどっていくんですが、まずはやっぱり一発目！　景気良く最新のやつを聴きましょう！

高橋・ヤナタケ　間違いない！

宇多丸　**アメリカの最新のヒップホップ、ということは音楽の最先端**ということですから。なんかないですか、最新の？

高橋　やはりここは**今いちばんイケてるラッパーのいちばん強力な曲でいきましょう。ケンドリック・ラマー**[4]の「HUMBLE.」。（２０１８年）１月29日に開催される第60回グラミー賞の最優秀レコード賞にノミネートされている曲です。

宇多丸　え、ヒップホップ部門とかそういうことじゃないんだ！

高橋　そう、総合部門。これは快挙ですよ！

宇多丸　のちほど、ちゃんと説明しますが、ケンドリック・ラマーは非常にメッセージ性が高いというか、その歌詞を高く評価されているラッパーですけれども、この「HUMBLE.」はどういう内容でしょうか。

高橋　タイトルの「humble」は「謙虚」という意味になるんですけど、ケンドリック・ラマーはこの曲中でどれだけ自分がすごいラッパーかを誇示しているんですね。要は「お前ら、この俺様の前では謙虚になれ！」と。

ヤナタケ　**「俺様はすげえんだから、俺様の前**

4．**ケンドリック・ラマー**　カリフォルニア州コンプトン出身のラッパー（87年～）。２０１１年にインディペンデントでアルバム『Section.80』をリリース。15年のメジャーセカンドアルバム『To Pimp a Butterfly』からカットされたシングル「Alright」が、人種差別撤廃運動「Black Lives Matter」においてアンセム化。17年に発売されたアルバム『DAMN.』が、18年にピュリツァー賞音楽部門を受賞。

「では、お前ら、謙虚でいろ」

宇多丸 **まさに、ヒップホップイズム。**

高橋 うん。専門用語で言うと「**ボースト**」（**自慢する、誇る**）ですね。

宇多丸 ということで、最新のラップでございます。聴いていただきましょう！ ケンドリック・ラマーで「HUMBLE.」！

▶ Kendrick Lamar - HUMBLE.

宇多丸 今年のグラミー賞を席巻するのではないかと言われている曲です。

高橋 バラク・オバマ前大統領も2017年のお気に入りの曲に挙げていましたね。

宇多丸 そうですか！ すばらしいですね！

ヒップホップという音楽は、ポップミュージックのあり方そのものを根本から変えてしまった、ということが言えると思います。それでは改めまして、みなさん、ラップの歴史を一緒に学んでいきましょう！

『DAMN.』
Kendrick Lamar
（2017/Top Dawg Entertainment, Aftermath Entertainment, Interscope Records）

この第1章では、「ラップ誕生／黎明（れいめい）期」として、1970年代初頭から1980年代初頭までをたどります。

そして、第2章でラッパーにスターがどんどん誕生する時代、1980年代中期。さらに、第3章、ラップの黄金期！ ここから爆発的にラップの質が上がっていきます！ 1980年代後期から90年代いっぱい。

続く第4章で21世紀に入ってからの2000年代のラップ、最後の第5章で2010年代以降の、現在進行形、最新のラップを紹介します。アメリカのパートはこの5つの章に分かれています。そしてそれぞれ、「そのとき、

5. いとうせいこう 日本のラッパー、小説家、俳優、タレント（61年〜）。日本のヒップホップ黎明期にラッパーとして活躍。86年、いとうせいこう&TINNIE PUNKS名義でアルバム『建設的』を、89年には代表作『MESS/AGE』を発表。80年代半ば、宮沢章夫や竹中直人らとともに、演劇ユニットのラジカル・ガジベリビンバ・システムを開始。著書に『ノーライフキング』『想像ラジオ』など。

6. スチャダラパー 日本のラップグループ。88年結成。メンバーにANI、Bose、SHINCO。90年にアルバム『スチャダラ大作戦』でデビュー。93年、デ・ラ・ソウルのアルバム『Buhloone Mindstate』に高木完とともに客演参加。94年に発表した「今夜はブギー・バック」が大ヒット。「サマージャム'95」が収録された翌年のアルバム『5th WHEEL 2 the COACH』はクラシックとなった。2015年にアルバム『1212』をリリース。

日本は？」と題して日本のシーンを並行して説明していきます。
　その合間合間に、ヒップホップ・ライターの渡辺志保さんによる「ヒップホップ・スラング辞典」なるコラムコーナーも用意していますので、こちらも楽しみにしてください。僕も勉強したいと思ってますから。

ヤナタケ　スラングというのは、なんて説明したらいいですかね？

宇多丸　隠語、もしくは仲間内でしか通じない言葉とでも言えるでしょうか。

ヤナタケ　その言葉を知っていると、よりヒップホップが楽しめるという。

宇多丸　で、日本のラップのパートでは、要所要所に時代を代表するラッパーたちが、ゲストに来てくれます。まずは、日本語ラップのオリジネイターのひとり、**いとうせいこう**[5]さんが登場！　当時のお話から、スタジオライブも！　しかも、そのスタジオライブに私が無理やり絡むというね（笑）。

ヤナタケ　これは歴史的な出来事ですよ！

宇多丸　そして、**スチャダラパー**[6]のBoseさんのインタビュー。続いて**Zeebra**[7]さん。Zeebraさんはインフルエンザになっちゃって、今日は残念ながらスタジオには来られないのですが、電話でたっぷりお話ししたいと思います。
　さらに、その後、ワタクシのグループ、ライムスターのスタジオライブもお届けします。べらべらしゃべるだけの男ではありません。ラップもします！
　そして、2000年代以降のシーンを語る上で欠かせない立役者である**漢**[8]、またの名をGAMIくんが登場します。「フリースタイルダンジョン」でもおなじみですね。
　そして、今現在の日本のヒップホップ界を象徴するグループ、**BAD HOP**[9]が最後に登場して、スタジオライブ！

ヤナタケ　キター！

宇多丸　**NHKでBAD HOPがスタジオラ**

7．Zeebra　日本のラッパー、ヒップホップ・アクティビスト（71年～）。Kダブシャイン、DJ OASISとともに、ラップグループ・キングギドラを結成し、95年にアルバム『空からの力』を発表。97年にシングル「真っ昼間」でソロデビュー。その後、トレンドセッターとして、時代のモードに合った楽曲やアルバムを発表し、日本語ラップシーンの拡大に貢献。2015年からテレビ番組「フリースタイルダンジョン」でオーガナイザーを務める。17年、ヒップホップ専門ネットラジオ局「WREP」を立ち上げた。

8．漢　新宿のラッパー（78年～）。自身のレーベル、鎖GROUPの代表を務めている。2000年にラップグループMS CRUを結成。02年、EP『帝都崩壊』でデビュー。同年、B-BOY PARK MC BATTLEで優勝。03年、MS CRU改め、MSCのアルバム『MATADOR』をリリース。

イブ！

ヤナタケ　痛快です！

宇多丸　さあ、ということで、さっそく予定より時間が5分押しております！　さあ、どんどん巻いていきましょう！

「今日は一日〝RAP〟三昧」。ヒップホップ／ラップという文化はどのように誕生したのか？　時は1970年代までさかのぼります！

ヒップホップの誕生日

宇多丸　ここからは、70年代初頭から80年代初頭、ヒップホップ／ラップ文化が生まれて根付いていくまでを紹介していきたいと思います。

　まずですね、ラップ的表現というか、**しゃべるように言葉を乗せる歌唱表現そのものは昔からあります**よね。それこそ、日本だってトニー谷[10]さんをはじめとして先人がいるわけですけど。実は、**このヒップホップという文化には、誕生日がある**んです。

高橋　誕生日がちゃんと特定されている音楽ジャンルはめずらしいかもしれませんね。

宇多丸　たとえば、ロックンロールの誕生日って難しい。ジャズの誕生日、これも難しいですよね。なんですけど、ヒップホップは誕生日、しかも生まれた場所まで特定されております。

　いきますよ、誕生日。**1973年8月11日。ニューヨーク、ウエストブロンクス**……サウスブロンクスじゃないんですね。「サウスブロンクス」ってよく言われていますけども。ウエストブロンクスのモーリスハイツ地区。みなさん、ご存じですか？

　モーリスハイツ地区のセジウィック通り1520番地にある公営住宅。いわゆる「**プロジェクト**」**と言われる公営住宅の中の娯楽室で開催されたパーティーが、ヒップホップ誕生の地**とされています。

05年にはソロアルバム『導〜みちしるべ〜』を発表。MCバトル、UMB（Ultimate MC Battle）を立ち上げる。18年にアルバム『ヒップホップ・ドリーム』をリリース。テレビ番組「フリースタイルダンジョン」では初代モンスターとして登場。また真の日本一を決めるMCバトル、KING OF KINGSを主催するなど幅広く活動。

9．BAD HOP　日本のラップグループともに「高校生RAP選手権」で優勝した、双子のT-PablowとYZERRを中心に川崎市出身のメンバーによって構成される。他のメンバーにTiji Jojo、Benjazzy、Yellow Pato、G-k.i.d、Vingo、Bark。2014年にアルバム『BAD HOP ERA』を、17年に『Mobb Life』をリリース。最新作に18年のEP『BAD HOP HOUSE』。

10．トニー谷　日本の舞台芸人（ボードビリアン）。49年に芸人デビュー。終戦直後の占領下にあって、眼鏡にひげ、

高橋　ここはニューヨーク市の史跡保存局によって公式に「ヒップホップ発祥の地」として認定されているんですよ。

宇多丸　認められている。というのは、ヒップホップやラップ、我々が今聴いている音楽の**最初の原型を作った人物というのが特定されているんですね。それは、クール・ハーク**[11]**という人**です。ジャマイカからの移民ですね。

　で、そのクール・ハークさんはどういうことを発明したのか？　と言いますのは、みなさん、ラップとはなんぞやと言うとき、今巷で流れているラップの曲みたいなもの、たとえば、先ほど紹介したケンドリック・ラマーの楽曲などを想像されると思いますけども。

　もともと、**曲としてのラップなんてものはなかったんですね。たとえばAメロがあってBメロがあってサビがあって……という曲の形になったのはだいぶ後**の話なんです。

高橋　そうなんですよね。ヒップホップの誕生と言っても、いきなりラップの曲が出てきたわけではないという。

宇多丸　今、僕らが知っているような**ラップが生まれる前に、まず「ブレイクビーツ」という技術が生まれた**わけです。

　ブレイクビーツとは何かと言いますと、曲の途中でドラムブレイク、つまりドラムだけになるところがありますよね。

高橋　いわゆる間奏部分ですね。

宇多丸　クール・ハークさんはその娯楽室でDJをして、お金のない若者たちを踊らせようとしたとき、このドラムブレイクのところになると若者たちが熱狂して、「ワーッ！」って盛り上がることに気づいたんです。

　そして、**「だったら、同じレコードを二枚用意して、この盛り上がる部分だけを交互にかけることで長く延ばせば、もっと盛り上がるんじゃないか」**と考えた。これが、いわゆるブレイクビーツ誕生のきっかけです。

　今、私が話している後ろでお聴きいただいているのは、[12]**インクレディブル・ボンゴ・バ**

派手なタキシード姿に、英語と日本語を取り混ぜた独特の「トニングリッシュ」というしゃべり芸で一世を風靡した。「さいざんす」「家庭の事情」など多くの流行語を生んだ。赤塚不二夫のマンガ『おそ松くん』のイヤミのモデルとしても知られる。

11. クール・ハーク　ヒップホップ黎明期に活躍したDJ（55年～）。60年代後半にジャマイカからニューヨーク・ブロンクスへと移り住む。70年代初頭よりDJとして活動を開始。ブレイクビーツの創始者と言われる。

12. インクレディブル・ボンゴ・バンド　MGMレコードのプロデューサー、マイケル・ヴァイナーが72年に結成したユニット。代表曲は「Apache」の他に、「Bongo Rock」「Last Bongo in Belgium」など。

ンドというグループの「Apache」という曲。

これ、まさに1973年の曲なんですけども。実は**「ヒップホップの国歌（アンセム）」**と言われています。いろいろなフレーズによって構成されている曲ですが、そのドラムブレイクの部分だけをレコード二枚で繰り返す。

クール・ハークが生み出したブレイクビーツという手法、どういうものなのかをご理解いただくため、今DJ YANATAKEさんがスタジオ内に備えつけられたDJセット——レコードプレイヤー（ターンテーブル）二台と、その間に置かれたどちらの音を出すかを操作するミキサー——の前に立っております。

今、お聴きのこのインクレディブル・ボンゴ・バンド「Apache」をどのようにブレイクビーツとして再構成するのか、二枚使いするのか？ DJ YANATAKE、カマせ！

▶ Incredible Bongo Band - Apache

宇多丸 普通に聴いていると、（間奏部分の）ドラムブレイクが流れます。一度ドラムブレイクが終わったら、もうひとつのターンテーブルでまた同じドラムブレイクを頭出しします。そうすると、**永遠にこのドラムのビートが続く**わけです。

そしてこのノリノリのパーカッションが効いたビートに乗せて、貧しいブロンクスの若者たちが踊りまくった。今で言うブレイクダンスに近いような形で踊りまくったという。

さらに客を煽るために、クール・ハークさんは**コーク・ラ・ロック**[13]という人にパフォーマンスを担当してもらった。ブレイクビーツに乗せてMC、すなわちマイクを持った人がユーモアを交えたリズミカルなしゃべりで客を沸かしていくわけです。あるいは、**「Say Ho!（セイ・ホー！）」と呼びかけ、コール・アンド・レスポンスしたり**して盛り上げる。

まさに彼は、ヒップホップ／ラップの原型的なものを作ったわけです。ブレイクビーツ

13．コーク・ラ・ロック ニューヨーク・ブロンクス出身のラッパー（55年〜）。クール・ハークとともに活動。ヒップホップ史上初のMCと言われる。

にラップを乗せるということはどういうことか？　たとえば、こんな感じです。

（ラップする）「Yes, Yes, Y'all!　Yes, Yes, Y'all!　その調子！　止まらずに！　Keep On, Yo!　その調子！……決して譲れないぜ／この美学／ナニモノにも媚びず己を磨く／すばらしきロクデナシたちだけに届く／とどろく／ベースのごとく！」

……みたいな感じで、**即興で言葉を紡ぎ、自分が用意してきた歌詞も交えながらラップを乗せる。これがヒップホップの原型**です。はい、DJ YANATAKEさん、お疲れさまでした。

高橋　今のふたりのやりとりからもわかると思うんですけど、**当初の主役は基本的にDJだったんですよ。MC／ラッパーはあくまでそのサポート役、盛り上げ役にすぎなかった。**

宇多丸　そうなんです。クール・ハークさんが、1973年8月11日にこのスタイルを初めて生み出しました。これをもってヒップホップの誕生と言われております。そして、そのクール・ハークの後を追うように、多くのアーティストがこの技術を改良していきます。

今ヤナタケくんがやったように、より正確な位置でブレイクビーツを繰り返す技術を開発したのが**グランドマスター・フラッシュ**[14]です。グランドマスター・フラッシュさんに**僕、直接インタビュー**したときに、彼がこんなことを言っていました。

DJが二枚使いでプレイをしていると、客が――日本でもたまにありますけども――DJのやっていることに感心してしまって踊らなくなってしまうと。

高橋　それはめちゃくちゃおもしろい話ですね。

宇多丸　「おお、すごいな！」なんて、立ち尽くして見るだけになってしまう。そこで、マイクを持って客に向かって、「突っ立ってないで、体を動かせ！　セイ・ホー！　手を上げろ！」と呼びかけることで盛り上げていったんだ――なんてことをおっしゃっていまし

14．グランドマスター・フラッシュ　カリブ海の島国バルバドス出身のDJ（58年～）。クール・ハークのプレイに影響を受け、スクラッチの前身である「Rubbing」という手法を実践したことでも知られる。ラッパーのメリー・メルらとともにグランドマスター・フラッシュ＆ザ・フューリアス・ファイブを結成。82年に同グループ名義でシュガーヒル・レコードからリリースした、「The Message」が大ヒット。

た。

高橋　そういう経緯から、オーディエンスを煽るＭＣが不可欠になったところもあるんですね。

宇多丸　要は、歌として作るということではなく、まずは**パーティーを盛り上げる〝添え物〟としてラップは生まれた**ということなんです。

クール・ハーク、そしてグランドマスター・フラッシュ。もうひとり、当時のニューヨークでいちばんのギャング組織と言われていたブラック・スペーズというギャングを仕切っていた**アフリカ・バンバータ**[15]。この三強、３人が初期のヒップホップＤＪとして活躍していたわけです。

ところが、ここで面白いことが起こる。最初はこの３人しかいないわけですよ。他の人たちは彼らがどうやってプレイしているのかもわからないし、そもそも貧乏だから機材も持っていない。楽器も買えないですし、レコードも買えない。

……なんだけど、１９７７年夏にニューヨークで大停電があったことをみなさん、ご存じでしょうか？　**スパイク・リー**[16]監督の『**サマー・オブ・サム**』[17]という映画で描かれていますけども。

高橋　ありましたねー。大好きな映画です。

ニューヨーク大停電が生んだ思わぬ副産物

宇多丸　大停電が起き、略奪や犯罪が横行した夜があったんです。電器店からもいろいろなものが盗まれた。そして何が起きたか？　なんと、その**77年の大停電の後、急にＤＪをやるやつが増えた！**

高橋　フフフフ、どういうことだ？

宇多丸　これはもう、いろいろなアーティストがズバリ証言しています。要は略奪したＤＪセットで、若者たちがＤＪを始めたというね。それを今、武勇伝として語っている（笑）。

15. アフリカ・バンバータ　ニューヨーク・ブロンクス出身のＤＪ（57年〜）。ヒップホップを社会に広めるために、ズールー・ネイションを立ち上げる。クラフトワークやＹＭＯなどジャンルにとらわれない選曲で知られる。82年にクラフトワークを参照した「Planet Rock」をリリース。

16. スパイク・リー　ジョージア州アトランタ出身の映画監督。人種問題をテーマとした作品を多く手がける。代表作に『ドゥ・ザ・ライト・シング』『ジャングル・フィーバー』『マルコムX』など。

17.『サマー・オブ・サム』　99年のアメリカ映画。77年にニューヨークで実際に起こった連続殺人事件をモチーフにした作品。スパイク・リー監督。

高橋　信じられないようなエピソードですけどね。これ、本当の話ですから。ある意味ヒップホップらしいというか、なんというか。

ヤナタケ　もし停電が起きず、彼らが機材を手にしていなかったら、ヒップホップのシーンはそれほどすぐには大きくならなかったかもしれない。

宇多丸　先ほど紹介した三強だけってことになるから、ヒップホップが文化として盛り上がらなかったかもしれないですよね。幸か不幸か、その77年の大停電を機にたくさんのグループが生まれます。

　グランドマスター・フラッシュ率いるフューリアス・ファイブ。**ファンタスティック・ファイブ**[18]**、ファンキー・フォー**[19]**、トレチャラス・スリー**[20]**、コールドクラッシュ・ブラザーズ**[21]。

　群雄割拠の時代となって、パーティーが盛り上がるようになる。ただ、ここに至ってもなお、ラップはパーティーを盛り上げるための添え物でした。**あくまでも主役は、パーティー**なんですね。

高橋　そうですね。

宇多丸　要するに、まだ曲じゃないんですよ。

高橋　当然まだ録音物もありませんでした。

宇多丸　レコードとかはなくて。ただ、そのパーティーの様子を録ったカセットテープは出回っていました。それによって、サウスブロンクスの危ない地域にしかなかった文化が外にも……たとえば（ニューヨークの中の別地域である）クイーンズに住んでいる少年たちの耳に届いて、彼らが「かっこいい！」と反応したり。

　その世代の中から、のちに**ランD.M.C.**[22]というグループが生まれたりするわけです。ただ、実はこの時点で当事者の間には、ラップやヒップホップをレコードにして儲（もう）けようという発想がなかった。

高橋　**「曲」や「作品」というよりは、あくまで「パーティー」という感覚**だったんでしょうね。だから音源化するような発想に至らなかったのではないかと。まだヒップホップの

18．ファンタスティック・ファイブ　グランドマスター・フラッシュの兄弟であるDJのグランドウィザード・セオドアが結成したオールドスクールを代表するグループ。セオドアは映画『ワイルド・スタイル』の音楽も担当した。

19．ファンキー・フォー　ニューヨーク・ブロンクスのラップグループ。DJブレイクアウトを中心に結成。79年にデビューし、「Rappin and Rocking the House」、「That's the Joint」などのヒットを生む。女性のMC、シャーロックを交えた、ファンキー・フォー・プラス・ワンとしての活動も知られる。

20．トレチャラス・スリー　ニューヨーク・マンハッタンのラップグループ。78年、クール・モー・ディー、スプーニー・ジーらによって結成（その後、スプーニー・ジーはソロに転向）。80年に「The Body Rock」を発表。

可能性について無自覚だったのかもしれませんけどね。

宇多丸　ところがそこに、「ラップっていうのが今、若者に流行(はや)ってるらしいじゃない?」と言い出した、**シルヴィア・ロビンソン**[23]っていうおばさんがおりまして。この方、もともとはソウルシンガーなんですよね。

高橋　そうですね。ミッキー&シルヴィアとして50年代にデビューして、73年には「Pillow Talk」というヒット曲も残しています。

宇多丸　で、そのシルヴィア・ロビンソンが**「なんかラップ流行ってるらしいから、いっちょレコードでも作って儲ければいいじゃない?」**という大変に安直な考えを持った。で、**「なんかラップできる子、いないの?」**みたいな。

要するに、先ほど紹介したグランドマスター・フラッシュのような、いちばん活躍している人に声をかけるのではなくて、「知り合いで誰か、いないの? ラップできる子?」みたいな感じで、**3人適当に集めた。**

高橋　そうそう。**ピザ屋で働いていたやつとかね。**

宇多丸　ピザ屋で働いている甥(おい)っ子かなんかがラップできるらしいからと。で、ラップをさせてみたら、「できる!」と。そうしたら、**道を通りかかった別のやつが、「俺だってできるぜ!」**って(笑)。

高橋・ヤナタケ　アハハハハ!

宇多丸　これ、本当ですよ! で、そのようにして即席で、**シュガーヒル・ギャング**[24]というグループを作りました。

しかも、このシュガーヒル・ギャングが作った曲というのが、当時大ヒットをしていた**シック**[25]の「Good Times」という曲を弾き直してというか……**まあ、パクリですよね。**

高橋　ざっくり言うとそういうことになるのかな。しかしグレーなところが多いですね、ヒップホップは(笑)。

21. コールドクラッシュ・ブラザーズ　ニューヨーク・ブロンクスのラップグループ。76年結成。MCのグランドマスター・カズを中心とした、4MC&2DJ。82年にデビューシングル「Weekend」をリリース。84年のシングル「Fresh, Wild, Fly and Bold」がヒット。

22. ランD.M.C.　ニューヨーク・クイーンズのラップグループ。81年に結成され、80年代に最も活躍したグループのひとつ。メンバーに、ジャム・マスター・ジェイ、ラン、D.M.C.の3人。84年のファーストアルバム『Run-D.M.C.』がミリオンヒット。86年にリリースしたロックバンド、エアロスミスのヒット曲のカバー「Walk This Way」が全米チャート4位を記録。2002年、ジャム・マスター・ジェイがスタジオで射殺され、グループは活動休止に。09年、ロックの殿堂入りを果たす。

23. シルヴィア・ロビンソン　ニューヨーク・ハーレム出身

ラップ史上初のヒット曲

宇多丸　これはどういうことかと言うと、もともとパーティーでは他の人の曲をレコード二枚でずっとかけるわけですよね。彼らはそれをバンドで再現したんです。

　普通にレコードにしたらパクリのはずなんですけど……**なんとこれが世界で初めてのヒップホップ／ラップのレコードの大ヒット曲となってしまう**。

　時は1979年です。それでは、お聴きいただきましょう。非常に長い曲ですが、シュガーヒル・ギャングで「Rapper's Delight」。

▶ The Sugarhill Gang - Rapper's Delight

宇多丸　はい。この調子で延々と……これ、何分だっけ？
高橋　アルバム・バージョンだと15分近くありますね。当時のラップの曲ではこのぐらいの長さがスタンダードでした。やっぱり**パーティーの一部を切り取った感覚**ですよね。
宇多丸　サビもなしでずーっとラップが続きます。これまで繰り返しているとおり、この時点ではまだ曲の体裁という発想がありません。
　しかも、歌詞もまったく脈絡がない。先ほど「適当に作ったグループ」と言いましたけども、曲自体も適当に作ったもいいところで、**歌詞も人のパクリ**なんですよね。
高橋　コールドクラッシュ・ブラザーズのグランドマスター・カズのリリック（歌詞）帳から拝借してきたと言われてますね。

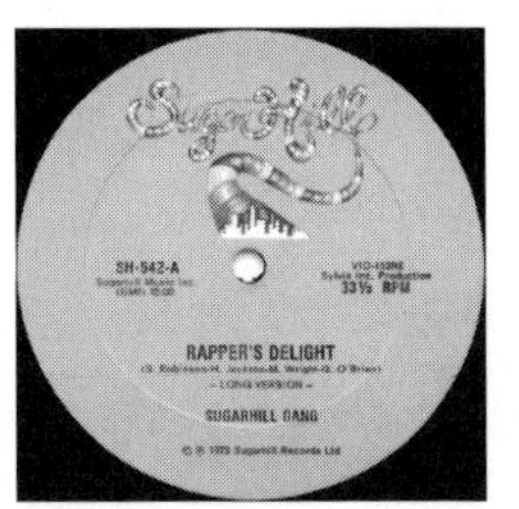

「Rapper's Delight」
The Sugarhill Gang
（1979/Sugar Hill Records）

のシンガー、プロデューサー（36～2011年）。50年代にシンガーとしてデビュー。67年に、オール・プラチナム・レーベルを創設し、ザ・モーメンツ「Love on a Two-Way Street」をヒットさせる。73年に、自身のシングル「Pillow Talk」もヒット。80年代にはシュガーヒル・レコードを運営してシュガーヒル・ギャングやグランドマスター・フラッシュの作品を発表。「ヒップホップの母」とも呼ばれた。

24．シュガーヒル・ギャング　ニューヨークのラップグループ。ビッグ・バンク・ハンク、マスター・ギー、ワンダー・マイクによって結成。「Rapper's Delight」がヒット。

25．シック　ニューヨークのファンク／ディスコ・バンド。中心メンバーに、ギターのナイル・ロジャースとベースのバーナード・エドワーズ。77年にアルバム『Chic 1』でデビュー。シュガーヒル・ギャングの「Rapper's Delight」が、シックの「Good Times」の盗

宇多丸　ひどいですよね。

高橋　ね。グランドマスター・カズが気の毒すぎる（笑）。

宇多丸　元の曲は、シックの「Good Times」ですが、**僕はシックのメンバーであるナイル・ロジャース**[26]**、バーナード・エドワーズ**[27]**に直接インタビューした**ことがあります。そのときに、まさにこの「Rapper's Delight」の話が出ました。この曲が大ヒットしたことを知った彼らはどう反応したか？

「『確かにかっこいいな』と感じたから、別にいいんだよ。**ただ、一声くれるかな？**」

そう考えた彼らは、シュガーヒルに電話したわけです。そうしたら、「**はあ？　オリジナルですけど？**」みたいなことを言われてしまう（笑）。

「えっ、知りません。『Good Times』って何ですか？」

そんな反応だったらしく、彼らはもう笑うしかなかったという……。

高橋　ひえー、それもまたすごいエピソード！

宇多丸　さすがに後になって、権利をクリアしたと思いますけどね。

ヤナタケ　最近、来日してますからね。

宇多丸　ああ、シュガーヒル・ギャングね。すごいことですよね。ということで、ここから「**ああ、ラップのレコードは金になるんだ**」ということがわかってきた。

それまではたとえば、みんな次のように考えていた。のちに成功する**パブリック・エナミー**[28]のチャック・Dいわく……「ラップをレコードにするなんて無理でしょう？　何？　一晩の様子をレコードにするわけ？」

そんなふうに考えていたんだけど、一転、「これは金になるんじゃないか？」と、みんな次々とラップのレコードを出すようになる。

たとえば、**カーティス・ブロウ**[29]。彼は最初にメジャーレーベルと契約したラッパーですね。今、後ろで流れている、「The Breaks」という、1980年の作品。最初期にしては、

用であったことから訴訟に発展。現在は、ナイル・ロジャースとバーナード・エドワーズの名前も、「Rapper's Delight」のクレジットに加えられている。

26．ナイル・ロジャース　ニューヨーク・ブロンクス出身のミュージシャン、プロデューサー（52年〜）。77年にバーナード・エドワーズと、シックを結成し活動。80年代からは、バーナードとともに、プロデューサーとしての活動を開始。83年のデヴィッド・ボウイ『Let's Dance』、翌年のマドンナ『Like a Virgin』がそれぞれ世界的な大ヒット。2013年にリリースされた、ダフト・パンク『Random Access Memories』への参加も大きな話題を呼んだ。

27．バーナード・エドワーズ　シックの主要メンバーのひとりで、伝説的なベーシスト（52〜96年）。ディスコブームの終焉とともにシックとしての活動は停滞していくが、ナイル・ロジャースとともに

めちゃめちゃ良く出来ている曲ですね。

高橋　この「The Breaks」から、曲の構造がちょっと変わってきて、単に延々とラップしていくだけでなくサビ的なものが出来るんですよね。

宇多丸　「The Breaks」はある意味、全編がサビみたいな曲ではないでしょうか。ちょっと聴いてみる？

▶ Kurtis Blow - The Breaks

宇多丸　（曲を少し流してトークに戻る）すみませんね。慌ただしくて。ラップが生まれて、アメリカではもう45年経つじゃないですか。プラス、日本の歴史も30年ぐらいあるじゃないですか。それを10時間でたどっていくとなると、ものすごいスピードでやらなくちゃいけない（笑）。

高橋　フフフフフ、巻いていこう！

社会的メッセージが込められた歴史的1曲

宇多丸　ここから、レコード文化としてヒップホップ／ラップが花開いて、ディスコでも頻繁にかかるようになっていきます。いわゆる、**オールドスクールの時代**です。このあたりの楽曲を聴いて、初めてラップという音楽を知った世代の人も結構多いと思うんですけども。

　これまで当時のアメリカの社会状況についての話を思いっきり端折っていましたが、もともとヒップホップは、**アメリカの中でもいちばん貧しくて見捨てられた地域で生まれた文化**なわけです。なので、ラップに対して、次のようなイメージを持っている人も多いのではないでしょうか。

「貧しい黒人が、自分たちの心情や社会的メッセージを込めている」

　しかし実は、こうしたイメージが醸成されてきたのは途中からです。最初のころは、パ

プロデュース業で活躍。96年に公演のために訪れた東京で客死。

28．パブリック・エナミー　ニューヨーク・ロングアイランドのラップグループ。82年、チャック・D、フレイヴァー・フレイヴを中心に結成。87年にアルバム『Yo! Bum Rush the Show』でデフ・ジャムよりデビュー。88年のアルバム『It Takes a Nation of Millions to Hold Us Back』のヒットで、一気にヒップホップシーンのトップに駆け上がる。その革新的なサウンドと強烈なメッセージで、現在のラップに計り知れない影響を与えた。

29．カーティス・ブロウ　ニューヨーク・ハーレム出身のラッパー、プロデューサー（59年～）。初めてメジャーのレコード会社（マーキュリー・レコード）と契約を果たしたラッパー。80年に発表した「The Breaks」も、ヒップホップで初めて、ゴールドディスクを獲得。

ーティーを盛り上げるためだけに存在したものなので。

高橋　メッセージソングがまったくなかったわけではないんだけど、やっぱり多くはパーティーソングでした。

宇多丸　わりとお気楽なというか、**「俺はすごいんだぜ！」みたいな主張をユーモア混じりで歌うことがメイン**でした。

しかしここで、ラップに社会的メッセージが持ち込まれた歴史的な曲が登場します。高橋さん、解説をお願いします。

高橋　その歴史的な作品とは、グランドマスター・フラッシュ＆ザ・フューリアス・ファイブの「The Message」。１９８２年の作品です。

「The Message」というタイトルにもあるとおり、社会派メッセージソングと紹介してもまったく差し支えないと思いますが、厳密には**「ゲットー（マイノリティの密集居住地）発の克明な現地レポート」**といった感じでしょうか。

宇多丸　今のラップ、たとえば、いわゆるギャングスタ・ラップと呼ばれる非常に荒っぽい内容の曲も、**「だって僕らが生きている環境はこうだから……」**という点では、意味するところは同じなわけです。「リアリティ・ラップ」という言い方もしますけど、まさにそういうことですよね。

高橋　そうですね。あと「The Message」をエポックたらしめている要素としては、メッセージ性の強い歌詞だけでなくラップのスタイルやバックトラックにも及んでいます。

聴いてもらえれば、先ほどのカーティス・ブロウのような**まくしたてるスタイルから一転、落ち着いたトーンで淡々と語っていくスタイルに**なっていることがすぐにわかると思います。

宇多丸　グランドマスター・フラッシュ＆ザ・フューリアス・ファイブには、**メリー・メル**[30]という非常に天才的なラッパーがいました。リリシストというかね。渋い感じで。ちょっ

30．メリー・メル　ニューヨーク・ブロンクス出身のラッパー（61年〜）。グランドマスター・フラッシュ＆ザ・フューリアス・ファイブでリードラッパーを務める。82年にリリースした「The Message」が大ヒット。同グループの歌詞はほとんどメリー・メルが書いていたと言われる。

と聴いてみましょうか。

▶ Grandmaster Flash & The Furious Five - The Message

高橋　ヒップホップはパーティーソングが中心だったから、こうした本格的なメッセージ・ソングを歌うことについてはメンバーも当初懐疑的だったようですね。

宇多丸　先ほど紹介した、シルヴィア・ロビンソンという、最初に「いっちょ一儲けしようか？」とラップのレコードを仕かけたおばさんが、「あなたたち、もっとメッセージソングみたいなの、歌いなさいよ！」って。

「The Message」
Grandmaster Flash &
The Furious Five
（1982/Sugar Hill Records）

高橋　**「シリアスな曲、やってみなさいよ！」**ってね。

宇多丸　そのオーダーに対して彼らは、「やだよ、そんなの。客がそんなの聴きたいわけないじゃん！」と反応した。

するとし、「いいから！　聴きたいんだって！　みんなそういうシリアスなのが聴きたいんだって！」と押し返されて、**結果イヤイヤ作った曲が歴史を変えた**という。

高橋　グランドマスター・フラッシュ＆ザ・フューリアス・ファイブは、**ザ・クラッシュ**[31]**やブロンディー**[32]**といったパンクバンドと一緒にライブを行っていたり**もしたから、そういう文脈から評価されたところがあったのかもしれません。

宇多丸　そうなんですよね。１９８２年のニューヨークともなると、ニューウェーブシーンがいちばんイケてる文化ですから。

　たとえば、ブロンディーですよね。「Rapture」なんて曲はまさに、トレンドに

31．ザ・クラッシュ　イギリス・ロンドンのパンクバンド。76年にジョー・ストラマー、ミック・ジョーンズを中心に結成。セックス・ピストルズとともに最も成功したパンクバンドと言われる。77年に『The Clash』でデビュー。音楽性の幅を拡げた、79年のアルバム『London Calling』がアメリカでもヒット。

32．ブロンディー　ニューヨークのロックバンド。女性ボーカリスト、デボラ・ハリーやギターのクリス・シュタインらを中心に、74年に結成。76年にアルバム『Blondie』でデビュー。81年のシングル「Rapture」は、ラップを取り入れた楽曲として初の全米１位を記録。

対して非常に敏感だった彼らがラップを取り入れた曲だと言われています。

高橋 そう。「Rapture」の歌詞にはグランドマスター・フラッシュやファブ・ファイヴ・フレディ[33]が登場しますからね。

ジャンルにとらわれないファンクネス

宇多丸 一方、この1982年には、先ほど名前を挙げた三強、みなさん覚えてますでしょうか? クール・ハーク、グランドマスター・フラッシュともうひとり、アフリカ・バンバータという人がいるわけですけど、このアフリカ・バンバータが今までのヒップホップとはまた全然違うスタイルのヒップホップを生み出します。

それでは聴いてみましょう。アフリカ・バンバータ&ザ・ソウルソニック・フォースで「Planet Rock」。1982年の曲です!

「Planet Rock」
Afrika Bambaataa & The Soul Sonic Force
(1982/Tommy Boy)

▶ Afrika Bambaataa & The Soul Sonic Force - Planet Rock

宇多丸 この曲を聴いて**「あれ? これってクラフトワーク[34]じゃないの?」**と脳裏によぎった人もいるんじゃないでしょうか? 「クラフトワークの『Trans Europe Express』じゃないの?」。まさにそうで。

高橋 **うん、モロですよね。**

宇多丸 当時は、いわゆるサンプリングはまだしていなくて、原曲を丸ごと作り直してという感じですよね。

高橋 これまで紹介してきたシュガーヒル・

33. ファブ・ファイブ・フレディ ニューヨーク・ブルックリン出身の映像プロデューサー、グラフィティ・ライター、ラッパー(59年~)。映画『ワイルド・スタイル』の製作に関わる。88年から放送が開始されたテレビ番組「Yo! MTV Raps」ではホスト役を務めた。また、ナズの「One Love」のMVのプロデュースも行っている。

34. クラフトワーク ドイツ・デュッセルドルフの音楽グループ。70年に結成。74年に発表されたアルバム『アウトバーン』は、英米をはじめ世界中でヒットし、電子音楽が世に広まるきっかけとなる。クラフトワークの存在は、YMOやDEVOなど、テクノポップのジャンルで数多くのフォロワーを生んだほか、テクノという音楽ジャンルのルーツのひとつとなった。また、「Trans Europe Express」「Numbers」などの曲をアフリカ・バンバータがサンプリングするなど、初期ヒップホップに与えた影響も大きい。

ギャングやカーティス・ブロウ、グランドマスター・フラッシュらの曲は、オケをバンドが演奏していたんですけど、この「Planet Rock」は**ＴＲ-８０８**[35]**、通称「ヤオヤ」と呼ばれるドラムマシーンを駆使して制作**されています。

宇多丸　しかも、このＴＲ-８０８はいまだにラップミュージックの大きな背骨をなしています。

高橋　今のヒップホップシーンのトレンドになっているトラップ（第４章１９２p、第５章２５４p参照）でも「ヤオヤ」が重要な役割を果たしていますからね。

宇多丸　覚えておいてください。ＴＲ-８０８。９時間後ぐらいに出てきますから（笑）。

あと、アフリカ・バンバータの先見性は、他にもあります。それまでの曲は、いわゆるブラックミュージック的というか。まあファンクですよね。**ジェームス・ブラウン**[36]に代表されるようなファンクミュージック。

つまりブラックミュージックの伝統に沿うようなものだったんですが、アフリカ・バンバータというＤＪは、**ターンテーブルの上ではすべてのジャンルが解放される**ということを体現した。

たとえばクラフトワーク、あるいはＹＭＯ[37]。つまり**日本のイエロー・マジック・オーケストラを好んでかけたり。**アフリカ・バンバータは**ジャンルにとらわれないファンクネス**とでも言いましょうか、ヒップホップという音楽における思想的なところも引っ張っていた。

高橋　バンバータは「ファンクだろうがサルサだろうがレゲエだろうがカリプソだろうが関係ない。俺にとってすべての音楽はダンスミュージックなんだ」と語っていましたから。

宇多丸　ということでね、ここまで順調です。１９７３年の誕生から始まって、１９８０年代初頭のヒップホップ的な音楽像の定着というか、完成というところまで来ました。ここまでなかなかいいペースで来ています。**なんなら巻いてますよ！**

35．ＴＲ-８０８　ローランド社が80年に発売したドラムマシーン。テクノポップ、ニューウェーブなど電子音楽の世界で好んで使われた。イギリスのテクノバンド、808ステイトや、ラップのプロデューサーチームである808マフィア（レックス・ルガー、サウスサイドからなる）の名前は同機より取られたものとされる。

36．ジェームス・ブラウン　ジョージア州オーガスタ出身のソウルミュージック／R&B／ファンクのシンガー、音楽プロデューサー。通称「ファンクの帝王」。56年に「Please, Please, Please」でデビュー。ジェームス・ブラウンは「最もサンプリングされたアーティスト」とも言われており、彼の代表曲のひとつ「Funky Drummer」はパブリック・エナミー、LLクールJ、ランD.M.C.、エリック・B&ラキム、アイス・Tなどの楽曲でもサンプリングされている。

ヤナタケ　「Planet Rock」には、日本語の歌詞が出てくる部分があるんで、巻いた分、そこをかけてもいいですか?

（「Planet Rock」がかかる）「Everybody say, Ichi Ni San Shi! Say, Planet Rock!」

宇多丸　すごいですね！　今度ライブに取り入れます（笑）。「イチ、ニ、サン、シッ！」って。いいですねえ。あ、そうだ。これも言っておかなきゃいけない。

今、82年まで来ましたけど、1983年には映画『**ワイルド・スタイル**』[38]が登場します。ヒップホップ文化を、劇映画でありつつも、ドキュメンタリー的手法で切り取った作品です。この『ワイルド・スタイル』を巡る楽しい話があるんですけどね……。

高橋　ぜひぜひ、披露してくださいよ。

『ワイルド・スタイル』は日本が世界初公開

宇多丸　ニューヨークのウエストブロンクスで生まれたヒップホップという、非常にローカルな文化が、世界中に拡がるきっかけになったのが、この『ワイルド・スタイル』です。実はこの映画が、**世界でいちばん早く公開されたのは、この日本**なんですね。

日本でも、いわゆるブレイクダンスブームは、『**フラッシュダンス**』[39]（1983年7月日本公開）を機に起こりましたけども。同じ時期に『ワイルド・スタイル』が公開されています（1983年10月日本公開）。ちなみに『フラッシュダンス』に出てくるブレイクダンサーたちは、**ロック・ステディ・クルー**[40]という、バリバリのブレイクダンサーたちです。で、『ワイルド・スタイル』に話を戻すと、なぜ『ワイルド・スタイル』の日本公開は本国アメリカよりも早かったのか?

37．YMO　日本のテクノポップ・ユニット。78年に、細野晴臣、高橋幸宏、坂本龍一によって結成。日本のみならず、世界的にブームを巻き起こす。「Firecracker」は、アフリカ・バンバータも好んでかけていたことが知られている。

38．『ワイルド・スタイル』　83年のアメリカ映画。ニューヨークのサウスブロンクスを舞台に、誕生したばかりのヒップホップの姿を描く。チャーリー・エーハン監督。

39．『フラッシュダンス』　83年のアメリカ映画。ダンサーになる夢を追う女性の姿を描いた青春映画。ハリウッド映画としては、初めてブレイクダンスを取り入れた作品。エイドリアン・ライン監督。

40．ロック・ステディ・クルー　ニューヨーク・ブロンクスのダンスクルー。77年結成。映画『フラッシュダンス』や『ワイルド・スタイル』に出演したことで世界的な知名度を得た。

後にKUZUIエンタープライズという会社を興した**葛井克亮**[41]さんという方がいて、彼は、角川映画『**人間の証明**』[42]の助監督として、ニューヨークロケのコーディネートをしていた。実は『人間の証明』は、まさにヒップホップ黎明期ど真ん中のブロンクスで撮影していたわけです。

そのロケでも色々怖い思いをしたという葛井さんが、1982年にニューヨークの小さな映画祭で初上映された『ワイルド・スタイル』を、いち早く発見した。新しい文化の熱気と可能性に感動した彼は、日本でも配給するよう、すぐに大映の上層部を説得したんです。で、改めてカンヌに行って、（世界のバイヤー向けに）出品されていた『ワイルド・スタイル』を、監督のチャーリー・エーハンに直接かけあって買いつけてきた、という……。さらに日本での公開時には、出演しているアーティストたちをまとめて来日させてプロモーションツアーをしたり、出版物を出したり、初期ヒップホップ文化の紹介者として葛井さんが残した功績というのは、実はものすごく大きいんです。とにかくこうして、**角川映画とヒップホップが、まさかここでつながる！**

ヤナタケ　アハハハハ。

宇多丸　あと同じ1983年、**ハービー・ハンコック**[43]の「Rockit」という曲のパフォーマンスが、グラミー賞のステージで行われました。バンドにDJがいたり、ダンサーたちがブレイクダンスをしたり。やっぱり画が付くと、「ああ、こういうことか！」ってわかるわけです。

日本でもラップより前に最初に流行ったのは、やっぱりブレイクダンスですよね。**風見しんご**[44]さんなんかも、当時やっていましたけども。……というわけで、日本の話が少し出てきたあたりで、舞台は日本へと移ります。アメリカから生まれたこの文化が日本ではどのように広まったのか、その始まりを見ていきましょう。

41. 葛井克亮　日本の映画プロデューサー（44年～）。83年、ニューヨークで、インディペンデント映画やミュージックビデオを日本に輸出するKUZUIエンタープライズを設立。スパイク・リー、ジム・ジャームッシュ、ジョン・ウォーターズ、コーエン兄弟などの作品の配給でも知られる。

42.『人間の証明』　77年の日本映画。日本とアメリカを舞台に、ある黒人青年の死をきっかけに明らかになる悲劇を描くサスペンスドラマ。佐藤純彌監督。

43. ハービー・ハンコック　イリノイ州シカゴ出身のジャズピアニスト（40年～）。83年のアルバム『Future Shock』では、ヒップホップを大胆に導入し、シングルカットされた「Rockit」が世界中で大ブレイク。

44. 風見しんご　日本のタレント（62年～）。84年のシングル「涙のtake a chance」で振付にブレイクダンスを取り入れた。

［そのとき、日本は？］

ラップはいつ日本に輸入されたか？

宇多丸　ここまで1970年代初頭から80年代初頭にかけてのアメリカの話をしてきましたが、「そのとき、日本は?」と言っても、**そのとき、日本は……何にもなあい！**

高橋　フフフフフ、アメリカでもまだ黎明期真っ只中ですからね。

宇多丸　そうそう。アメリカだって、おそらくニューヨークのごく一部のイケてる人だけが知っている音楽で。

高橋　そうですね。言わばローカル音楽ですよ。

宇多丸　おそらくは中西部の人とか、まったく知らない状態。

ヤナタケ　いろいろ調べましたが、やっぱり1970年代の日本におけるヒップホップ／ラップについては、記録はほぼ残っていないと思います。

宇多丸　ところがですね、日本に輸入されるのはだいぶ後になってからだと思われるかもしれませんが、実はめちゃめちゃ早い例もあるんです。

今、後ろで流れているのは、「咲坂と桃内のごきげんいかが1・2・3」という曲です。作ったのは、**スネークマンショー**[45]というグループ。スネークマンショーはもともと、同名のラジオ番組のことですね。

この曲は、1981年にリリースされています。ブロンディーの「Rapture」風のトラックの上で、**小林克也**（こばやしかつや）[46]さんと**伊武雅刀**（いぶまさとう）[47]さんがそれぞれキャラクターを演じて話しているという。

ヤナタケ　そうですね。

宇多丸　日本語でやっていますし。「ブロンディーに影響を受けてやったのかな?」と思われがちなんですが、これ、**小林克也さんに直接お話を聞いたときに得た証言があります。**

さっき取り上げたシュガーヒル・ギャング

45．スネークマンショー　日本のラジオDJユニット、コントユニット。75年に桑原茂一と小林克也によりプロジェクト開始。76年よりラジオで音楽番組がスタート。追って伊武雅刀も参加。同性愛、麻薬など当時タブーとされていたトピックや、社会的批判を込めたコント・過激な下ネタが呼び物。YMOの80年のアルバム『増殖』に参加して、幅広いファン層をつかむ。81年、細野晴臣を共同プロデューサーに迎えたアルバム『SNAKEMAN SHOW（急いで口で吸え）』を発表し、大ヒット。

46．小林克也　日本のラジオDJ（41年～）。ラジオ番組をきっかけに桑原茂一とスネークマンショーを結成。テレビ朝日系の音楽番組「ベストヒットUSA」のホストとしても知られる。

47．伊武雅刀　日本の俳優、声優（49年～）。小林克也からラジオ番組への出演を持ちかけられ、これをきっかけに

の「Rapper's Delight」という曲がありましたね？　アメリカで1979年にリリースされて大ヒットしているときに、それをニューヨークで聴いた（スネークマンショーを主宰する）**桑原茂一**[48]さんが、「番組でもこんな感じの曲をやろう！」と。

当時はまだサンプラーもないですから、「Rapper's Delight」の元となった、シックの「Good Times」の、頭の「ドンドンドンドン……♪」の部分を、**テープを切り貼りして、輪っかを作ってトラックのループとした。擬似的なサンプリングループ**というのかな。

ニューヨークから帰ってきて、すぐだそうです。それが1980年初頭くらいのこと。正確な日時までは調べきれなかったんですけど、放送で流したみたいですね。

つまり、「Rapper's Delight」から直接的な影響を受けて日本の音楽として置き換えた、と。言ってみればヒップホップは、**1980年代初頭にはほぼリアルタイムで日本に輸入されていた**、ということなんですよ！

ヤナタケ　すごいですね！

高橋　テープの切り貼りって……そんな原始的な手法で？

宇多丸　切り貼りです。**研究の結果、そのあたりのことがわかっております。**それでは、「咲坂と桃内のごきげんいかが1・2・3」を聴いてみましょうか。

▶ スネークマンショー - 咲坂と桃内のごきげんいかが1・2・3

宇多丸　非常に有名な曲です。ちなみに小林克

『SNAKEMAN SHOW（急いで口で吸え！）』
スネークマンショー
（1981/Sony Music Direct）

スネークマンショーに参加。ドラマや映画への出演多数。

48．桑原茂一　日本の選曲家、プロデューサー（50年〜）。73年よりカルチャー誌『ローリングストーン日本版』の創刊に携わる。小林克也や伊武雅刀とともにスネークマンショーとして活動。82年、東京・原宿に日本で初のクラブ、ピテカントロプスをオープン。88年、フリーペーパー「dictionary」を創刊している。

也さんはとあるハンディビデオカメラのCMソングだったと思いますが、**ザ・ナンバーワン・バンド**[49]「うわさのカム・トゥ・ハワイ」という、ラップの曲をやっぱり1982年に出しています。

佐野元春と吉幾三

宇多丸　本格的に日本のラッパーが出てくるのはもう少し後なんですが、非常に重要な意味を持つ作品として、1984年に**佐野元春**[50]さんがシングルとしてリリースした「コンプリケイション・シェイクダウン」という曲を紹介したいと思います。ご存じの方も多いのではないでしょうか。

佐野さんは人気絶頂の中、1年間ニューヨークに滞在し、その音楽スタイルをガラリと変えました。それまでは**ビリー・ジョエル**[51]的とでも言えるスタイルでした。

80年代初頭のニューヨークと言えば、ニューウェーブとヒップホップ。佐野さんもまさにそこにいたわけです。

そのニューヨークの空気を吸った佐野さんが興奮そのままに作ったアルバム『VISITORS』。その中の1曲が「コンプリケイション・シェイクダウン」です。この曲、ヒップホップマニアが聴くと、実は歌詞の中に重要なラインが含まれておりまして……。

高橋　ほう。なんだろう？

宇多丸　途中で「**ライトを浴びているジャジー・ジェイ**[52]」という歌詞が出てくる。

高橋　へー、ジャジー・ジェイ！

宇多丸　この歌詞の意味、おそらく**当時の日本人はひとりもわからなかった**と思います。

ジャジー・ジェイというのはアフリカ・バンバータ率いる**ズールー・ネイション**[53]一派のDJなんですよね。要するに、ヒップホップシーンのど真ん中にいたDJ。

ブロンディーが「Rapture」の曲の中でいろいろなアーティストの名前を読み込んでい

49．ザ・ナンバーワン・バンド　日本の音楽ユニット。82年に小林克也を中心に結成。同年に発表したアルバム『もも』には桑田佳祐、世良公則、村上〝ポンタ〟秀一、鈴木慶一、鈴木雅之らが参加。2018年にアルバム『鯛～最後の晩餐～』をリリース。

50．佐野元春　日本のロックミュージシャン（56年～）。80年、デビューシングル「アンジェリーナ」をリリース。82年、アルバム『SOMEDAY』がヒットし全国的に知名度が高まる。最新作に、2017年のアルバム『MANIJU』。

51．ビリー・ジョエル　ニューヨーク・ブロンクス出身のシンガーソングライター。ポップなメロディで、70年代後半から90年代前半にかけてヒットを連発した。代表曲に、「Piano Man」「Honesty」「The Stranger」など。

52．ジャジー・ジェイ　ニューヨーク・ブロンクス出身のDJ（61年～）。アフリカ・

ますが、たぶん佐野さんも、ジャジー・ジェイを……。

高橋　明らかに「Rapture」を踏まえてのものでしょうね。

宇多丸　それを意識していたのかもしれません。この時点で佐野さんがヒップホップど真ん中の空気を吸っているのが証明されているという。**これは研究の結果、わかったことです。**では、聴いてみましょう。

▶佐野元春 - コンプリケイション・シェイクダウン

宇多丸　この打ち込み感！

『VISITORS』
佐野元春
（1984/EPIC・ソニー）

ヤナタケ　**直輸入感ありますね**。

宇多丸　めちゃめちゃ早かったんですよ、やっぱり！　さらに、**吉幾三**[54]さんの「俺ら東京さ行ぐだ」。これも1984年です。この時期になると、日本語でラップをしてみようかという試みが、ちょいちょいあちこちで見られます。

ヤナタケ　完全にラップを意識したものが。

宇多丸　そうです。吉幾三さんも「ちゃんと向こうのラップを意識して作った」というふうにインタビューに答えてますんで。なんですが、本格的にはまだやっぱり……。

ヤナタケ　**作るにしても手探りだし、ヒップホップがどういう音楽なのか理解はできていないような段階**、ってことですよね。

宇多丸　完全に文化として消化できたのは80年代半ば。ある革命的なことが起こるのですが、これは次の章で説明しましょう。

バンバータの下で活動。ズールー・ネイションのオリジナルメンバーで、「Planet Rock」の制作にも関わったことで知られる。D.I.T.C.のダイアモンド・Dを育てるなどシーンへの影響力も大きかった。

53. ズールー・ネイション　アフリカ・バンバータによって73年に設立された、ヒップホップを通じた若者の教育や芸術の振興を目的とする"非暴力"組織。前身は、バンバータがボスを務めていたニューヨークのギャンググループである、ブラック・スペーズ。同組織周辺のアーティストとして、ア・トライブ・コールド・クエスト、KRS・ワン、パブリック・エナミーらがいる。

54. 吉幾三　日本の演歌歌手（52年〜）。73年、山岡英二名義で、シングル「恋人は君ひとり」でデビュー。77年に吉幾三に改名。84年に発表した「俺ら東京さ行ぐだ」が大ヒット。

渡辺志保のヒップホップ・スラング辞典①

dis / beef / represent

今やいちばん有名になったと言っても過言ではないこのヒップホップ・スラングから紹介しましょう。

「dis（ディス）」。「尊敬」という意味の「respect」に否定を表す接頭辞「dis」が付いた「disrespect」という単語に由来します。転じて、誰かを罵ったり悪口を言ったりすることを意味するようになりました。ディスが高じて論争やケンカの状態になることを「beef（ビーフ）」と言います。もともと俗語で「諍い・面倒を起こす」といった意味で、この言葉が使われていたという説もあります。

ヒップホップはとても地元意識が強い音楽で、アーティストには、地元や縄張りを背負う心意気が求められます。自分の生まれた場所、育った環境や地元の仲間、そうしたもろもろを背負うことを「represent（レプリゼント）」と言います。我々の耳には「レペゼン」と聴こえることも。自分が“レペゼン”する地元を“ディス”られ、その結果、“ビーフ”になってしまうということです。

90年代にはそのビーフが拡大して、ニューヨークを中心とする東海岸とロサンゼルスを中心とする西海岸の間に大きな亀裂が生じたこともあります。東海岸のノトーリアス・B.I.G.と西海岸側の2パック。抗争が激化し、結果、ふたりとも銃殺されるという、凄惨な結末を迎えました。

逆に、ディスやビーフをきっかけに、優れた楽曲が生まれるケースもあり、ヒップホップのシーンにおいてはどちらも文化的に大きな役割を果たしていることも事実です。

MIDDLE & LATE 80's

[第2章]

80年代中期～後期

第二世代がラップを革新する

[そのとき、日本は？]

模索するオリジネイターたち
ゲスト：いとうせいこう

ヒップホップ・ルネッサンス、ランD.M.C.

宇多丸　さあ、ラップの歴史をさらにたどっていきましょう！（バックにオーディオ・トゥー[1]の代表曲）「Top Billin'」のビートをかけながら話すという。こうやって細かく入れていかないと入り切らないからね！

　ということで、80年代初頭まで時代は来ました。そして、1983年。ラップ第二世代と言える、ある衝撃的なグループが登場します。ランD.M.C.というグループです。ご存じの方も多いかと思います。「**Walk This Way**」[2]という、ロックバンドのエアロスミスの曲をカバーした曲が非常に有名ですけども。

高橋　世にヒップホップを爆発的に広めた曲ですね。

宇多丸　ランD.M.C.の何が革命的だったか？

これまでにお聴きいただいたヒップホップ／ラップのレコードは、バックトラックを演奏し直しているわけですよね。自分たちがもともとネタにしていた曲をバンドで演奏し直す。普通の音楽の基準で考えたら、そちらの方が筋が通っている感じがしますけども。

　それで、ちょっとディスコっぽいサウンドになっていくっていうか。服装なんかもきらびやかな格好をしていて。**「やっぱりステージに上がるんだからきらびやかな格好をしねえと！」**っていう。それも当然の理屈ではあるんですけどね。

高橋　グランドマスター・フラッシュ＆ザ・フューリアス・ファイヴにしても、ロックスター然としたかなり派手なコスチュームでしたよね。

宇多丸　しかし、それに不満を持つ若者たちがいた。それはどういう不満だったのか？

1. **オーディオ・トゥー**　ニューヨーク・ブルックリンのラップグループ。メンバーはラッパーのミルクとDJのギズモ。87年にリリースしたデビューシングル「Top Billin'」は、ヒップホップ史上に残るクラシック。

2. **「Walk This Way」**　75年にリリースされたエアロスミスのシングル。86年にランD.M.C.がアルバム『Raising Hell』でカバーし、シングルカットされた。エアロスミスのボーカルのスティーヴン・タイラー、ギターのジョー・ペリーがレコーディングに参加。全米チャートで4位を記録。

「いや、俺がかっこいいと思ったヒップホップは……」

ブロックパーティーでクール・ハークたちが始めたレコードの二枚使い。あの荒々しいサウンド。格好もチャラチャラしていなくて男らしい感じ。

「……そういう荒々しいところがかっこよかったのに、なんかディスコになっちゃって、ガッカリなんですけど」

ざっくり言えば、そんな不満を持った若者たちが、**「俺たちの考えるかっこいいヒップホップ」を取り戻す**。ある意味、**〝ヒップホップ・ルネッサンス〟として登場したのがランD.M.C.**なんですね。

高橋　うん。それまでのラッパーと比べると**圧倒的に街の兄ちゃん感が強い。**

宇多丸　これから紹介する曲は、ランD.M.C.の出世作と言っていいと思います。これはライブ音源ですね。先ほどDJ YANATAKEが聴かせてくれたブレイクビーツ、レコード二枚使いを生でやっている曲です。元ネタは、**ビリー・スクワイア**[3]というロックミュージシャンの「The Big Beat」という、当時まだ最新のヒット曲。それを二枚使いするという感じ。お聴きいただきましょう。ランD.M.C.で「Here We Go (Live at the Funhouse)」。1983年です。

▶ Run-D.M.C. - Here We Go (Live at the Funhouse)

宇多丸　フゥーッ！　かっこいいー！

高橋　まさにライムスターがこの「The Big Beat」を使ったルーティンをずっとライブに組み込んでいましたからね。

宇多丸　**ライムスターというグループは……はっきり言っちゃえば「和製ランD.M.C.」というか。ランD.M.C.が作り上げたフォーミュラみたいなものを日本に置き換えてやっているグループ**、と言っても過言ではないと思います。

3. ビリー・スクワイア　マサチューセッツ州ボストン出身のロックミュージシャン。70年代半ばにロックグループ、パイパーで活動したのち、ソロ転向。ヒップホップ的には、80年のソロデビューアルバム『The Tale of the Tape』の収録曲「The Big Beat」が、ランD.M.C.ほか、さまざまなアーティストにサンプリングされており、注目度が高い。

この枕詞が続きますが、**ランD.M.C.ご本人たちにインタビューした際に……**。

高橋　おー、ランD.M.C.もインタビューしてるんだ！

宇多丸　当時から僕らはランD.M.C.に心酔していましたから、「『Here We Go』の『The Big Beat』二枚使いがかっこいいっす！　ヤバいっす！」みたいにヘッズ（ファン）感丸出しで熱い目をして迫ったわけです。

そうしたらメンバーたちが、「**いやー……俺らが作ったわけじゃないからね**」ってものすごく冷めた感じで。

高橋・ヤナタケ　アハハハハ！

宇多丸　どういうことかと言うと、先ほども言ったとおり、ラップがレコード化される前は、カセットテープでそのパーティーの様子が広まっていました。それによって、当時のブロンクスから、ランD.M.C.が住んでいた、わりと品の良い地域であるクイーンズ（のような外の地域）まで波及していった、ということだと思います。

そのカセットテープで、彼らは、コールドクラッシュ・ブラザーズがやっていたルーティーンである「The Big Beat」二枚使いを知った。で、それに憧れて、ランD.M.C.は再現したと。**つまり、コールドクラッシュ・ブラザーズに憧れてそれをやったランD.M.C.に憧れてやったライムスター、というヒップホップ家系図があるわけです**（笑）。

高橋　ランD.M.C.はラップスタイル自体がかなりアグレッシブですもんね。

宇多丸　オールドスクールラップとの違い、わかってもらえると思います。さっきまでの「ナナナナ、ナナナナ……」みたいな感じじゃなくて、**叩きつけるようなラップ**。

時代とともに、ラップも変わっていきます。そして、より革新的な方向へと進んでいく。ですよね、高橋さん？

ギャングスタ・ラップの誕生

高橋　はい。実はほぼ同時期にギャングスタ・ラップが生まれているんです。しかも、ニューヨークではなくフィラデルフィアから現れたという。

宇多丸　これは、ふたつの意味で重要です。**現在に至る、いわゆるギャングスタ・ラップの始祖であり、そして、ニューヨーク以外から生まれたラップであるということ**。「ニューヨーク以外のラッパーは偽物」って言われている時代に、フィラデルフィアから登場したという。

高橋　そのギャングスタ・ラップの始祖として紹介したいのは、**スクーリー・D**[4]の「P.S.K. What Does It Mean?」です。

宇多丸　僕も驚いちゃったんですけど、1985年の曲なんですね。

高橋　この曲、歴史的価値だけでなく音楽的にも非常に語り甲斐(がい)があるんですよ。なにしろビートの迫力がすさまじい。

宇多丸　さっき、TR-808というドラムマシーンの話をしましたけど、これは**TR-909**[5]。めちゃめちゃ強烈なビートです。「**ドーン！　シャシャシャシャシャシャッ……ドーン！　シャシャシャシャシャシャッ……**」って。このビートはいまだに結構サンプリングされているんじゃやない？

ヤナタケ　されてますね。

宇多丸　じゃあ、聴いてもらおうか。スクーリー・D「P.S.K. What Does It Mean?」。

▶ Schoolly D - P.S.K. What Does It Mean?

宇多丸　みなさんね、そろそろお気づきだと思いますが、**この時代までのラップには、サビというものがございません**。

高橋　例外もありますけど、基本的には。

宇多丸　**単に黙るだけとか、スクラッチが入るだけとか**ありますけども。この「P.S.K. What

4. スクーリー・D　ペンシルベニア州フィラデルフィア出身のラッパー（66年〜）。ギャングスタ・ラップのルーツとして知られる。85年の「P.S.K. What Does It Mean?」がヒット。

5. TR-909　ローランドがTR-808の後継機として、83年に発売したドラムマシーン。テクノやハウス、EDMなどのクラブミュージックのアーティストに今も愛用されている。

Does It Mean?（P.S.K.って何の意味だ?）」の「P.S.K.」はどういう意味でしょうか？

高橋　「Park Side Killers」。スクーリー・Dが所属していたギャング集団の略称です。

宇多丸　フフフ。ねえ！　まさにギャングってことですよ。この強烈なビート！　**NHKのスタジオの音響で聴くと、ちょっと恐怖を感じるような……。**

高橋　今スタジオが揺れたよね。**出演者一同、思わず天井を見上げる**っていう。

宇多丸　「ドーン！」て来てすごかったんですけど、なんと言ってもこの深いリバーブ（残響。音に余韻を残すアレンジ）。TR-909の重厚なビートに加えて、深いリバーブがかかっているわけですけど、このビートが制作されたときの秘話が最高なんですよね。

　当時まだ、彼らも手探りで音楽を作っていて。ただの元ギャングがさ、**「ちょっとレコードでも作るべ」**ってやっているから、どうレコーディングしていいかがわからない。スタジオを借りたはいいんだけど、普段クラシックとかを録音するような、ものすごくちゃんとしたスタジオを借りちゃった。

　そしたらそこに、本当のリバーブ板があったわけです。鉄のでっかい板を「ビーン！」と弾いて使うやつ。電子的にやるんじゃない、本当の生のリバーブ板です。それで、スピーカーからガンガンにビートを出しながらリバーブを鳴らして。要するに、（コンピュータでエフェクトをかけているわけではなく）生のリバーブなんですよ。

ヤナタケ　へー！

宇多丸　だからこれは、ちょっとやそっとでは

『Schoolly-D』
Schoolly-D
（1985/Schoolly-D Records）

再現できない。で、ガンガン、デカい音でそのリバーブ板をバンバン揺らしてやっていたら、そのスタジオのオーナーがすっ飛んできた。**「おい！　何やってんだ！　壊す気か?!」**（笑）。「そんな音量で鳴らすもんじゃない！」みたいな。

　しかも……まあ、これをNHKで言うのもどうかと思いますが、彼らはアルコールと薬物でぶっ飛んでいるわけですよ。なので**自分たちがどういう曲を作っているのか、いまいち定かでない状態で**（笑）。

高橋　ヒップホップの名盤をアーティスト本人が解説する名著『**チェック・ザ・テクニーク**』[6]に「P.S.K. What Does It Mean?」の制作秘話が載っているんですけど、そこでスクリー・Dがこんなふうに回想しています。**「あれ以来何年か経ってああいうサウンドをやろうと試みたけど、できなかった」**って（笑）。

宇多丸　そりゃそうだよ！（笑）。あと、**「翌日目が覚めて、ビートを冷静に聴いてみたら、ヤバいのが出来ていた」**

高橋　「スタジオにこもりきりで一晩中ハッパやって朝方6時くらいに起きてプレイバックして、**『うわっ、何だこれ！』**って感じだった」と。

宇多丸　アハハハハ！「うわっ、何だこれ！」（笑）。

高橋　**「クルーのみんなにプレイバックして聴かせるとすげぇバカウケ！」**だって（笑）。

宇多丸　アハハハハ！　本人すら、わかっていないし。

高橋　そう、あの名曲「P.S.K. What Does It Mean?」は、実質アクシデントで生まれたという。

宇多丸　でも、ヒップホップって実はそこがいいところで。たとえば、サンプリングなどの手法がこれから出てきますが、やっぱり偶発性というか、**事故が生み出す新しい音楽**、というところが痛快でもありますよね。

6.『チェック・ザ・テクニーク』　ブライアン・コールマン著、小林雅明監訳、シンコーミュージック・エンタテイメント刊。80年代の黎明期から90年代に生まれたヒップホップの名盤36枚について、アーティスト自身が作品が生まれた経緯を語る1冊。

そして、また何が痛快って、**NHKのお昼にスクーリー・Dが鳴り響く**という（笑）。

高橋　これは快挙だよ！

宇多丸　あと、ラップにくわしい人だったら、このラップの仕方は完全にのちの**N.W.A.**[7]、イージー・Eがコピーしていることにお気づきじゃないでしょうかね。

高橋　そういう意味でも、これをギャングスタ・ラップの起源と位置付けていいでしょうね。

宇多丸　ということでございます。じゃあ、続いて……。

最重要レーベル、デフ・ジャム設立

高橋　ランD.M.C.を成功に導いた彼らのマネージャー、**ラッセル・シモンズ**[8]という男がおりまして。ランD.M.C.のランの実兄で、カーティス・ブロウのマネージャーも務めていた人物ですね。

宇多丸　最近ね、**ワインスタイン・ショック**[9]の流れで注目されていますが。

高橋　彼がパンクやハードロックが好きな白人大学生の**リック・ルービン**[10]**と手を組んでデフ・ジャム**[11]**というレーベルを設立**します。これが1984年。そして、そのデフ・ジャムが第一弾アーティストとして契約したのが、当時16歳の**LLクールJ**[12]です。

宇多丸　ラッセル・シモンズはランD.M.C.のランのお兄さんでもありますから、ランD.M.C.のバックアップもある。さっき言った、ヒップホップ本来の荒々しさを取り戻すっていう精神ですよね。

で、15歳とか、16歳にもかかわらず、LLクールJは最初からめちゃめちゃラップがうまかった。いまだに現役ですし、俳優としても活躍しています。じゃあ、クールJはどの曲にしますかね？　このぐらいになるとね、どれをかけるかがちょっと……（笑）。

7. N.W.A.　カリフォルニア州コンプトンのラップグループ。86年に、イージー・E、アイス・キューブ、ドクター・ドレーを中心に結成。グループ名は「Niggaz Wit Attitudes（主張する黒人たち）」の略。88年にデビューアルバム『Straight Outta Compton』を発表。同アルバムに収録された代表曲「Fuck the Police」をはじめとして過激なリリックで知られており、時に社会問題に発展することも。メンバー間に起きた確執で、89年にアイス・キューブ脱退。アルバム『Niggaz 4 Life』を経て、91年にはドクター・ドレーが離脱し、解散。95年には、イージー・Eがエイズの合併症により、31歳の若さで死去。

8. ラッセル・シモンズ　ニューヨーク・クイーンズ出身のプロデューサー（57年〜）。84年、リック・ルービンとともにデフ・ジャムを設立。弟のランが所属するランD.M.C.、ビースティー・ボーイズ、LLクールJなどをトップスターに押し上げた。

高橋　初期のＬＬクールＪは名作、重要作ぞろいですからね。

宇多丸　さっきも、ランＤ.Ｍ.Ｃ.でも「Walk This Way」ではなくて「Here We Go」をかけたわけだから。

高橋　まあでも、持ち前のハードな魅力が打ち出されているこの曲が手堅いと思います！

宇多丸　いきますか。これ。

高橋　いってみましょう、ＬＬクールＪで「Rock the Bells」です。

▶ LL COOL J - Rock the Bells

宇多丸　**みなさんお気づきだと思いますが、この時代のラップにはまだサビがございません**（笑）。これは85年の曲。まあ、パワフルなラップです。クールＪは静かにラップするのももちろんめちゃめちゃうまい人ですけども。このころからスキルはある意味完成されていますよね。

高橋　この嚙(か)みついてくるような闘志むき出しのラップ、すごい迫力です。

宇多丸　あと、**ムキムキマッチョなスタイルとか。で、ゴールドチェーンをガーッと巻いて**。

高橋　ヒップホップ・ファッションもこの時期からちょっと変わってきていますよね。

宇多丸　**あんまりヒップホップにくわしくないような方が想像するラッパー観は、クールＪあたりで完成した……**。

高橋　カンゴールのハットをかぶってゴールドチェーンを首に巻いて、みたいなね。

宇多丸　そういったところはあるんじゃないですかね。そしてさらにこのデフ・ジャムがど

『Radio』
LL COOL J
（1985/Def Jam Recordings, Columbia）

9．ワインスタイン・ショック　２０１７年、ハリウッドの映画プロデューサー、ハーヴェイ・ワインスタインによる女優たちへのセクシャルハラスメント行為が発覚。それを機に、アメリカのエンターテインメント業界全体で同様の問題が次々と明るみに。結果、ＳＮＳなどでセクシャルハラスメントや性的暴行の被害体験を告発する「#MeToo」と呼ばれる運動が世界的に広まった。ラッセル・シモンズも告発され、当時ＣＥＯを務めていた企業を辞任した。

10．リック・ルービン　ニューヨーク・ロングアイランド出身のプロデューサー、レコードレーベル経営者（63年〜）。84年、ラッセル・シモンズとともにデフ・ジャムを設立し、多くのラップグループを手がける。ヒップホップ以外でもレッド・ホット・チリ・ペッパーズ、スレイヤー、メタリカなどをスターダムへと押し上げた。現在はコロムビア・レコードの共同社長。

んどん時代を変えていく。

高橋　うん。デフ・ジャムはＬＬクールＪと同じタイミングで白人の若者によるラップトリオ、ビースティ・ボーイズ[13]を送り出してきます。

ストリートカルチャーの基盤を築いたビースティ・ボーイズ

宇多丸　ニューヨークにヒップホップのものすごくコアなシーンがあった。それはもちろんそうなんだけど、それだけではありませんでした。ロックシーンと交差していたり、**パンクをやっていたような若者たちが、「今ヤバいのはヒップホップだ！」となる自然な流れ**があったわけです。

ビースティ・ボーイズの成功は特に、のちのミクスチャーロックへ……。

高橋　ミクスチャーに与えた影響は計り知れないものがあるでしょうね。そのへんも含めて、**現在に至るストリートカルチャーの基盤を作ったような人たち**だと思います。

宇多丸　街にいる若者が**パーカーを着て、野球帽をかぶって、スニーカーを履いて……ってスタイルはまさにここから始まった。**帽子なんかそれまで、かぶってなかったもん！

高橋　このあとビースティ・ボーイズは長く安定したキャリアを築いていくことになるわけだけど、当時の彼らはパンク上がりだったこともあってものすごく刹那的、衝動的に映りました。

宇多丸　うんうん。「すぐにやめちゃうんじゃないか」くらいのね。こんなに立派なアーティストになるというのはちょっと想像がつかなかった。

高橋　手のつけられない悪ガキ、という感じでしたよね。結果的にデビューアルバムの『Licensed to Ill』はラップアルバムとして初めての全米チャート1位を獲得。現時点でアメリカだけでも1000万枚を超える売り上

11．デフ・ジャム　84年に、ラッセル・シモンズとリック・ルービンによって設立された、ヒップホップ／R&Bを専門とするレーベル。2000年に日本支社、デフ・ジャム・ジャパンも設立。所属（していた）アーティストに、パブリック・エナミー、LLクールJ、スリック・リック、EPMD、ビースティ・ボーイズ、ナズ、ザ・ルーツほか。

12．LLクールJ　ニューヨーク・クイーンズのラッパー（68年〜）。名前は、「Ladies Love COOL James」の略。84年、16歳の若さでデフ・ジャムよりデビュー。87年のセカンドアルバム『Bigger and Deffer』からシングルカットされた、「I Need Love」がビルボードのR&Bチャートでナンバーワンを獲得し、以降もヒット作を連発。代表曲に「Mama Said Knock You Out」など。

13．ビースティ・ボーイズ　ニューヨークのラップグループ。79年にパンクバンドとし

げを記録しているからすごい。

宇多丸　ここまではわりとニューヨークローカルだったヒップホップ／ラップというものが、このあたりからだんだんメジャーになっていく、ということですかね。

　ビースティ・ボーイズは普通だったら「Fight For Your Right」をかけるんですが、先ほどからみなさんお気づきのように、我々は、そういう気はさらさらございません（笑）。もうね、**出禁になる勢いで、ビースティ・ボーイズ**。高橋さん、お願いします。「あえてそこにいくのか」という曲を。

高橋　ジェイ・Z[14]「99 Problems」やエミネム[15]「Bazerk」のモチーフにもなった、**リック・ルービンのハードロック路線の決定版**ですね。ビースティ・ボーイズで「The New Style」。

▶ Beastie Boys - The New Style

宇多丸　1986年の曲です。

高橋　いやー、やっぱりこれもビートが凶暴ですさまじい（笑）。

宇多丸　ちなみに今、NHKの異常にでっかいスタジオで、僕らは音源を聴きながらお話ししています……これ、広さどのくらいですか？　**体育館ぐらいありますよね？**　すっごい広さのスタジオでやっていて、**頭上に備えつけられたスピーカーから、脳天にこの重たいヒップホップ・ビートが降ってくるんで**。

高橋　この音響設備で「P.S.K. What Does It Mean?」や「The New Style」が聴けること自体はものすごく貴重な体験なんですけど、でも……。

『Licensed to Ill』
Beastie Boys
（1986/Def Jam Recordings, Columbia）

て結成し、81年にビースティ・ボーイズに改名。86年に、デビューアルバム『Licensed to Ill』をデフ・ジャムよりリリース。クラシック『Check Your Head』を経て、94年にはマイク・Dが設立したレーベル、グランド・ロイヤルから『Ill Communication』を発表。パンクロックをルーツとする攻撃的な音楽性やアティテュードが、ヒップホップファンのみならず、幅広く受け入れられた。2012年、メンバーのMCAが他界。

14：ジェイ・Z　ニューヨーク・ブルックリン出身のラッパー、実業家（69年〜）。96年に自主レーベル、ロッカフェラ・レコードを設立し、デビューアルバム『Reasonable Doubt』をリリース。98年の『Vol. 2... Hard Knock Life』がキャリア最大のヒットに。2003年、突如ラッパー引退を表明、「最後のアルバム」として『The Black Album』をリリース。しかし、翌年にはR・ケリーとのアルバムを、06年には復帰作として

宇多丸　**さっきから僕、正直恐怖を感じております。**

高橋・ヤナタケ　アハハハハ！

宇多丸　ということで、ビースティ・ボーイズ。「The New Style」が収録された、１９８６年のアルバム『Licensed to Ill』。出た当時は、「非常に斬新なサンプリング、元ネタのチョイス」と言われていましたが、実はヒップホップ黎明期のブロックパーティーで使われていた、定番のネタがわりと多かったりして。

やっぱり彼らは、ヒップホップマニアだった、ということですよね。**白人のヒップホップヘッズが、「俺たちならこうやるぜ！」と示したのがビースティ・ボーイズでございます。**

サンプリングマシーンの導入

宇多丸　86年ともなると、ランD.M.C.が「Walk This Way」でヒットを飛ばして。

高橋　「Walk This Way」は全米4位の大ヒットになっていますからね。

宇多丸　ヒップホップの主役はずーっとＤＪだったりブレイクダンスだったりしたんですけど、この**１９８０年代半ばに、完全にラッパーに主役が移ります。**このくらいから日本人ラッパーの芽がさらに出てくるわけですけどね。

ここからさらにヒップホップのサウンドが劇的に変わるんですね！　ヤナタケさん！

ヤナタケ　アハハハハ！

宇多丸　ヤナタケさん！　**ヒップホップの歴史が進化していく様は楽しいですね！**（笑）。

ヤナタケ　**楽しいですね！**（笑）。準備しながらなんで、一生懸命ですけども（笑）。

宇多丸　先ほどからずっと、ＢＧＭも含め、曲はヤナタケさんが出してくれていますからね。ということで、１９８０年代半ば。お話ししていたとおり、これまでは演奏をし直したり、あと、ドラムマシーンを中心としたビートだ

『Kingdom Come』を発表。その後も、ヒットアルバムを制作し続けている。実業家としては04年のデフ・ジャムのCEO就任（現在は離脱）、08年の新レーベル・ロックネイションの設立、14年の音楽配信サービスのTidal立ち上げなど話題に事欠かない。

15．エミネム　ミズーリ州セントジョセフ出身、デトロイトのラッパー。（72年〜）99年にドクター・ドレーのレーベル、アフターマスより『The Slim Shady LP』でメジャーデビュー、一躍スターダムに躍り出た。2000年のセカンド『The Marshall Mathers LP』のヒットや、地元デトロイトの仲間とともに組んだユニットのD12での活動を経て、02年に半自伝的映画『8マイル』に主演。主題歌の「Lose Yourself」が世界的な大ヒットを記録した。最新作は18年の『Kamikaze』。

ったりしました。

　このあたりから、本格的にサンプリングマシーンが導入されます。昔からサンプリングマシーン自体は他のジャンルでも使われていましたけど、たとえば「ギャンギャン」とか「ワンワン」みたいな効果音を曲に足す、**アート・オブ・ノイズ**[16]みたいな使い方が一般的なサンプリングだったのではないでしょうか。

　それに対して、曲の一部を丸ごと使ってループを……要するに、**ターンテーブルのレコード二枚使いを曲の中で再現する、というような手法が1980年代半ばに出来上がる。**これを主に進めたのが、**マーリー・マール**[17]さんという方と、もうひとりセッド・ジーさん。こちらは**ウルトラマグネティックMCズ**[18]というグループのメンバーです。狭い地域の話ですから、セッド・ジーの持っていた機材を、みんなで使い回していたりとかね。

高橋　名機として名高い**SP1200**[19]という**サンプラーはブロンクスで彼しか持っていなかった、**なんて話を聞きますよね。

宇多丸　**みんなそこに行ってサンプリングしてもらう**みたいな、そういう時代なんですけども。みなさん、今まで聴いてきたビースティ・ボーイズやLLクールJ、ランD.M.C.などとは、サウンドの感じがまたガラッと変わるところを楽しんでいただきたい。

　マーリー・マール。**コールド・チリン**[20]というレーベルで大活躍していましたが、彼がプロデュースした、1987年のこの曲を代表曲として選んでみました。**ビッグ・ダディ・ケイン**[21]で「Raw」！

▶ Big Daddy Kane - Raw

宇多丸　ビッグ・ダディ・ケインは、非常に色男かつラップがめちゃくちゃうまい、というラッパーです。マーリー・マールの作るサウンドの代表作として聴いていただきました。ビッグ・ダディ・ケインはのちに、**マドンナ**[22]

16. アート・オブ・ノイズ　イギリス・ロンドンの電子音楽ユニット。ポピュラーミュージックにおけるサンプリングの可能性を示したグループのひとつ。メンバーがプロデュースした82年のマルコム・マクラーレンのアルバム『Duck Rock』の収録曲「Buffalo Gals」にはヒップホップの影響が見られ、スクラッチが取り入れられている。

17. マーリー・マール　ニューヨーク・クイーンズ出身のプロデューサー、DJ（62年〜）。サンプラーを駆使してネタをループさせるサウンド・プロダクションを確立したひとり。83年には、ビッグ・ダディ・ケイン、クール・G・ラップ&DJポロ、ビズ・マーキー、ロクサーン・シャンテ、MCシャンらとともにジュース・クルーを結成。

18. ウルトラマグネティックMCズ　ニューヨーク・ブロンクスのラップグループ。84年に、プロデューサーのセッド・ジー、MCのクール・キ

のヌード写真集『SEX』[23]にもモデルとして登場していたりしますが。

今までは比較的エッジが立ったサウンドが多かったですが、スモーキーというか、サンプリングの音がちょっと悪い感じ。**この時代には「音が悪い感じがかっこいい」という価値観があった**わけですね。だいぶ時代が変わってまいりました。

『Long Live the Kane』
Big Daddy Kane
（1988/Cold Chillin'）

ウルトラマグネティックMCズの意外な影響力

宇多丸　同時代の曲をさらに聴きましょうか。

先ほど、少し名前を挙げました、ウルトラマグネティックMCズ。その中のセッド・ジーという音を作っている人……まあ、ラップもやるんですけど。彼の作るサウンドの影響はとても大きかったと言われています。のちのパブリック・エナミーのサウンドもセッド・ジーの影響が強い、とか。あと、繰り返しになりますが、やはりサンプラーをブロンクスで唯一持っていたということも大きい。SP1200という名機です。

非常にいい音というか、荒っぽい音がするんですね。後で紹介しますが、**ブギー・ダウン・プロダクションズ**[24]のアルバム制作にも関わっています。

ヤナタケ　**日本だとデヴラージ[25]さんが、すっごく影響を受けています。**

宇多丸　ウルトラマグネティックMCズは、デヴラージのグループである**ブッダ・ブランド**[26]のサウンド感に大きな影響を与えていたり。世界観とかも影響を受けているかもしれませ

ースを中心に結成。88年にファーストアルバム『Critical Beatdown』をリリース。

19．SP1200　アメリカの音響機器メーカーのE-MUシステムズが、87年に発売したサンプラー。マーリー・マール、ピート・ロック、ラージ・プロフェッサー、D.I.T.C.をはじめ多くのプロデューサーに愛され、ヒップホップ黄金期の音色を決定づけた名機。

20．コールド・チリン　86年に設立されたニューヨークのヒップホップ／R&Bのレーベル。デフ・ジャムやトミー・ボーイなどと並び、80年代を代表するヒップホップ・レーベルのひとつ。ジュース・クルーのアーティストの多くが、同レーベルからリリースした。

21．ビッグ・ダディ・ケイン　ニューヨーク・ブルックリン出身のラッパー（68年〜）。87年、ジュース・クルーの一員として、マーリー・マールプロデュースの「Raw」でデビ

んね。ということで、ウルトラマグネティックＭＣズで「Ego Trippin'」。

▶ Ultramagnetic Mc's - Ego Trippin'

宇多丸　１９８６年でこの感じは、早かったと思いますけどね。彼らはアルバムを出すのがちょっと遅かったということもあるか。

高橋　なかなかアルバムは出ないけど強力なシングルを次々と生み出していたことで「キング・オブ・シングルス」なんて呼ばれていましたから。

宇多丸　これね、セッド・ジーともうひとり、

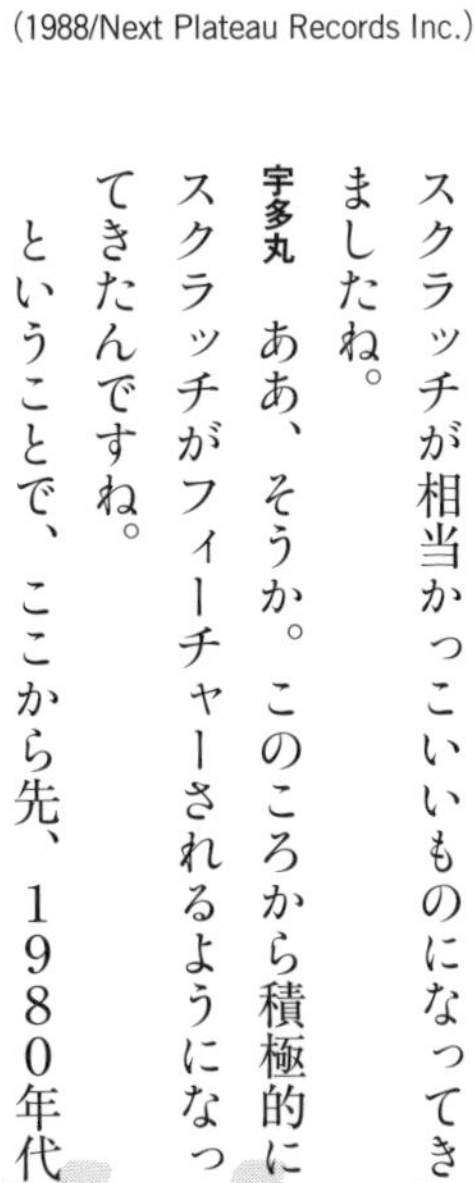

『Critical Beatdown』
Ultramagnetic MC's
（1988/Next Plateau Records Inc.）

クール・キース[27]というラッパーがいて。この人が非常にぶっ飛んだ……。

高橋　まさにデヴラージさんに絶大な影響を与えたという。

宇多丸　歌詞の内容で。**今までの日常的な「俺自慢」的なところから離れて、宇宙的な規模のぶっ飛んだ比喩**とかも使われるようになった。

　ということで、ラップの聴こえ、フロウ（歌い方）の技術と同じく、歌詞の中身や詩的な表現という面でもだいぶ進化したのがこの時代です。

ヤナタケ　あと、この「Ego Trippin'」の冒頭や、ビッグ・ダディ・ケイン「Raw」にしても、スクラッチが相当かっこいいものになってきましたね。

宇多丸　ああ、そうか。このころから積極的にスクラッチがフィーチャーされるようになってきたんですね。

　ということで、ここから先、１９８０年代

ュー。89年のセカンドアルバム『It's a Big Daddy Thing』がヒット。同アルバムに収録された「Smooth Operator」は彼の代表曲のひとつ。彼の高速のフロウは、後に続くラッパーたちへ大きな影響を与えた。そのルックスも相まって、ヒップホップ史上随一の色男とも呼ばれる。

22. マドンナ　ミシガン州ベイシティ出身のシンガー。83年にファーストアルバム『Burning Up』をリリース。翌年のシングル「Like a Virgin」が世界的な大ヒット。クラブシーンをはじめとして、ゲイアイコンとしても大きな支持を受けており、LGBTの人たちをサポートする活動も多い。

23.『SEX』　92年に刊行されたマドンナの写真集。アルバム『Erotica』の販促目的のために発売された。ビッグ・ダディ・ケインの他に、ナオミ・キャンベルなどもモデルとして参加。

後半に突入します。結構ヒップホップのゴールデンエイジなんていうふうに言われたりします。……まあ、90年代は90年代でゴールデンエイジだし、今は今でゴールデンエイジだから別にいいんだけど（笑）。

高橋 **誕生してからもうずっとゴールデンエイジが続いてる**というね（笑）。

ラキムとスリック・リック
――ラップスキルを進化させたMCたち

宇多丸 このすばらしい時代を代表するラッパーというか、**「ヒップホップの歴史上のトップ10ラッパー」に確実に入るんじゃないかという、エリック・B&ラキム**[28]**というコンビのラキム**というラッパーがおりまして。

このラキムさんの言葉の使い方、メタファー、非常に深い詩的な表現。韻の踏み方も、今までの単純な韻の踏み方ではなくて、中間韻とか、頭韻もちゃんとしていたりとか。格段にスキルが上がりました。

高橋 Netflixで配信中のドキュメンタリー「ヒップホップ・エボリューション」[29]（2016年）で、ランD.M.C.のD.M.C.が**「ラキムが現れたとき、俺たちの時代はもう終わったと思った」**と証言していたのがものすごく印象的で。

宇多丸 **ありますよねー、そういうふうに感じる瞬間って、ありますよねー！**（笑）ということで、エリック・B&ラキムで「Paid in Full」をお聴きいただきましょう。

▶ Eric B. & Rakim - Paid in Full

宇多丸 1987年の曲でございます。だってさ、「Walk This Way」で1986年に全米4位のヒットを飛ばしているD.M.C.が、翌年には「俺の時代は終わった」って言ってるんですよ？

高橋 **いくらなんでもサイクル早すぎだろっ**

24．ブギー・ダウン・プロダクションズ ニューヨーク・サウスブロンクス出身のラップグループ。85年にMCのKRS・ワンを中心に結成。87年のデビューアルバム『Criminal Minded』リリース後、メンバーでDJのスコット・ラ・ロックがギャングの抗争に巻き込まれて死去。KRS・ワンは、その影響もあり、コンシャスな方向へと作風を変えた。翌88年にリリースしたセカンドアルバム『By All Means Necessary』が大ヒット。

25．デヴラージ 日本のプロデューサー、ラッパー（69～2015年）。80年代後半渡米し、CQ、NIPPS、DJマスターキーらと、ラップグループ、ブッダ・ブランドを結成。すべての楽曲のプロデュースとトラックメイキングを担当した。05年にソロ名義で、インストアルバム『KUROFUNE 9000』を発表。その翌年には、アルバム『THE ALBUM（ADMONITIONS）』を発売。15年、45歳の若さで他界した。

ていうね。

宇多丸　僕らはとても慌ただしく歴史を説明しているけど、実際年刻みじゃないんですよ。**月刻みで進化しているのがこの時代のヒップホップ**です。

ラキムはその詩的表現がすごいって感じでしたけど、このころ他にも、のちに売れるヒップホップに大きな影響を与える手法が出てきました。それは、ストーリーテリング。要は、お話をする。

高橋　**1曲まるまる使って面白いお話を聞かせてくれる。**ラッパーは面白い話をしてナンボみたいなところもありますから。

『Paid in Full』
Eric B. & Rakim
(1987/4th & Broadway)

宇多丸　その代表格に、**スリック・リック**[30]というラッパーがおります。みなさんご存じの方も多いでしょう、ロサンゼルスの**スヌープ・ドギー・ドッグ**[31]に大きな影響を与えたラッパーとも言われております。

そもそもラキムのちょっと抑えた声でラップするところとかも……オールドスクール期の**「ナントカ！　ナントカ！　ナントカッ！」**って感じとはだいぶ変わってきていますよね。

高橋　ちょっとおおげさに抑揚をつける感じですね。

宇多丸　（カーティス・ブロウ「The Breaks」の一節を歌う）「And these are the breaks!」とかとは全然違う時代になっている。

高橋　フフフフフ、うまいうまい。

宇多丸　スリック・リックも、もうフニャフニャフニャフニャした感じで。彼はもともとイギリスから移住しているから、英語の発音もちょっと他の人とは違うのかもしれませんね。

高橋　スリック・リックは**ダグ・E・フレッ**[32]

26．ブッダ・ブランド　日本のラップグループ。96年のデビューシングル「人間発電所」が大ヒットし、日本のヒップホップ史上に残るクラシックとなった。2000年に、ベストアルバム『病める無限のブッダの世界～BEST OF THE BEST（金字塔）～』をリリース。05年には、MC3人でイルマティック・ブッダMCズを結成し、作品を発表している。NIPPSとCQはブッダ・マフィア名義で活動を継続。

27．クール・キース　ニューヨーク・ブロンクス出身のラッパー（63年～）。ウルトラマグネティックMCズ以降も、さまざまな名義で活動を続ける。ドクター・オクタゴン名義では「ポルノホラー」という新たなジャンルを開拓。2016年にはアルバム『Feature Magnetic』をリリース。

28．エリック・B&ラキム　ニューヨークのラップグループ。85年結成。86年にシングル「Eric B. Is President」でデ

シュというヒューマンビートボックスの達人とコンビを組んでリリースした「The Show」や「La Di Da Di」で注目を集めました。

宇多丸　では、スリック・リックのストーリーテラーとしての技術が堪能(たんのう)できる曲を。

高橋　では有名なこの曲で。スリック・リックで「Children's Story」です。

▶ Slick Rick - Children's Story

宇多丸　これは、スリック・リックさんがずーっとサビもなく切れ目なくひとつのストーリーを語っている曲で。最後にポンとオチがついて終わると。

高橋　子どもを寝かしつけるのに絵本を読み聞かせる設定で話を進めていくんだけど、ゲットーで道を踏み外した少年が若くして命を落とす、悲しくてちょっと教訓めいたお話なんだよね。

宇多丸　1989年の作品でした。ということで、ラップ技術の向上という話をしましたけども、歌う内容にも進化があったということですね。

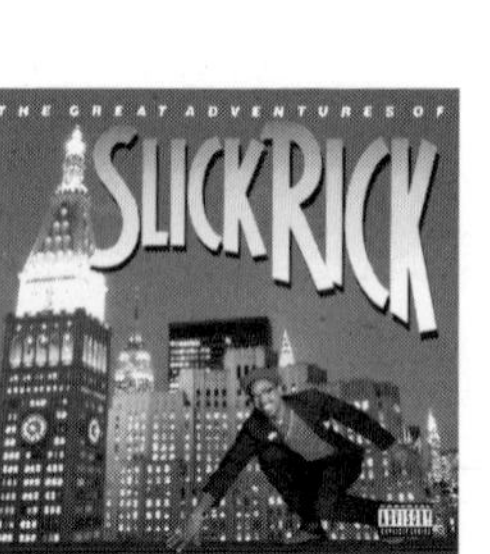

『The Great Adventures of Slick Rick』
Slick Rick
（1988/Def Jam Recordings, Columbia）

ラップで人々を啓蒙する

宇多丸　ラップと言えば「怒れる黒人が怒れるメッセージを乗せる」というステレオタイプが定着したのは、実はこの時代のイメージが強いんじゃないかと思うんですけども。

　その代表的な、要するに意識が高い感じのラップをするグループに、KRS・ワンというラッパー率いる、ブギー・ダウン・プロダ

ビュー。翌年、アルバム『Paid in Full』をリリース。その後、MCのラキムはソロ活動へ転向。代表作に97年の『The 18th Letter』など。リリカルかつ複雑なライミングが特徴とされ、今でもヒップホップ史上ナンバーワンのラッパーとして挙げられることも多い。

29.「ヒップホップ・エボリューション」　ラッパーやDJ、大物業界人へのインタビューを通して、ヒップホップの70年代から90年代の変遷をたどるドキュメンタリー。原作・製作にダービー・ウィーラー、スコット・マクフェイデン、サム・ダン。

30. スリック・リック　ロンドン生まれのニューヨーク・ブロンクスのラッパー（65年〜）。86年に、ダギー・フレッシュ＆MCリッキー・D名義で「The Show」でデビュー。B面のヒューマンビートボックスの上にラップを乗せた「La Di Da Di」がクラシックに。88年にソロデビューアルバム『The Great Adventures of Slick

クションズがあります。

まさにサウスブロンクスのど真ん中から登場し、最初にヒップホップを始めた**第一世代にケンカを売りまくって名前を売ってきたという**（笑）。

高橋　今はケンカを買ってくれた人たちに感謝してるみたいですけどね。**おかげでここまで来ることができました**って（笑）。

宇多丸　たとえば、クイーンズ地区の**MCシャン**[33]「The Bridge」という曲に噛みついて、「**The Bridge Is Over**」[34]。「ブリッジ（＝クイーンズ）なんて終わっている！」って曲を作ったり。

高橋　あとは「ヒップホップはクイーンズで始まったんじゃない、サウスブロンクスだ！」と主張する、その名も「South Bronx」。

宇多丸　そうそう。「ふざけんじゃねえよ！」って。非常に力のあるラッパー、KRS・ワンでございます。**自らを「ティーチャー」と呼び、「ヒップホップはアメリカの人種差別的な構造を根本から変えるツールである」という信念に基づいて活動**するという。

高橋　うん。今もなおそうですけど、**ヒップホップ／ラップを通じて人々を啓蒙する**ことに非常に意識的なアーティストですね。

宇多丸　それでは、ブギー・ダウン・プロダクションズから1曲、お聴きいただきましょう。1988年。これはセカンドアルバム『By All Means Necessary』の収録曲です。「My Philosophy」。

▶ Boogie Down Productions - My Philosophy

宇多丸　これ、ビデオもめちゃめちゃかっこいい。撮っているのはファブ・ファイブ・フレディ。先ほどもチラッと名前が出ましたが、ブロンディーの「Rapture」の歌詞や、ビデオにも出てきます。

のちに「**YO! MTV Raps**」[35]という、ヒップホップ／ラップ専門の番組を始めて、これがまた世界中にヒップホップ文化が拡がってい

Rick』をリリース。

31．スヌープ・ドギー・ドッグ　現・スヌープ・ドッグ。カリフォルニア州ロングビーチ出身のラッパー（71年〜）。90年にウォーレン・G、従兄弟のネイト・ドッグとともに213というグループを結成。92年にドクター・ドレーのプロデュースで、ソロデビューシングル「Deep Cover」をリリース。その後デス・ロウ・レコードと契約し、93年のファーストアルバム『Doggystyle』が大ヒット。96年、アルバム『Tha Doggfather』をリリース後、デス・ロウ・レコードとの契約を解消するも、ヒット作を量産し続けている。ハリウッドへの進出、自身のバスケットボール・チームを通じた地域社会への貢献など、その活動は多岐にわたる。

32．ダグ・E・フレッシュ　カリブ海のバルバドス出身のラッパー（66年〜）。ヒューマンビートボックスの名手として知られる。84年にデビュー。スリック・リックとの「La Di

くきっかけとなった。やっぱり映像があると、影響力はだいぶ違うということがありますよね。

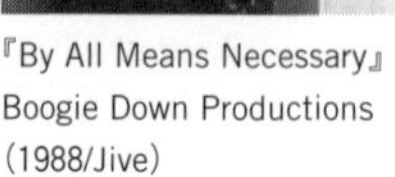
『By All Means Necessary』
Boogie Down Productions
(1988/Jive)

パブリック・エナミー
——「権力と闘え！」

宇多丸　ということで、ヒップホップ／ラップが音楽的にだんだん成熟してきました。それを象徴するグループ……というか、いまだにある意味ヒップホップのトップグループのひとつでしょう。パブリック・エナミーというグループがございます。

高橋　彼らもLLクールJやビースティ・ボーイズと同じデフ・ジャムからデビューしたグループですね。

宇多丸　はい、デフ・ジャムから。やっぱり、この時期のデフ・ジャムは台風の目でございます。あ、BGMとしてかかっているのはパブリック・エナミーの「Bring the Noise」という曲ですね。

　当時は、**アフロセントリック**[36]、アフリカ回帰主義といった動きがあって、黒人の意識が非常に高まった時代なんですけども。パブリック・エナミーは、そうしたムードを背景に、非常に過激な歌詞を歌ったグループです。

　メインMCであるチャック・Dの、非常に強いメッセージ。そして**ボム・スクワッド**[37]という、トラックを作っている人たち。

　昔のレコードをサンプリングしてループさせる音作りはそれまでもされていたわけですが、彼らはさらに、複数のレコードを重ねたり。

高橋　**何層にも音が重なり合った、まさにサ**

Da Di」が特に名高い。

33. MCシャン　ニューヨーク・クイーンズ出身のラッパー（65年〜）。マーリー・マールの従兄弟でジュース・クルーの一員。85年に「Feed the World」でデビューし、翌86年にはブギー・ダウン・プロダクションズとの「ブリッジ・バトル」のきっかけとなった「The Bridge」をリリース。87年には、マーリー・マールプロデュースでアルバム『Down By Law』を発表。

34. 「The Bridge Is Over」　正確には、MCシャン「The Bridge」→ブギー・ダウン・プロダクションズ「South Bronx」→MCシャン「Kill That Noise」→ブギー・ダウン・プロダクションズ「The Bridge Is Over」の順でアンサーソングのやりとりがあった。

35. 「YO! MTV Raps」　88年に放送が開始された、ヒップホップの専門番組。多くのミュージックビデオを紹介。以降、ヒットを生み出す要因

ウンドコラージュのようでした。

宇多丸　うん、コラージュですよね。ものすごく複雑なサウンドの作り方。ある意味、サンプリングによる音作りっていうのは、ボム・スクワッドでいったんいくところまでいっちゃった感がありますね。88年とか89年とかそのぐらいでね。

ヤナタケ　今だとサンプリングのクリアランス（使用許諾）料がどうの……ということがあるので、再現できないサウンドでもありますね。

宇多丸　**「何曲入っているんだ？」**っていう。しかも、ジェームス・ブラウンの曲だったりして、1曲当たりの使用料が高かったりしてね。大変なことになっています。これはこの時代ならではのサウンドということで。

　では、パブリック・エナミーを1曲。BGMでかかっている「Bring the Noise」がいい、とかいろいろとありますよ。「Rebel Without a Pause」がいいとか。どうします？

高橋　リクエストが来ているのでそちらでいきましょう！

宇多丸　ああ、忘れてました。（メールを読む）「宇多さん、長時間がんばって」ということで。ありがとうございます。リクエストもいただいています。パブリック・エナミーの代表曲と言えば、これでしょう。

　最近でも『**アトミック・ブロンド**』[38]という、まさに89年のベルリンが舞台の映画で鳴り響いていたりしましたね。もともとはスパイク・リーの映画『**ドゥ・ザ・ライト・シング**』[39]のテーマ曲として作られた曲です。パブリック・エナミーで「Fight the Power」！　1989年！

▶ Public Enemy - Fight the Power

宇多丸　3番で、「[40]**エルヴィスは多くの人にとってヒーローだけど、俺にとっちゃあタダの人種差別のクソだ**」と歌っています。「[41]**ジョン・ウェイン**もそうだぜ！」とも。「こうい

として、ビデオの重要性がさらに増した。95年、放送終了。

36. アフロセントリック　アフリカやアフリカ起源の文化への回帰をメッセージとして掲げた、80年代後半にアメリカで起こった思想的なムーブメント。

37. ボム・スクワッド　ニューヨーク・ロングアイランドのプロデューサーチーム。85年結成。メンバーにチャック・D、ハンク&キースのショックリー兄弟など。パブリック・エナミーのプロデュースを行う。セカンドアルバム『It Takes a Nation of Millions to Hold Us Back』で唯一無二のサウンドを確立。

38. 『アトミック・ブロンド』　2017年のアメリカ映画。89年のベルリンを舞台にしたスパイアクション。デヴィッド・リーチ監督。

39. 『ドゥ・ザ・ライト・シング』　89年のアメリカ映画。スパイク・リー監督・製作・

うことを歌っちゃうか?」ということが衝撃でした。**「俺のヒーローの大半は切手になっていない」**とか、今聴いてもしびれるパンチラインの数々。

ヤナタケ 先ほど宇多丸さんが言ったように、映画『ドゥ・ザ・ライト・シング』の主題歌になっていますが、映画でも「おおっ!」と思わず声を上げてしまう、迫力のある使われ方をしていて。

宇多丸 ヤナさんは当時、まだ……。

ヤナタケ 高校1年生のときにたまたまアメリカに行く機会がありまして。そのときにリアルタイムで……日本で公開する1年前にアメリカでわけもわからず見ていたんですけど。

宇多丸 すごい熱気でしょう?

ヤナタケ 黒人ばかりの映画館で、**みんな大爆笑したり、「ウオーッ!」って騒ぎながら見ていた**のをいまだに覚えています。

宇多丸 僕らも日本で公開されたときに、もうライムスターを組んでいたんで。終わった後に真面目に議論したりですね。そういう時代でもありますよね。

ヤナタケ はい(笑)。

宇多丸 といったあたりで、時代は80年代末までやってまいりました。さあ、そのころ、日本ではいったいどのようにヒップホップ/ラップが盛り上がってきたのでしょうか?

『Fear of a Black Planet』
Public Enemy
(1990/Def Jam Recordings, Columbia)

脚本・主演。ブルックリンを舞台に人種問題を描いた社会派ドラマ。パブリック・エナミーの「Fight the Power」が全編にわたって使用され、注目を集める。

40. エルヴィス・プレスリー アメリカのロックミュージシャン。54年に「That's All Right」でデビュー。56年にリリースした「Heartbreak Hotel」が大ヒット、社会現象を巻き起こす。

41. ジョン・ウェイン アメリカの俳優、映画監督、映画プロデューサー。大ヒット作『駅馬車』をはじめ、ジョン・フォード監督作品に多数出演した。西部劇を代表する俳優。

［そのとき、日本は？］

Interview with いとうせいこう
――「米軍放送でラップに出会った」

宇多丸　そのとき、日本はどうなっているのか？　ここから、１９８０年代半ばから80年代後期までの歴史をたどってみたいと思います。ということで、ゲストをお招きしております。いとうせいこうさんです！

いとうせいこう（以下、せいこう）　よろしくお願いいたします。

ヤナタケ　やった〜！

宇多丸　お待たせしました。どうです？　ＮＨＫ-ＦＭでですよ……。

せいこう　いや、いいよ。ここ、**大瀧詠一**[42]さんがやっていたようなスタジオじゃないの？

宇多丸　そうですよ。そういうところで**真っ昼間から、やれスクーリー・Ｄだ、スプーニー・ジーだ……**（笑）。

せいこう　**めちゃめちゃ悪いやつらの言い分**を聞いているからね。

宇多丸　言い分と、**音楽ならぬ音楽の数々**がね。

せいこう　**非音楽だったから、かっこよかったんだよな、やっぱり。**

宇多丸　まさにそのあたり！　ヒップホップの原理の部分も含めてお話を伺えれば。

先ほど、80年代の佐野元春さんや、吉幾三さんの「俺ら東京さ行ぐだ」を挙げながら、日本語でラップをする試みを紹介しました。でも本格的に「ヒップホップ」を、革命的な文化と意識して輸入した人たちというのが、いとうさんや、**近田春夫**[44]さんの世代だと思うんですけども。

せいこう　そうですね。

宇多丸　いとうさんが最初に、ヒップホップなりラップなりの革新性を意識したのはいつごろですか？

せいこう[45]　80年代、僕が大学のときに（ラジオの）ＦＥＮっていう極東放送から……**米軍放送で**

42．大瀧詠一　日本のミュージシャン、プロデューサー。69年、細野晴臣と松本隆に誘われ、ロックバンド・はっぴいえんどに加入。72年にソロ活動として、アルバム『大瀧詠一』を発表。バンド解散後、74年に自身が作詞・作曲・プロデュースなどをこなすナイアガラ・レーベルを設立。81年のアルバム『A LONG VACATION』が大ヒット。２０１３年、65歳で他界。

43．スプーニー・ジー　ニューヨーク・ハーレム出身のラッパー（63年〜）。78年にクール・モー・ディー、L.A.サンシャイン、スペシャル・Kらとトレチャラス・スリーを結成。ソロに転向後、79年に「Spoonin' Rap」でデビュー。続いて発表した「Love Rap」がヒット。代表作に87年のアルバム『The Godfather of Rap』など。

44．近田春夫　日本のミュージシャン、ラッパー、批評家（51年〜）。76年に近田春夫＆ハルヲフォンとして「シンデレ

すね。そこから聴こえてきたシュガーヒル・ギャングが最初だと思うんですよ。まずは、そのハネた間。「ドーン、タッ、ドーンドーン、タッ、ドーン！」みたいな。「なんじゃ、これ？」と思ったのと同時に、その上にボーカルがしゃべっていくでしょう？

でもそれってカントリーでもあるし、日本でも音頭としてやるわけ。「ああ、こういうやり方でしゃべっていく音楽があっちにもあるんだ！」ってむしろ共通性を感じたんですよね。有色人種的なものの間で。

宇多丸　なるほど、なるほど。

せいこう　まあ、カントリーは白人ですけども。で、それ以降、適当な真似をしていただけだったんですが、84年か85年あたりに、初めてスクラッチをするDJたちに会ったの。**藤原ヒロシ**[46]や、[47]**DJ K.U.D.O.**こと工藤昌之さんとか……。

宇多丸　日本でいち早くヒップホップのDJを始めた人たちですね。藤原ヒロシさんは今やファッションリーダー……というのもあれだけど、最初はスクラッチをする、メガミックスDJとして活動されたりしていました。

せいこう　あとはやっぱり、映画『ワイルド・スタイル』ですよね。何をやっているのかがようやくわかってきたっていう。

宇多丸　音だけ聴いているとよくわからなかったのが、映像で見ると「ああ、レコードをこうやって……」って。

せいこう　**「ジキジキやっているのはあれ、レコードを擦っているんだ！」**って。

当時日本では、まだ5人ぐらいしか擦れる人がいなくて。しかも、その人たちと曲を作るとなると、彼らもあんまりよくわかっていない。

僕はラップの方に興味があったから、押韻の仕組みを考えていたわけです。すると、「AA、BB、CC、DD……」という感じで歌詞の中のある1行と続く行で韻が踏まれている。「あんな乱暴な韻の踏み方、あるかね？」

ラ」をリリース。ハルヲフォン解散後は、YMOとともにソロアルバムを制作、「近田春夫&ビブラトーンズ」を結成するなど多彩な活動を展開。86年には、レーベル「BPM」を設立。プレジデントBPM名義で、シングル「MASS COMMUNICATION BREAKDOWN」を発表する。その後も「Hoo! Ei! Ho!」など日本のヒップホップ史上に残るクラシックを制作。

45．FEN　Far East Network（極東放送網）。在日米軍兵士とその家族を対象としたラジオの放送局。97年に放送局名をAFN（American Forces Network／米軍放送網）と変更した。東京都福生市にある横田基地のAFN Tokyoと沖縄県嘉手納基地のAFN Okinawaが特に知られている。

46．藤原ヒロシ　日本のミュージシャン、ファッションデザイナー（64年〜）。83年にニューヨークに滞在し、ヒップホップと出会い、その後、クラブDJとして活躍。85年、

と当時は感じました。

宇多丸　なるほど。いとうさんからすると、わりと原始的に聴こえたわけですね。

「日本語でどう韻を踏むのか？」問題

せいこう　そうそうそう。やっぱりポップスをずっと聴いていたから、「AB、AB、CC C……」とか行をまたいで韻を踏むのが普通だと思っていた。

「AA、BB、CC、DD……」というのはもはや子どもの踏み方なんですよ。それをやっちゃうことがおそらく暴力的でかっこよかったんだろうけど、僕にしてみたら「えっ、この韻は別に真似しないでもいいな……」と最初は思っていた。

宇多丸　ああー。だからこそ初期のいとうさんの……あ！　説明が後れました。**いとうせいこうさんは日本語ラッパーの先駆けです**。この説明を欠くと、なぜ80年代のラップの話をするときにいとうさんが登場するのかよくわからない。

話を戻すと、初期のいとうさんのラップが、あまり韻を意識していないものが多かったのは、そういう部分からですか？

せいこう　そうですね。特に『建設的』[48]というアルバムは、合宿して制作したんですが、「じゃあ明日はこの曲をやる」というとき、僕は歌詞を書いていて、同室の藤原ヒロシに、**「ヒロシ、これ韻を踏んだ方がいい？」**って聞いたら、**「踏まなくていいんじゃない？」**って答えたのをよく覚えているの。

宇多丸　なるほど、なるほど。

せいこう　「それでも、韻はたぶんラップの規則、お決まりだから、サビの部分だけは入れとこう」って入れたのが、「東京ブロンクス」という曲の「東京ブロンクス／Baby Thanx／For Machine Guns and Tanks」という一節です。……まあ、啓蒙的に入れた。あとはあん

高木完とともに、TINNIE PUNXを結成。同年、いとうせいこう&TINNIE PUNX名義のアルバム『建設的』でデビュー。86年に近田春夫のBPMレーベルより、「I Luv Got The Groove」を発表。88年、中西俊夫らとともにメジャー・フォースを設立、シングル「LAST ORGY」をリリースした。現在はファッション業界を中心にプロデューサーとして活動を続けている。

47. DJ K.U.D.O.　日本のミュージシャン。81年に中西俊夫、佐藤チカを中心に結成されたバンド、MELONに屋敷豪太とともに参加。メジャー・フォースに参加したのち、活動の場をロンドンへ。ヒップホップ／トリップホップのレーベル、モ・ワックスのオーナー、ジェームス・ラヴェルとアンクルを結成し、『The Time Has Come E.P.』をリリース。帰国後は高木完とともにNIGOのレーベル、エイプ・サウンズで活動。

48.『建設的』　86年にいとう

いとうせいこう（写真中央）登場。オリジネイターならではの貴重なエピソードが続々と！

まり踏んでないんですよね。

宇多丸　でも、その後の『MESS/AGE』[49]というアルバムで、今度は（韻を）踏みまくった曲をやったりして。

せいこう　むしろ複雑に踏んで。**頭韻を踏むとか、中間韻を踏むとか、脚韻を踏むとか、いろいろなやり方をやってみよう**と。それがむしろ実験になるかもしれないと考えた。

宇多丸　それまでは日本語のポップスというか、聴き取れる、乗れる曲の中できっちりと韻を踏む、という試みがなされていなかった。その部分に可能性を感じたというのは、後をついていく後進というか、僕らの世代にはあったと思いますけどね。

せいこう　これはよく言うことなんですが、やっぱり最初に困ったのは、**日本語は膠着語**（こうちゃく）**法**であるという点です。

「○○です」「○○でない」と、文のいちばん後ろでその意味を決める構造になっているんですが、「です、ます」とか「だ、でない」

せいこう&TINNIE PUNX名義で発表されたアルバム。ヒップホップをカルチャーとして意識し制作された、日本初のアルバムとされる。ヤン富田がプロデュースで参加。「東京ブロンクス」収録。

49.『MESS/AGE』 89年にリリースされた、いとうせいこうのアルバム。こちらも言わずと知れたクラシック。「噂だけの世紀末」収録。プロデュースはヤン富田。韻辞典『福韻書』付。

という語尾だと韻が踏みにくいわけですよ。

宇多丸　同じ言葉になってしまったり。

せいこう　そう。そうすると、「〇〇でない××」というふうに**倒置法を延々と繰り返すことになる。**

宇多丸　いまだに日本語ラップのひとつのテクニックとしてありますけどね。

せいこう　それが客に聴き取れているのかという疑問があった。伝わらなかったんですよ。

今、それから30年ぐらい経って僕が驚くのは、日本の若い子たちが倒置法の使われているラップの歌詞を、みんな理解するところ。そんなことは30年前にはほとんどなかった。

宇多丸　ああー！

せいこう　その脳はなかった。

宇多丸　「**倒置法理解脳**」**になった！**　「**日本語ラップ理解しやすい脳**」**になった。**

せいこう　そう！　だって倒置法を３つ、４つ重ねるまではわかるけど、５つ、６ついったらもうポカンとしていた。ライブをやっているからわかるわけ。

宇多丸　実感としてそうだったのが。

せいこう　それが今や、全然違うね。そうなりましたね。

宇多丸　慣れ――「シンクロニシティ慣れ」というか――があるんですかね。

せいこう　なんでしょうね。

「業界こんなもんだラップ」にすべてがあった

宇多丸　じゃあ、いとうさんの曲を聴いてみましょう。やっぱりね、最初期の曲がいいでしょう。１９８５年。しかも当時、**いとうさんはまだ「ホットドッグ・プレス」[50]の編集部員ですよね。編集部員の分際で……**（笑）。

せいこう　**分際ですよねー。**

宇多丸　『業界くん物語』[51]という、当時流行っていた……。

せいこう　情報漫画みたいな連載を担当していて。

50.「ホットドッグ・プレス」　79年に講談社から創刊された若い男性向け情報誌。ファッションや恋愛をテーマに特集を組み、人気を博した。休刊・再刊を経て、２００４年に再休刊。14年から電子雑誌として復刊。

51.『業界くん物語』　85年に発売された、いとうせいこうプロデュースによるアルバム。日本初の本格的なヒップホップの楽曲とされる「業界こんなもんだラップ」収録。２０１６年に初ＣＤ化。

MIDDLE & LATE 80'S

それ自体をアルバムにしちゃおうっていうアイデアです。当時仲間になっていた**ヤン富田**[52]さんがトラックを作って。で、藤原ヒロシや**ダブマスターX**[53]、DJ K.U.D.O.も参加した。あとこの曲、サビがあるんだよね。

宇多丸 ああ、そうですね。さっきから、「この時代のヒップホップはあんまりサビがないですよ」と繰り返していましたけれども。

せいこう **この曲はサビがあるという点において、それまでのポップスと融合している**んです。

宇多丸 サビもあるし、曲の中でいとうさんはヒューマンビートボックスもやっている。あと、前半と後半でラップの仕方を変えているのもポイントですね。後半はスリック・リック風の……。

せいこう 僕はものすごく彼らの影響を受けていたから。

宇多丸 先ほど少し名前が出ましたが、スリック・リックとダグ・E・フレッシュが作った「La Di Da Di」。ヒューマンビートボックスの上でスリック・リックがラップをするという曲です。それに影響を受けていたということもある。

せいこう うん。

宇多丸 トラックはちょっと**マルコム・マクラーレン**[54]風だったり。85年でこれだけ……。

せいこう 一応リズムは、**Z-3MCズ**[55]を参考にしていると思うんだけど。

宇多丸 Z-3MCズを参考にして（笑）。で、「業界くん物語」風のキャラクターを演じ分けながら、ラップ的なセルフボースト（自己賛美）風味の味付けと、しっかり話のオチをつける、ということもやっている。

ある意味、ここにヒップホップ解釈のすべてが入っちゃっている。

せいこう そうなのよ。後から僕も気づいて。**去年そのことに気づいたのよ。**

宇多丸 とんでもない曲です。お聴きください。いとうせいこうさんで「業界こんなもんだラップ」。1985年です！

52. ヤン富田 日本のミュージシャン、プロデューサー（52年～）。76年からスティールパンの演奏を開始。坂本龍一、小泉今日子など多くのアーティストの作品に、プレイヤー、作・編曲、プロデューサーとして参加。いとうせいこうの『建設的』『MESS/AGE』を手がけるなど、日本のヒップホップ黎明期を代表するプロデューサーでもある。自身のアルバムに、『ミュージック・フォー・アストロ・エイジ』など。

53. ダブマスターX 日本のサウンドエンジニア、DJ（63年～）。クラブ「ピテカントロプス・エレクトス」でアシスタント・ミキサーとして活動したのち、82年、ダブバンド・MUTE BEATに参加。90年の解散後は、藤原ヒロシなどとの制作を経て、単独で多くの楽曲のリミックスを手がけるようになる。以後、サウンドエンジニア、リミックス、アレンジ、舞台音響、プロデュースなど多岐にわたり活動をしている。

▶いとうせいこう - 業界こんなもんだラップ

宇多丸　若きいとうさんがいろいろなことをやっています。**「俺の考えるヒップホップ」**を全部この1曲の中にブチ込もうとしていますね。

せいこう　詰め込んでいるんですよね。

宇多丸　すごいですよね。

ヤナタケ　**最初、いきなり「ズールーキング」**って歌詞から始まる（笑）。

せいこう　**なんで「ズールー」って言っているのかもうわからないもん。**

宇多丸　おそらく、アフリカ・バンバータ。

『業界くん物語』
V.A.
（1985/Eastworld）

せいこう　なんだろうけどさ、確実にね。やっぱりアフリカの文学とかそういうものが好きだったから。「ああ、ズールーと言えば……」って。

宇多丸　**ズールー戦争**[56]とかね。

せいこう　そうそうそう。と僕は当時解釈をしていたんだろうね。

宇多丸　でもなんか、いいですよね。みずみずしいですよね、ヒップホップという文化に対しての向き合い方が。

いとうさんたちは、**「これからはヒップホップの時代になっていくんだ！」**って１９８６年ぐらいの段階で断言していたんですね。で、僕はそれにまんまとやられて、この道に来てしまったんですよ。

せいこう　すみませんでした（笑）。

宇多丸　**あなたのせいなんですけども。**

せいこう　ハハハ。

宇多丸　ラップのどの部分にいちばん革新性を感じました？

54．マルコム・マクラーレン　イギリスの音楽プロデューサー。71年にファッションデザイナーのヴィヴィアン・ウエストウッドとともに、ロンドンにブティック「Let It Rock」を開店する。74年に渡米して、パンクバンド、ニューヨーク・ドールズのマネージャーを務める。帰国後、セックス・ピストルズをプロデュース。同バンドが成功を収めたことにより、パンク・ファッション、パンク・カルチャーはイギリスのみならず世界中の若者の間に一大ブームを巻き起こした。２０１０年、他界。

55．Z・3MCズ　メリーランド州ボルチモアのラップグループ。85年にリリースした「Triple Threat」は、ヒューマンビートボックスを大胆に取り入れた1曲。

56．ズールー戦争　１８７９年にイギリスと南アフリカのズールー王国との間で勃発した戦争。近代兵器を用いたイギリス軍が勝利し、ズールー

せいこう　**人のものをサンプリングして持ってきちゃう**ってところですよね。
80年代ってニュー・アカデミズム[57]があったりして、「新しい哲学も新しい思想もできないんだ。**すべては組み合わせにすぎない**」という空気があった。
でも、「すぎない」って言いながら皮肉に笑っていたのに、その「すぎない」中からすんげー面白いものが出てきちゃった。「組み合わせで何でもできるんじゃん！」って。

宇多丸　**「ポストモダン[58]でも全然元気だぞ！」**と。

せいこう　「全然、いいんだ！　踊れるんだ！」って。**踊れるポストモダンね**。それが現れちゃったというのが、東京からの解釈だったんですよ。たぶんニューヨークはそういうふうには考えていなかったと思う。
それともうひとつ、面白いことがあって。僕はよく人に言うんだけど、その前には、ディスコDJという存在があったわけですよ。ディスコDJは、同じようなBPMにうまく曲を調整して「A（という曲）からB、BからCからDからEから……」と一晩を作り出すわけじゃないですか。
ところがヒップホップの、クール・ハークのすごいところは「**AからA、AからA、AAAAA……」って延々と繰り返す**ところですね。これはコロンブスの卵ですよ！

宇多丸　うんうん。

テクノロジーと試行錯誤がグループを生んだ

せいこう　**物事をめちゃくちゃ単純化したら、ものすごいグループが生まれちゃった**。そして、そこにテクニクスのSL1200[59]という、手を離したらすぐに立ち上がる**ターンテーブルがたまたま彼らの手元にあった**。この歴史の不思議さ。

宇多丸　そこで、もしそのテクノロジーが揃ってなかったら……。**ベルト方式[60]のレコードプ**

王国の独立は失われた。南アフリカにおける植民地支配の画期となったことで知られる。

57．ニュー・アカデミズム　80年代の日本で興った新たな思想の潮流。批評家の浅田彰『構造と力』、人類学者・宗教学者の中沢新一『チベットのモーツァルト』、83年に刊行されたこの2冊の思想書が大ベストセラーに。前記ふたりの他にも、栗本慎一郎、蓮實重彥、柄谷行人など、主に現代思想の領域からアカデミシャン・論客が現れ、若者を中心に支持を集めて社会現象となった。

58．ポストモダン　近代（モダン）が終わった後に生じる次（ポスト）の時代、もしくはモダニズム（近代主義）を批判する文化的諸分野上の運動のこと。主に哲学・思想・文学・建築の分野で用いられる用語。

59．SL1200　松下電器産業（現・パナソニック）が、72年に同社の音響機器用ブラ

レイヤーしかなかったらできないですもんね。

せいこう　頭が「グワ～ン……ズン、ダッ♪」っていうんだったら……。

宇多丸　（SL1200のような）**ダイレクトドライブのターンテーブル**[61]があるからですよね。

せいこう　ディスコでかけるときに、曲のかけたいところからポンと始めたいと望んだDJたちがいたから、彼らのために職人さんが作ったんでしょう？　まさか、ヒップホップDJにこんなふうに使われるとは思ってなかったんじゃないですか？

宇多丸　**レコード盤の上に手を置いて前後させるためには作ってない。**

せいこう　「ふざけんなよ！」ってことじゃないですか。当時スクラッチをするときに、どうしても針が飛んじゃうんで、DJたちがいろいろと情報交換をしていましたよ。**「針の上に50円玉を乗せるのがいい」**とか。台の上にターンテーブル二台とミキサーを乗せてライブするとき、台自体がどうしても「ボーン！」って胴鳴りがしちゃったり。

宇多丸　間にインシュレーター（ターンテーブルを振動から守る緩衝材）を本当は挟まなきゃいけないんだけど……。

せいこう　そう。それがわからない。だからみんなでいろいろと試行錯誤して……**結局、「台に重いものを乗せる」**のがいいということが、現場でわかるわけ。

宇多丸　ああーっ！　工夫していったわけだ。

せいこう　不思議だったなー、あの時代。面白かった。

宇多丸　でもまさに、本場アメリカのやつらも試行錯誤しながらやっている段階だから。実はほとんど時差はなかったんですよね。

せいこう　1986年に、**ランD.M.C.がNHKホールでライブしたときの前座が僕らだった**んですけど。リハが盛んに止まっていたもん。ノイズが乗っちゃったりとか、あるいは本人たちが面倒くさくなってやめちゃったり。

ンドであるテクニクスから発売した、ダイレクトドライブのレコードプレイヤー。ヒップホップだけでなく、他のクラブミュージックのDJにも好んで使われている。

60．ベルト方式のレコードプレイヤー　レコードを置く回転盤とモーターが別々になっており、ベルトでつなぐタイプのプレイヤー。モーターと回転盤に距離があり、回転むらが起きることがある。高音質化が図りやすい構造なので、高級メーカーで採用される。

61．ダイレクトドライブのターンテーブル　モーターの軸に、レコードを置く回転盤を、直接取り付けるタイプのプレイヤー。回転むらが少なく、動作が安定しているのが特徴。

僕らもその様子を見ていたんだけど、白人のスタッフが、リハの止まってしまうところを見て、僕らに向かって笑いながら「（あいつら）**ミュージシャンじゃねえからな**」って言ったのをよく覚えているの。

宇多丸 ああー。でも、そこが……。

せいこう **そこが俺はかっこいいと思ったの。**

宇多丸 「そこじゃない！」っていうことですよね。

せいこう 「それがいいんだよ！」って言い返したかったけどね。

近田春夫流〝脱法〟のススメ

宇多丸 しかし逆に、たとえば先ほどチラッと名前を出しましたけども、近田春夫さん。もともとは、要するにミュージシャンシップの塊のような人ですよね。音楽のことを知り尽くしたような人が「これからはヒップホップだ！」ってなった。

次にかけようと思う曲は、近田春夫さんがプレジデントBPMというラッパー名で発表したものです。「Hoo! Ei! Ho!」。僕らはすごく影響を受けていましたけども。

せいこう はい。

宇多丸 この曲が面白いのは、さっきいとうさんがお話しになっていた、日本語の膠着語法を……。

せいこう そう！ **逆利用するのよ。頭いいなー、近田さん。**

宇多丸 開き直って。「**もう日本語の語尾をそのまま使えばいいじゃないか**」という感じでやっている。聴いてみれば一発でわかりますけども。

で、曲名の「Hoo! Ei! Ho!」というのは、どういうことかというと、これは「風営法」をそのままローマ字表記に置き替えたものです。より具体的には、**改正風営法**[62]ですよね。

1980年代半ばに風営法が改正されて、ディスコが12時で閉まってしまう時代になっ

62．改正風営法 84年の風営法の大幅改正（施行は翌年）によって、風俗店やディスコの営業時間が午前0時までと規定された。

た。で、そこからクラブの時代になる。**ディスコ文化がクラブに移行していく。**

せいこう　「小箱」がいっぱい出来ていくわけだよね。

宇多丸　で、これは世界的にですよ、80年代半ばから90年代にかけて、クラブミュージックの時代になっていくわけじゃないですか。要するに、日本の一見全然関係ないひとつの法律の改正と、世界的な音楽というか文化の流れが……。

せいこう　たまたまだよ、これ。たまたま。

宇多丸　だからね、**風営法改正がなかったら、ひょっとしたら日本はクラブミュージックの流れに乗り後れていたかもしれない。**

せいこう　当時はディスコ勢が強かったからね。

宇多丸　だから不思議なシンクロニシティがあったという曲です。では、1986年。近田春夫さんの別名、プレジデントBPMで「Hoo! Ei! Ho!」。

▶ President BPM - Hoo! Ei! Ho! feat.TINNIE PUNX

宇多丸　すごいですねー。NHKでかけてしまいました。ある意味〝**脱法**〟**な遊び方のすすめ**をしているわけですからね。

せいこう　そうなんですよ。曲中で「イエーッ！」って言っているところは、ライブでは**「法律を破るんだ」って言っていた**からね。

宇多丸　明白にね（笑）。まあでも、プロテスト（異議申し立て）ということでね。

せいこう　そうですよ。そういうもんだよ。

ゆるふわギャングとプラスチックス

宇多丸　いとうさんにメッセージがいっぱい来ています。質問も来ているので、紹介させてください。女性の方。

「せいこうさんだ、せいこうさんだ！　うれしい！　たっぷりいろいろな話を聞かせてく

MIDDLE & LATE 80'S

ださい。ステージパフォーマンスの機会は少ない、せいこうさんだと思いますが、参考にしていたり、アドバイスをもらったりするアーティストさんはいらっしゃいますか？　あと最近の若いラッパーで『こいつはすげえ！』という人がいたら教えてください」という。

せいこう　ああ、**ゆるふわギャング**[63]、**面白かったですよ。**

宇多丸・ヤナタケ　おおーっ！

せいこう　僕、彼らには**プラスチックス**[64]**を感じる。中西俊夫**[65]（なかにしとしお）**と佐藤チカ**[66]**を感じる。**

宇多丸　なるほどー！

せいこう　すっごくいい。言葉の選び方とか音楽センスの良さだよね。

宇多丸　なんか、トッぽい感じっていうか。かっこいいよね。

せいこう　「いやー、出てきたな！　やっぱり出てくるんだ！」って思って聴いてますね。

宇多丸　男女混成のかっこよさというか、クールな距離感もあります。ゆるふわギャング。

で、質問の前半部分の「パフォーマンスで参考にしていたり、アドバイスをもらったりするアーティストはいらっしゃいますか？」については？

日本語と英語は音素が違う

せいこう　**コーネル・ウェスト**[67]というアメリカの政治・哲学者っていうのがいて。ラッパーたちといっぱいコラボしているわけ。アルバムも3つぐらい出していて。コーネル・ウェストの演説にかなうものがないんですよ。僕はずっとスピーチの歴史を追っているから。

宇多丸　いとうさんは演説の歴史も研究されていますよね。

せいこう　ラップってもともとは**ラスト・ポエッツ**[68]がいて、**ギル・スコット・ヘロン**[69]がいて……っていう脈々とつながる歴史がある。**スピーチみたいなものの伝統の中でラップを見るべきだ**と思っている。

63．ゆるふわギャング　日本のラップグループ。2016年に結成。ラッパーのRyugo IshidaとSophiee（現・NENE）、プロデューサーのAutomaticによるプロジェクト。同年に発表したミュージックビデオ「Fuckin' Car」で注目を集める。17年のファーストアルバム『Mars Ice House』がヒットし、幅広い層から支持を受ける。

64．プラスチックス　日本のテクノポップバンド。76年に結成。オリジナルメンバーは、中西俊夫、佐藤チカ、立花ハジメ、佐久間正英、島武実。79年にシングル「COPY」でデビュー。YMOのヒット以降、P-MODEL、ヒカシューなどのバンドとともにテクノポップのグループとして人気を集めた。

65．中西俊夫　日本のミュージシャン、音楽プロデューサー（56〜2017年）。プラスチックスの活動を経て、81年には佐藤チカとともに、MELONを結成。88年には、

その視点からラップを考えると、今のアメリカにはコーネル・ウェストという、政治的なアジテーションにものすごく長けた人がいるから。

宇多丸　スピーチの内容のみならず、たとえば声の抑揚だったり、ブレスポイントだったり、そういうことも重要ですか？

せいこう　そう！　彼は自然にラップになっちゃう人。「コーネル・ウェストには勝ちたいな！」って思っているんだよね。

宇多丸　あと、やっぱり、**英語はライムしやすい。**

せいこう　そうなんです！　**ズルい！**

宇多丸　ちょっと突っ込んだ話をしちゃいますけども、**音素が違うから。**

せいこう　しょうがない。**子音だけで成り立つ**からね。たとえば、れんがを意味する「brick（ブリック）」という単語がありますが、この単語の先頭の発音は「ブ（BU）」じゃなくて「B」なんですよ。

宇多丸　それだけでハマっちゃう。

せいこう　**僕らは「子音＋母音」「母音のみ」だけ**だから。

宇多丸　だから、日本語のラップで——最近は必ずしもそうではなくなりましたが——**長めに凝った韻を踏まなきゃいけないというのは、そうしないとライムに聴こえないから**なんですよ。

せいこう　そうなんですよ！　だからこそ、面白い問題もあるんだよね。**一音で一文字みたいなものをどういうふうに組み合わせて面白くしていくか。**

「純ラッパー」として登場したECD

宇多丸　そういう、日本語ラップの開拓と進化の歴史をこの後、90年代もどんどん掘り下げていくんですが、日本人ラッパーがどんどん出てくるにあたって重要だったポイントがあ

高木完、藤原ヒロシらとクラブミュージック専門レーベル、メジャー・フォースを設立。タイクーン・トッシュとしてヒップホップの制作も開始し、「Copy '88」「Get Happy」「China Syndrome」などをリリースした。17年、食道がんにより死去。

66. 佐藤チカ　日本のミュージシャン、ファッションモデル。中西俊夫らとともに、プラスチックスやMELONで活動。その後、自身のファッションブランド、Chika Satoを立ち上げ、ファッションの世界で活躍する。

67. コーネル・ウェスト　アメリカの哲学者、社会運動家（53年〜）。アフリカン・アメリカンの歴史など、人種問題を専門とする。多くのラッパーに影響を与えたことでも知られ、昨今は「Black Lives Matter」にも積極的にコミットしている。翻訳で入手できる著書に、『人種の問題』『コーネル・ウェストが語るブラック・アメリカ』など。

ります。

クラブ文化の黎明期。それまでのディスコがクラブになって人員が急に必要になったのか、コンテストがめちゃめちゃ開かれるようになって。

せいこう　ああ、そうかも！

宇多丸　そここそが登竜門というか。僕らライムスターものちに**GALAXY**[70]というサークルで参加したりしましたし、もちろんスチャダラパーもそういうところから出てきました。あと**DJクラッシュ**[71]さんとか。

その中で最初に――有名じゃなかったというか、それまでキャリアがあったわけではなく――、ある意味で**「純ラッパー」として登場したのが、ECD**[72]。

せいこう　うん、そうだったね。

宇多丸　石田さん（ECDの本名）でございます。石田さんは、**高木完**[73]（たかぎかん）さんや藤原ヒロシさん、**屋敷豪太**[74]（やしきごうた）さん、K.U.D.O.さん、中西俊夫さんが結成したヒップホップレーベルである**メジャー・フォース**[75]にピックアップされました。メジャー・フォースは日本初のヒップホップレーベルですから。

せいこう　デフ・ジャムみたいなレーベルは日本でなかったのかと言ったら、メジャー・フォースがあったということですね。

宇多丸　**当時はメジャー・フォースに入れるか入れないかしかなかった。**

せいこう　アハハハハ！

宇多丸　メジャー・フォースの人にかわいがられるかどうかしかないので……。

せいこう　俺たちも細々とアストロ・ネーションというレーベルでがんばっていたんだけどね。でも、やっぱりメジャー・フォースの場合、ファッションにもつながっていく、おしゃれなやり方をしていましたから。

宇多丸　ということで、そのメジャー・フォースからデビューしたECD。ある意味、日本人純粋ラッパー第1号です。1989年の曲。これ、今聴くと違う響き方がするんだな。E

68. ラスト・ポエッツ　ニューヨーク・ハーレムのスポークンワードのグループ。68年結成。70年、アルバム『The Last Poets』でデビュー。パーカッションのみの演奏に、ポエトリーを乗せるスタイルはラップのルーツになったと言われる。77年の代表作『Delights of the Garden』は、彼らがヒップホップのアーティストに与えた影響を感じ取れる作品。

69. ギル・スコット・ヘロン　イリノイ州シカゴ出身の詩人、ジャズミュージシャン（49～2011年）。70年にデビューアルバム『Small Talk at 125th and Lenox』をリリース。様々な社会問題をポエトリーとして表現するそのスタイルから、「黒いボブ・ディラン」とも評された。代表作に「The Revolution Will Not Be Televised」「The Bottle」など。カニエ・ウェストをはじめ、多くのラッパーに影響を与えた。

70. GALAXY　78年に設

CDで「Pico Curie」。

▶ ECD - Pico Curie

宇多丸　かけてしまいましたー！　ECDが登場した、その直後にはスチャダラパーが登場し、我々ライムスターが活動を始め、その後の90年代ヒップホップシーンにつながっていく布石は打たれた、ということだと思います。

「日本語韻辞典」に使われた韻は踏みたくない

宇多丸　ということで、いとうさんにせっかく来ていただいたんで、ラップでもやらかしますか。僕はいとうさんにライブをやっていただいて、それを横で聴いて、**「イエイ、イエイ！」なんてやっているつもりだったんですけど……。**

せいこう　そうはいかないよ。やっぱり。

宇多丸　**僕はいとうさんに人生を変えられた男ですからね。**「これからの時代は必ずヒップホップの時代になるんだ」という言葉を信じて。

せいこう　で、なったんだからね。

宇多丸　なったからいいけど、これ、ならなかったら、**「いとうさん！　どこがヒップホップの時代なんすか！」**っていうね（笑）。でも、まさかこうなるとは！

せいこう　**なるよ。この音楽は。**

宇多丸　なったわけですから。世界的にも、なったわけですから。それを予言されていたということで。

じゃあいとうさん、一緒に曲をやりましょう。いとうさんのアルバム『MESS/AGE』。これは日本語ラップアルバムとしては……。

せいこう　フルアルバムでは初めて。

宇多丸　初めてですよね。しかも、めちゃめちゃコンセプトアルバム。

またよせばいいのに、「日本語韻辞典」を

立された、早稲田大学のソウルミュージック研究会。ライムスター結成のきっかけともなっており、メンバー3人はそれぞれの代で部長を務めている。同サークル出身のラッパーとして、KEN THE 390、TARO SOUL、志人（降神）、SKY-HIなどがいる。

71. DJクラッシュ　日本のDJ、プロデューサー（62年〜）。87年にMUROやDJ GOとともにクラッシュ・ポッセを結成。92年以降、本格的にソロ活動をスタート。94年、イギリスのモ・ワックスより『Strictly Turntablized』を発表以降、ワールドワイドに活動。2017年に、OMSB、R-指定、RINO LATINAⅡ、5lackらを招いてキャリア初のラップアルバム『軌跡』をリリース。

72. ECD　日本のラッパー、作家（60〜2018年）。89年、ヒップホップコンテスト「CHECK YOUR MIKE」を主催した。90年に、反原発のプ

付けられてました。あんなことをやられるとね、わかりやすいけどね、困ります。**だって、そこに使われた韻は踏みたくないんだもん！**（笑）。

せいこう そうだね。

宇多丸 **「何、後進ラッパー殺ししてんだよ?!」**

せいこう アハハハハッ！ そうだったのか！ 悪い悪い。**良かれと思ってさ。**

宇多丸 まあ、とにかくすばらしいアルバム『MESS/AGE』に入っている曲です。オリジナルバージョンを、僕は高校時代に聴いていた覚えがあるんで、おそらく1987年とかには、もう？

せいこう ライブでは、ずっとやっていた曲なんですよ。

宇多丸 しかも、その時代のことを歌っているんだけど、さっきの石田さんと同じで、今聴くとまた、リアリティーが、重みが違うんですよ。

せいこう **不思議なもんですよね、詩ってね。**

宇多丸 本当ですよね。それでは、フィーチャリング宇多丸ということで、よろしいでしょうか？

せいこう いいと思います。

宇多丸 いとうさんの89年のアルバム『MESS/AGE』に収録された曲を、ライムスターが2016年、**『再建設的』**[76]というリミックスアルバムでカバーさせていただきました。そのトラックに乗せてお送りしたいと思います。

（スタジオライブ）

▶いとうせいこう - 噂だけの世紀末 feat. 宇多丸

宇多丸 やったー！ いとうせいこう feat. 宇多丸、DJはYANATAKEで「噂だけの世紀末」。カマしてしまいました〜！

せいこう こんな日が来るとはね、宇多丸とね。

宇多丸 良かったです。やってて良かったです。**「お母さん、僕、NHKでいとうさんとラップしてるよ！」**

ロテストソング「Pico Curie」でメジャー・フォースからデビュー。92年にファーストアルバム『ECD』をリリース。96年、歴史的ヒップホップ・イベント、さんピンCAMPをプロデュース。03年からは自身のレーベル「FINAL JUNKY」から作品を発表。脱原発運動や反レイシズム運動にも積極的に参加。がんを患い、18年に死去。

73. 高木完 日本のミュージシャン、プロデューサー（61年〜）。FLESH、東京ブラボーといったバンドでの活動を経て、85年、藤原ヒロシとTINNIE PUNX結成。いとうせいこうとともに、86年、アルバム『建設的』を制作。88年に藤原らとともにメジャー・フォースを設立し、スチャダラパーのプロデュースを手がける。

74. 屋敷豪太 日本のミュージシャン（62年〜）。81年に上京し、こだま和文らとダブバンド、MUTE BEATを結成。87年には中西俊夫らの

せいこう　アハハハハ！

宇多丸　きっと母も喜んでいると思います。ということで、いとうさん、あっという間に時間が参りまして。いかがでしたか？

せいこう　昔の、それこそ、僕の初期衝動でもある80年代のヒップホップをガンガン聴けたのはうれしかったなー。**楽屋で眠るつもりが、全然寝ていません**。

宇多丸　申し訳ございません（笑）。ここから先、ヒップホップの現在、そして未来まで。

せいこう　そうそう。最後はＢＡＤ ＨＯＰだしね（笑）。

宇多丸　ＮＨＫでＢＡＤ ＨＯＰがスタジオライブ。痛快ですよね！

せいこう　アハハハハ！

宇多丸　こんな時代が来てしまいました。ということで、いとうせいこうさん、ありがとうございました！

せいこう　ありがとうございました。

いとうせいこう feat. 宇多丸。超レアなセッションが実現！

バンド、ＭＥＬＯＮに参加。88年、中西、藤原ヒロシらとともにメジャー・フォースを設立。同年、渡英。89年、ＳｏｕｌⅡＳｏｕｌのファーストアルバムに参加し、世界的な注目を集める。

75．メジャー・フォース　88年に、高木完、藤原ヒロシ、中西俊夫、Ｋ．Ｕ．Ｄ．Ｏ．、屋敷豪太によって、ファイルレコード傘下に設立された、日本初のクラブミュージック・レーベル。前記のアーティストに加え、ＥＣＤやスチャダラパーの作品をリリースした。

76．『再建設的』　２０１６年にいとうせいこう＆リビルダーズ名義で発表されたアルバムで、『建設的』の発売30周年記念トリビュート盤。ライムスター以外にも、スチャダラパー、ロボ宙、Sunaga t experience、ヤン富田、サイプレス上野とロベルト吉野などが参加している。

渡辺志保のヒップホップ・スラング辞典②

お金にまつわるスラング

今回は「お金」を言い換えるスラングを紹介しましょう。代表的なものに「cream（クリーム）」という言葉があります。いったい何が語源になっているのでしょうか。

実は、ウータン・クランというラップグループの「C.R.E.A.M.」という曲のタイトルが元になっています。この曲のサビに「Cash Rules Everything Around Me.（金がすべてにモノを言う）」というフレーズがあります。それぞれの単語の頭文字を取った造語が、曲名の「C.R.E.A.M.」というわけです。この曲をきっかけに、クリーム＝お金というスラングが誕生しました。

ヒップホップのシーンはとにかく拝金主義的、かつ成り上がり主義的な傾向があって、アーティストの皆さんもお金が大好き。それゆえお金にまつわるスラングがとても多いんです。

たとえば、米ドルには６種類のお札がありますが、そのうちの４種類には歴代の大統領の顔が印刷されています。そこに端を発して、お金を意味する「dead presidents（デッド・プレジデンツ／亡くなった大統領）」というスラングが生まれました。お札が緑色で印刷されていることから、「green（グリーン）」と言うこともありますね。

他にも、「cheese（チーズ）」や、そこから派生した「cheddar（チェダー）」や「parmesan（パルメザン）」。パンを表す「bread（ブレッド）」という単語もお金の意味を表すスラングとして使われます。

他にも、羽振りがいい人のことを、バスケットボールの選手に高所得者が多いことから転じて「baller（ボーラー）」と呼ぶことがあります。「ball（ボール）」や「balling（ボーリング）」といったフレーズもヒップホップの曲の中には頻出します。

3
80's
90's

[第3章]

80年代後期〜90年代

“カンブリア爆発”
——ラップ黄金期の到来

[そのとき、日本は？]

英語のフロウを日本語で再構築するために
ゲスト：Bose（スチャダラパー）、Zeebra

ヒップホップの価値観を覆したニュースクール勢

宇多丸 ラップの歴史をひもとく第3章。ここからさらに、ラップは〝カンブリア爆発〟とも言うべき飛躍的な発展をします。

サンプリングマシーンを使いこなす技術が浸透して、手軽に誰でも――この言い方には語弊がありますが――「名曲」を作れるようになったというか。そういう時代だと思います。80年代後期から90年代。また、新たなゴールデンエイジがやってきたということです。

高橋 ここから一気に盛り上がってきますね。

宇多丸 象徴的なのは、先ほども紹介した、「Yo! MTV Raps」というテレビ番組です。これはいつ始まったんですか?

高橋 1988年の9月ですね。

宇多丸 日常的に映像が見られるようになった。

高橋 そして同じ年の8月には「The Source」[1]という非常に強い影響力を持つことになる、月刊のヒップホップマガジンが創刊されています。

宇多丸 ヒップホップ専門誌ですね。

ヤナタケ 同じ年なんですね、始まったのは。

高橋 ヒップホップの躍進に大きな貢献を果たしたふたつのメディアが、このタイミングでほぼ同時に立ち上げられているのは興味深いものがあるなと。

宇多丸 「The Source」をはじめとしたヒップホップ専門誌、批評界が果たした役割については、90年代頭あたりまで進んだところでもう一度お話ししたいと思います。この章の途中で出てきますので、「The Source」という雑誌のことをよく覚えておいてください。

ということで、80年代末。今まで僕らが聴いてきたものと一線を画する、いわゆる「ニ

1. 「The Source」 アメリカで88年に創刊されたヒップホップ専門誌。アルバムを1～5本のマイクの数で評価する「Record Report」や、有望な新人アーティストを発掘する「Unsigned Hype」などの企画で知られる。

ユースクール」という動きが出始めます。ひとことで言えば、どういう感じかな。今までのラッパーのマッチョなイメージを覆す……。

高橋　従来からの価値観を根底からひっくり返すようなところがありました。

宇多丸　**ちょっと内省的だったり、おとなしい感じだったり**。あるいは……。

高橋　ナードな感じ、要はオタクっぽいんですよね。

宇多丸　オタクな感じもアリな。

ヤナタケ　ファッションも、わかりやすく変わりましたよね。

宇多丸　それまでは首にゴールドチェーンを巻いていたり。LLクールJのように、**素肌にゴールドチェーンジャラジャラ**みたいな、日本人には絶対に真似しようがないスタイルではなくて、もう少し日常的な感じになりました。それこそ、**ボタンダウンシャツを着ていてもおかしくない感じの**。

ヤナタケ　金のぶっといネックレスではなくて、手作りの革のメダリオンとか。

宇多丸　そうしたスタイルが出てきた背景のひとつに、アフロセントリックという動きがありますね。第2章でも触れましたが、つまり、アフリカ回帰。非常に意識が高い、お利口なイメージの若者たちが出てきた。

代表的なグループに**ジャングル・ブラザーズ**[2]……ジャングル・ブラザーズの話はのちほど、Boseくんのインタビューにも出てきますので取っておきたいと思いますが。他には、**ア・トライブ・コールド・クエスト**[3]。そして何よりも、**デ・ラ・ソウル**[4]でございます。

高橋　まさにスチャダラパーに絶大な影響を与えたグループで、後年コラボもしています。

宇多丸　このデ・ラ・ソウルが1989年に『3 Feet High and Rising』というアルバムを出します。その前から優れたシングルを出していましたけど。とにかく、デ・ラ・ソウルが普通にチャートでヒットしましたよね。**実はこのデ・ラ・ソウルのブレイクに、特に日**

2. ジャングル・ブラザーズ　ニューヨークのラップグループ。87年、マイク・ジー、アフリカ・ベイビー・バム、DJサミー・Bによって結成。88年に『Straight out the Jungle』でアルバムデビュー。ヒップハウスに挑戦したシングル「I'll House You」がヒット。

3. ア・トライブ・コールド・クエスト　ニューヨークのラップグループ。88年に、Q・ティップ、ファイフ・ドーグ、アリ・シャヒードを中心に結成。90年に『People's Instinctive Travels and the Paths of Rhythm』でアルバムデビュー。カラフルなサンプリングや洗練されたリリックが人気を呼び、ニュースクールの代表的なアーティストとして評価される。プロダクションチームにJ・ディラを迎えた96年の4作目『Beats, Rhymes and Life』を経て、98年の『The Love Movement』で解散。

4. デ・ラ・ソウル　ニューヨーク・ロングアイランドのラップグループ。87年に、ポス、トゥルゴイ、メイスの3

本のラッパーはめちゃめちゃホッとしたんです。

つまり、日本人がラップをしようというときに、パブリック・エナミーの「Fight the Power」のような、「虐げられた黒人たちの歴史の怒りをぶつける！」みたいなメッセージは、なかなかなじまないわけです。

「俺たちはどうヒップホップにコミットすればいいわけ？」って思っていた我々が、**「ああ、日本人の感覚に近いようなラッパーも出てきたし、俺たちは俺たちでいいんだ！」**って心底思えたのは、**やっぱりニュースクールの登場があったから**。特にデ・ラ・ソウル。

高橋 彼らに勇気づけられた日本のラッパー、彼らの登場がマイクを握る動機になった日本のラッパーは本当に多いみたいですね。

宇多丸 はい。そしてデ・ラ・ソウルの大ヒットシングルがまさに、**「俺は俺でいいんだ」**っていうテーマだった。しかもビデオが、奇しくも「Yo! MTV Raps」でいっぱい流れましたけども、マッチョなラッパーたちをちょっと揶揄(やゆ)するようなイメージのものだった。「笑っちゃうよ、ああいうの」っていうビデオで。日本人ラッパーとしては特に勇気をもらった。

あと、ネタ使いも、これまでのジェームス・ブラウンなどのいなたい（泥臭い、ブルージー）ファンクから、彼らはPファンク[5]をサンプリングしたり、音楽像的にも新しかった、ということでございます。

ここからの時代は、曲が一気に華やかになってまいりますので、聴きやすくなってきます。それではお聴きください。1989年、大ヒットしました。デ・ラ・ソウルで「Me Myself and I」。

▶ De La Soul - Me Myself and I

宇多丸 非常にポップですよね。

高橋 デ・ラ・ソウルは、それまであまりネ

名で結成。89年にアルバム『3 Feet High and Rising』でデビュー。それまでのヒップホップと異なる、マッチョイズムを排除したリリックとポップなサウンドでニュースクールを牽引。93年のアルバム『Buhloone Mindstate』には、スチャダラパーのBoseと高木完がラッパーとして参加している。最新作に、2016年の『And the Anonymous Nobody…』。

5. **Pファンク** 60～70年代に、ジョージ・クリントンが率いたふたつのバンド、パーラメントとファンカデリックおよび、そこから派生したグループが作り出したファンクミュージック。

タとして使われなかったスティーリー・ダン[6]やホール＆オーツ[7]といったロック／ポップスの曲をサンプリングしてめちゃくちゃかっこいい曲を作っていたのが痛快でした。あとは子ども用の外国語学習の教材テープをサンプリングしたり。

宇多丸　フランス語のね。

高橋　そんな音源まで引っ張り出してきちゃう。**サンプリングのネタ使いがすごくカラフル**でした。

宇多丸　ビースティ・ボーイズぐらいまでは、オールドスクールの現場で使われていた、定番だったブレイクビーツのネタが元になっていたりするんだけど、**デ・ラ・ソウルで一気に完全解禁。もう何をネタにしてもいいんだ**っていうことになって、自由度が一気に拡がったイメージですね。

あと、ラッパーのスタンスとしても自由度が高まりました。デ・ラ・ソウルのブレイクは本当に一大エポックだと思いますね。

高橋　ヒップホップの可能性がぐっと拡がりましたよね。

『3 Feet High and Rising』
De La Soul
（1989/Tommy Boy Records）

ネイティブ・タンの自由なサンプリング感覚

宇多丸　そうなんですよ。このデ・ラ・ソウル、ジャングル・ブラザーズ、ア・トライブ・コールド・クエスト。あと**クイーン・ラティファ**[8]。いまだに女優としても大活躍していますけども。あと、**モニー・ラブ**[9]。こうした人たちが、**ネイティブ・タン**[10]というクルーを組んでいたりしてね。

6．スティーリー・ダン　ニューヨークのジャズ・ロックバンド。ドナルド・フェイゲンとウォルター・ベッカーによるユニット。72年に『Can't Buy a Thrill』でデビュー。代表作に77年の『Aja』。デ・ラ・ソウル「Eye Know」は、スティーリー・ダンの「Peg」使いが印象的な1曲。

7．ホール＆オーツ　ペンシルベニア州フィラデルフィアのブルーアイド・ソウル・デュオ。ダリル・ホールとジョン・オーツが結成。72年にファーストアルバム『Whole Oats』をリリース。デ・ラ・ソウルは彼らの「I Can't Go For That」を使って、「Say No Go」というクラシックを生み出した。

8．クイーン・ラティファ　ニュージャージー州ニューアーク出身のラッパー、女優（70年〜）。89年に『All Hail the Queen』でアルバムデビュー。女性の権利を主張するアティテュードに大きな支持が集まった。代表作に93年の『Black Reign』。

そのネイティブ・タンからやはり、彼らでしょう。ラップの歴史をおさらいする選曲リストを作っていて、トライブ（ア・トライブ・コールド・クエスト）をかけないわけにはいかない！

高橋 うん、さすがにトライブはスルーできない。

宇多丸 トライブなんか、「どれをかけるの？」って話だけど。名曲が多すぎて！

高橋 そんな中から選んだ曲は……先ほどのデ・ラ・ソウル同様、この曲のネタ使いも当時ものすごい衝撃でした。

宇多丸 「ネタ使いの自由度が高まった」という話を象徴する曲ですね。これはファーストアルバムからですか？

高橋 そうです。

宇多丸 でも、僕、トライブのファーストアルバム、いまだにタイトルが長すぎて覚えられないです。

高橋 **『ピープル・ナントカ』**ね（笑）。

宇多丸 そう（笑）。『People's Instinctive Travels and the Paths of Rhythm』……『ピープル・ナントカ』って（笑）。アハハハッ！

それではいきましょう！ トライブの1990年のファーストアルバム『ピープル・ナントカ』からカットされました、「Can I Kick It?」。

▶ A Tribe Called Quest - Can I Kick It?

高橋 これはロックの名曲、**ルー・リード[11]の「Walk on the Wild Side」のイントロ部分をループ**しています。

宇多丸 ちなみに、トライブはさっき紹介したネイティブ・タンの中でも頭ひとつ抜けてビッグループになっていきます。

このファーストももちろんすばらしかったけど、次から次へと……。歴史的、革命的名盤のセカンド『The Low End Theory』、そしてサード『Midnight Marauders』。その先

9.モニー・ラブ イギリス・ロンドン出身の女性ラッパー（70年〜）。88年、イギリスでデビューした後、90年にアルバム『Down to Earth』でアメリカでのデビューを果たした。収録曲「It's a Shame（My Sister）」がヒット。

10.ネイティブ・タン 89年に、ジャングル・ブラザーズ、デ・ラ・ソウル、ア・トライブ・コールド・クエストを中心に誕生したアーティスト・グループ。他の所属アーティストに、ブラックシープ、クイーン・ラティファ、リーダーズ・オブ・ザ・ニュースクール、コモン、モス・デフなど。ネイティブ・タンを象徴する1曲として、ジャングル・ブラザーズ、Q・ティップ、モニー・ラブが参加した、デ・ラ・ソウルの「Buddy」。

11.ルー・リード ニューヨーク・ブルックリン出身のミュージシャン。ジョン・ケイルらとロックバンド、ヴェルヴェット・アンダーグラウン

にも……、どんどん時代を変えるようなアルバムを出している。のちほど、**J・ディラ**[12]という不世出のプロデューサーについて触れますが、トライブは彼とも大きく関わっている。
　ちなみにこの第3章は、時間をたっぷり使います。この90年代は名曲が多すぎて！ 85分使えることになっています。今10分過ぎたから、あと75分使えるから！

高橋・ヤナタケ　アハハハハ！

宇多丸　**もうやりたい放題です**。いきますよー、やりたい放題。その中でも、かけきれない曲もありますよね……**サー・ミックス・ア・ロット**[13]とかね、売れていたのに。（ビデオでは）お尻の形のセットで歌っていたりするんだからさ。

高橋　残念ながら、サー・ミックス・ア・ロットの「Baby Got Back」はかかりません！

『People's Instinctive Travels and the Paths of Rhythm』
A Tribe Called Quest
（1990/Jive）

世界で最も危険なグループ

宇多丸　ということで、ニュースクール――ナードなというか、オタクな感じ、おとなしい感じの子たち――が台頭してきたわけですけど、同時期に第2章で紹介した、スクーリー・D。覚えてらっしゃいますかね？「P.S.K. What Does It Mean?」。

高橋　ギャングスタ・ラップのルーツとして紹介した曲ですね。

宇多丸　あるいは、**アイス・T**[14]。映画俳優としても活躍していますから、ご存じの方も多いでしょう。映画**『カラーズ 天使の消えた街』**[15]の主題歌で大ヒットした「Colors」も彼の曲です。そんなアイス・Tなどをルーツとする、

ドを結成、ボーカルとギターを担当した。67年に『The Velvet Underground and Nico』でアルバムデビュー。当時のニューヨークのアンダーグラウンドシーンを象徴する存在に。72年にソロアルバム『Transformer』がヒット。「Walk on the Wild Side」は同アルバムに収録されている。2013年に他界。

12. J・ディラ　ミシガン州デトロイト出身のプロデューサー（74〜2006年）。96年の「Runnin'」のヒットが業界内で注目を集める。Q・ティップらと、プロダクションチーム、ザ・ウマーを結成。トライブのアルバムだけでなくジャネット・ジャクソンほか、多くのアーティストを手がける。2001年にアルバム『Welcome 2 Detroit』でソロデビュー。難病を患い、06年に他界。

13. サー・ミックス・ア・ロット　ワシントン州オーバーン出身のラッパー（63年〜）。92年のアルバム『Mack Daddy』

ギャングスタ・ラップが本格的に台頭します。で、その立役者となったのが……、2015年に公開された伝記映画が世界的にも大ヒットしたので、その**『ストレイト・アウタ・コンプトン』**[16]で初めて知った方も多いんじゃないでしょうか? 実際すばらしい映画でした! N.W.A.というグループです。グループ名が何の頭文字なのかを説明するのは控えておきますが……。

高橋 ちょっと迂闊(うかつ)には口にできない言葉ですよ。

宇多丸 いわゆる「Nワード」が含まれております。とにかく、ギャングスタ・ラップの代表格であるN.W.A.が登場するということですね。

高橋 自他ともに認める**「世界で最も危険なグループ」**。

宇多丸 N.W.A.のどこが革命的だったのか? まずはリリックの内容。**アイス・キューブ**[17]という稀代の天才ラッパーがいた。あとは、キャラクター。映画を見るとわかりますけど、個々のキャラが立っている。そしてもちろん、トラックメイカー。ヒップホップ史上に残る、ベストプロデューサー。

高橋 **ヒップホップ史上ナンバーワン・プロデューサーと言って差し支えない**と思います。

宇多丸 **ドクター・ドレー**[18]**を擁する**ということです。とりあえず、聴いてもらいましょうか。あ、高橋さん、補足がありますか?

高橋 大ヒットした彼らの伝記映画『ストレイト・アウタ・コンプトン』をぜひ見ていただきたいですね。

宇多丸 見ていない方は見てください。いい映画です。

高橋 ただ、ヒップホップムービーとしても、バンドのサクセスストーリーとしても非常に優れているんですけど、当時リアルタイムでN.W.A.を聴いていた立場からすると、若干の違和感もあると思うんですよ。

宇多丸 今の問題意識に合わせた描き方をして

からのシングル「Baby Got Back」の大ヒットで知られる。

14. アイス・T ニュージャージー州ニューアーク出身のラッパー(58年〜)。ロサンゼルスで育ち、一時期はギャング集団クリップスのメンバーでもあった。87年にアルバム『Rhyme Pays』でメジャーデビュー。88年の映画『カラーズ 天使の消えた街』や、91年の『ニュー・ジャック・シティ』などへ曲を提供。同年のアルバム『O.G. Original Gangster』が大ヒット。全員黒人のスラッシュメタルバンド、ボディ・カウントのボーカルも務めており、92年のアルバムに収録された「Cop Killer」が物議を醸し、社会問題化している。

15. 『カラーズ 天使の消えた街』 88年のアメリカ映画。ロサンゼルスのストリートギャングの抗争と、彼らを取り締まるべく捜査を進める刑事の闘いを描いたクリミナルアクション。デニス・ホッパー監督。

ますよね。

高橋　ここ数年アメリカで大きな社会問題になっている、白人警官によるポリスハラスメントを踏まえたつくりになっているんです。「Black Lives Matter」[19]以降の観点からN.W.A.を捉え直しているというか。

宇多丸　N.W.A.の代表曲で、今日はNHKだから控えますが、「F*ck The Police」っていう曲があります。そこに合わせた描き方になっているけど、実は**そんな意識高い系の要素は、本来は微塵（みじん）もない**ですよね！

高橋　そうなんですよ。「F*ck The Police」が警官に対するフラストレーションから生まれたのは事実だと思うんですけど、これを**メッセージラップの文脈で語るとN.W.A.の実像がちょっとぼやけてしまう。**

宇多丸　**単に本当のワルがドーンと来た**って感じでしたよね。

高橋　まさに。アルバム『Straight Outta Compton』の銃口をこちら側に向けたジャケットに象徴的ですけど、N.W.A.は本物の暴力を持ち込んできたような衝撃がありました。

宇多丸　**「人生最後に見る瞬間の画がこれは嫌だ！」**という（笑）。ということで、準備はよろしいでしょうか？　N.W.A.で1988年の曲です。「Straight Outta Compton」。

▶ N.W.A. - Straight Outta Compton

宇多丸　ラップを聴くだけでも、どれだけメンバーのキャラが立っているかがわかるかと思います。

高橋　ちょうどマイクを上げてしゃべりだそ

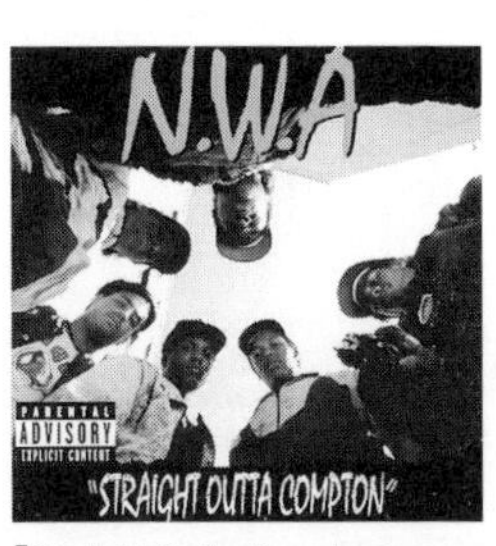

『Straight Outta Compton』
N.W.A.
（1988/Ruthless Records, Priority Records）

16.『ストレイト・アウタ・コンプトン』　2015年のアメリカ映画。アメリカ屈指の危険な街と言われる、コンプトンで結成されたN.W.A.の結成から成功、挫折までを描く。F・ゲイリー・グレイ監督。ドクター・ドレーとアイス・キューブが製作に関わる。

17. アイス・キューブ　カリフォルニア州ロサンゼルス出身のラッパー（69年～）。86年にイージー・E、ドクター・ドレーらとN.W.A.を結成。88年に『Straight Outta Compton』でアルバムデビュー。89年に同グループを脱退。90年にソロアルバム『AmeriKKKa's Most Wanted』を発売。91年には『ボーイズン・ザ・フッド』に出演して映画界にも進出する。94年にコモンの「I Used to Love H.E.R.」の歌詞に異を唱え、ビーフが勃発。西海岸のギャングスタ・ラップを代表するアーティストのひとり。

18. ドクター・ドレー　カリフォルニア州コンプトン出身

うとしたとき、イージー・Eのラップが入ってきてそのまま聴き入ってしまいました。いやー、かっこいい！

ヤナタケ 全然これ、曲の間は休まらないですね（笑）。ああだこうだしゃべって（笑）。

宇多丸 最後の甲高いのが、イージー・E。この曲は、もちろんギャングスタ・ラップを象徴する1曲でもあるけども、「マイクパス物」としても優れた曲ですね。

ラップの大きな魅力で、**次から次へとマイクを渡してラップしていって、キャラクターが立ったラッパーがどんどん出てくる楽しさ**っていうか。

あと、この曲、ラップの内容が超怖いんですが、面白いのは——映画を見た方ならわかると思いますが——アイス・キューブは普通に大学に行っていたりして。

高橋 **キューブは普通にインテリ**なんですよね。

宇多丸 **本人たちは別に……ギリでイージー・Eがドラッグディーラー**だというぐらいで。**ギャングでもなんでもない**んだけど、実際に彼らの周囲にあった怖い話を、見事なストーリーテリングでまとめ上げる、という。そして、**顔がきっちり怖い**。

高橋 キャラ作りだったのか、当時のアイス・キューブはまったく笑顔を見せませんでしたからね。**常に眉毛が時計でいう10時10分を指していた**（笑）。

宇多丸 **アイス・キューブは顔が怖いのがスキル**、ってのはやっぱりありますよね。話の意味がわからない方は「アイス・キューブ」で検索をしていただくと、とてつもない顔が出てきますからね。

高橋 しかしイージー・Eのラップが入ってくると、途端に怖さが倍増しますね。ちょっとした緊張が走るというか。

宇多丸 あのね、**弱っちい声で怖いことを歌われると怖い**っていうのは……弱っちいんじゃなくて、甲高い声って言うのかな？ これは、この後に紹介する**サイプレス・ヒル**[20]というグ

のプロデューサー、ラッパー、実業家（65年〜）。エレクトロ／ラップのグループ、ワールド・クラス・レッキン・クルーに参加したのち、86年にN.W.A.を結成。イージー・Eとの不和などの問題から91年に脱退。同年にシュグ・ナイトとデス・ロウ・レコードを設立。92年、同レーベルから発売されたソロアルバム『The Chronic』が世界的な大ヒット。96年に自らのレーベル、アフターマス・エンターテインメントを設立。99年のセカンドアルバム『2001』が前作を超える大ヒット。2008年にオーディオ機器ブランド、ビーツ・エレクトロニクスを立ち上げ、ヘッドフォン「Beats by Dr. Dre」をヒット商品に導いた。

19. **「Black Lives Matter」** アフリカ系アメリカ人のコミュニティから生まれた、黒人に対する暴力や形式的な人種差別の撤廃を訴える社会運動。2013年にフロリダ州で黒人少年が白人警官に射殺された事件に端を発しており、

ループのB・リアルとか、あと、**アバブ・ザ・ロウ**[21]のCold 187umとか。そういう系譜があるんですよ。

日本だとD.O[22]**くんが、甲高い声で怖いことを歌うラッパー、という系譜を見事に継いでいます**。彼はよくわかっているなと思いますね。

高橋　イージー・Eだけちょっとスタンスが違いますもんね。**本物のチンピラがまぎれ込んできたようなスリル**がある。

宇多丸　要するにさ、**「本来音楽とかやってねえだろ？」って感じ**がいいんですよね。

あと、N.W.A.でもうひとつ重要なのは、ロサンゼルスの南のコンプトンという街をレペゼンしていること。アイス・キューブなんかは、本当は別にコンプトン出身じゃなかったりするわけですけども。

南部へと拡散していくヒップホップ

宇多丸　ヒップホップの中心地が、特に売れているラップについては、この時点でニューヨークじゃなくなってきてますよね。ロサンゼルス……たとえば**トーン・ロック**[23]も西海岸だったりして。

ヤナタケ　そうですね。

宇多丸　地方にどんどんヒップホップの盛り上がりが拡散していくというか、移っていくという感じですね。

たとえば、マイアミの**2・ライブ・クルー**[24]。2・ライブ・クルーはずっと人気がありました。猥褻（わいせつ）な歌詞で人気でしたし……ってあたりで、（ヒップホップの中心地が）地方に移っていくという話。高橋さん、お願いします。

高橋　まずここで取り上げたいのが、テキサスのヒューストンから出てきた**ゲトー・ボーイズ**[25]。

「#BlackLivesMatter」というハッシュタグが拡散。

20．サイプレス・ヒル　カリフォルニア州ロサンゼルスのラップグループ。88年結成。メンバーにB・リアル、セン・ドッグ、DJマグス。91年にデビュー。『Cypress Hill』でアルバムデビュー。93年のセカンドアルバム『Black Sunday』が世界的な大ヒットに。ロックサウンドを取り入れたミクスチャー的なスタイルと過激な歌詞、チカーノ・ファッションが特徴。

21．アバブ・ザ・ロウ　カリフォルニア州ポモナのラップグループ。Cold 187umを中心に、89年結成。翌90年にドクター・ドレーの共同プロデュースで、イージー・E、MCレンなどN.W.A.のメンバーも参加したアルバム『Livin' Like Hustlers』をリリース。

22．D.O　日本のラッパー（78年～）。ヒップホップクルー、練マザファッカーの中心人物。他のアーティストの楽

宇多丸　テキサスは南部の州ですね。要するに、**のちにヒップホップの中心地が南部（サウス）に移っていっちゃう**。その先駆け的な存在ということでよろしいんでしょうか？

高橋　N.W.A.のブレイクを受けてアメリカの地方都市から彼らのフォロワーが続々と出現してくるんですけど、そういう状況の中で台頭してきたのがゲトー・ボーイズ。もっとも、彼らは1986年にはすでにレコードデビューしてるんですけどね。

宇多丸　N.W.A.の影響ということで言えば、ギャングスタ・ラップだけじゃなくて、**ギャングスタそのものも増えちゃった**と言われています。どういうことか？

「Fantastic Voyage」や「Gangsta's Paradise」などの曲でヒットを飛ばした**クーリオ**[26]というラッパーがいます。俳優としても活躍していましたけども。**クーリオに私、直接インタビューした際にですね**、彼はすごく腹立たしげに、「あいつらが出てきたおかげでギャングが全国に増えて、暴力沙汰、死亡沙汰が増えて、とんでもないことだ！」と言っていました。

ということで、ゲトー・ボーイズの、これからお聴きいただく曲が収録された、1991年のアルバム『We Can't Be Stopped』なんですけど……。

みなさん、お手元にスマホやパソコンがある方は、画像検索でアルバムジャケットを確認してください。ブッシュウィック・ビルさんというラッパーが、銃で目を……。

高橋　ガールフレンドと痴話ゲンカを繰り広げた挙句に**銃で目を撃たれて病院に運び込まれてきた、まさにその瞬間に撮影した写真をジャケットに使っている**んです。

宇多丸　「**痴話ゲンカじゃねえか！　別にギャングと関係ねえだろ！**」って話だけど。

ヤナタケ　**めっちゃ目を怪我してるんだけど、病院で記念撮影して**いるという（笑）。

高橋　救急で病院に飛び込んできた体裁で撮

曲への客演を経て、2006年、ソロアルバム『Just Hustlin' Now』をリリース。翌07年、TBSのバラエティ番組「リンカーン」に出演し大きな話題を呼んだ。その後、アルバム『ネリル&JO』『THE CITY OF DOGG』などを発表。最新作に、MIXCD『悪党 THE MIX mixed by DJ BAKU』。

23. トーン・ロック　カリフォルニア州ロサンゼルス出身のラッパー、俳優(66年〜)。89年にリリースした、ふたつのシングル「Wild Thing」「Funky Cold Medina」が大ヒット。

24. 2・ライブ・クルー　フロリダ州マイアミのラップグループ。メンバーの中心は、ルーサー・キャンベル。89年のアルバム『As Nasty As They Wanna Be』とシングル「Me So Horny」が世界的に大ヒット。マイアミ・ベースと呼ばれる低音部を極端に強調したサウンドにセクシャルなラップを乗せるのが特徴。

25. ゲトー・ボーイズ　テキ

ってるんだけど、どこか白々しさがある（笑）。

宇多丸　だってほら、横の立っているメンバーのスカーフェイスとかは、おめかししてるじゃん？　**ジャケを撮る気満々ですよね。「写真、撮るぞ！」**っていうね。おそらく**ポップ・ミュージック史上に残る悪趣味なジャケ**ですね。

高橋　最近では某有名ストリートブランドがこのジャケットをプリントしたTシャツを販売していて。普通に女の子が着てたりするから隔世の感を禁じ得ない（笑）。

宇多丸　じゃあ、高橋さん、曲紹介をお願いします。

高橋　当時アメリカのラップチャートで1位になったゲトー・ボーイズ「My Mind Playing Tricks on Me」です。

▶ Geto Boys - My Mind Playing Tricks on Me

宇多丸　1991年の曲です。これ、すごく売れました。さて、センセーショナルなジャケットについての本人たちの証言を……。

高橋　先ほどスクーリー・Dのときにも紹介した『チェック・ザ・テクニーク』に、ジャケット撮影時の状況を回想したメンバーのコメントが掲載されています。メンバーのウィリー・Dはこんなふうに話していますね。

「アルバムが全部終わったと思ったら、ブッシュウィック・ビルが撃たれた。そのころ俺たちは、とにかくアルバムを出さなければいけない状況まで来ていた。アルバムのジャケットがまだできてなかった。誰が出したアイデアなのか知らないけれど、誰かがこう言い

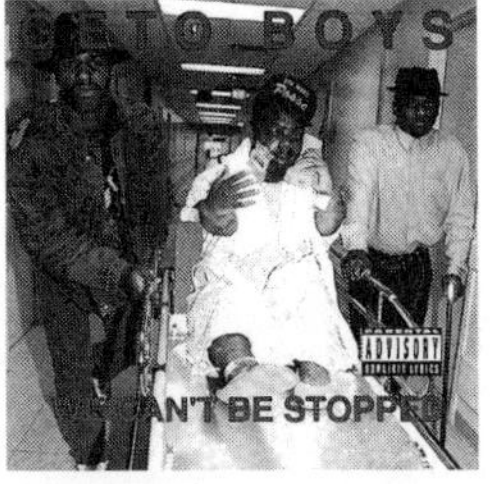

『We Can't Be Stopped』
Geto Boys
（1991/Rap-A-Lot Records, Priority Records）

サス州ヒューストンのラップグループ。86年結成。中心メンバーにスカーフェイス、ブッシュウィック・ビルなど。89年には、リック・ルービンをプロデューサーに迎えたアルバム『Grip It! On That Other Level』をリリース。ブッシュウィックが失明した直後に発売した91年のサードアルバム『We Can't Be Stopped』が大ヒット。

26．クーリオ　カリフォルニア州コンプトン出身のラッパー、俳優（63年～）。94年のデビューアルバム『It Takes a Thief』と翌年の『Gangsta's Paradise』が大ヒット。

出した。『**そうだ、すぐ病院まで行って、向こうで撮ろう!**』」

ヤナタケ　わざわざ行ったの?(笑)。

高橋　続けますね。「マジで、まるごとすべてあのままだったんだ。実際に彼の目はああいう状態だった。作り物だと思った人もいたけれど、**あれは完全にモノホンなんだ**」

宇多丸　結構目が飛び出ちゃって……。

高橋　ブッシュウィック・ビルは、あの写真をジャケットにしたことを後悔しているみたいです。

宇多丸　ああ、あんなのをジャケにしちゃって?

高橋　「**あのジャケットを見ると、今でも胸が痛むよ。俺が経験した個人的なことだからな**」と。

宇多丸　そりゃそうだよ!(笑)。

高橋　「**あんなことをさせたのは大間違いだったと思っている**」だって(笑)。

宇多丸・ヤナタケ　アハハハハ!

宇多丸　笑っちゃあ、失礼ですけどね。

高橋　まあでも、あのジャケットはあまりに衝撃でした。

宇多丸　ただ、ジャケのインパクトもあって売れたってこともあるでしょうからね。

　ちなみに、その地方からいろいろなラッパーが出てきて、群雄割拠の時代になるという意味では、のちに一大中心地になっていくアトランタから、**ジャーメイン・デュプリ**[27]という、大プロデューサーが出てきたり。**クリス・クロス**[28]というグループの「Jump」って曲が大ヒットしたり。

　そして、アトランタを代表する大グループ、**アウトキャスト**[29]が93年にデビューしています。

高橋　1992年にはテキサスの**UGK**[30]がすでにデビューしていますね。

宇多丸　で、(ヒップホップ生誕の地の)ニューヨークと比較したときに実際に売れているのは、そっちの方だったりするんですよね。

　先ほど、たとえばデ・ラ・ソウルが、サンプリングのネタ元の斬新なチョイスなど、音

27. ジャーメイン・デュプリ　ノースカロライナ州アシュビル出身のプロデューサー(72年〜)。91年、自身が発掘・プロデュースしたクリス・クロスのデビューシングル「Jump」と翌年のアルバム『Totally Krossed Out』をヒットさせ、一躍トッププロデューサーに。その後、TLC、マライア・キャリー、アッシャーなどを手がけ、ヒット曲を連発。

28. クリス・クロス　ジョージア州アトランタのラップグループ。91年の「Jump」がヒット。前後逆に服を着るファッションスタイルでも知られる。

29. アウトキャスト　ジョージア州アトランタのラップグループ。91年にアンドレ3000とビッグ・ボーイによって結成。94年にアルバム『Southernplayalisticadillacmuzik』をリリース。その後、2000年の4作目『Stankonia』からのシングル「Ms. Jackson」で大ブレイク。続く03年のアルバム『Speakerboxxx/The Love

楽像的な可能性を切り拓いた。あるいは、ラッパーのスタンスにもいろいろな可能性があると提示した、という話をしました。

　そして、ラップをやるエリアもいろいろな場所へ拡がった。ひとことで言えば、**ヒップホップ／ラップの拡散の時代です。それが思うに89年、90年ぐらいに起こった。**

ハードコア回帰
――ヒップホップの自浄作用

宇多丸　みなさんご存じ、**MCハマー**[31]。あるいは**ヴァニラ・アイス**[32]。そうしたラッパーがポップヒットを飛ばしたのもこのころです。
高橋　MCハマーの「U Can't Touch This」とヴァニラ・アイスの「Ice Ice Baby」、ともに全米1位になったのは1990年ですね。
宇多丸　ちなみに、今BGMとして流れているのはクリス・クロスの「Jump」。1992年ですね。「Jump」はかっこいいですけども……。ハマーの曲、いけますかね？　あ、OKですか。ちょっとみなさん、聴いてみましょう。

▶ MC Hammer - U Can't Touch This

宇多丸　MCハマー、大ブレイクしました。その後には、白人ラッパーのヴァニラ・アイスが登場して。ラップは一気にポップフィールドでもクロスオーバーなヒットを飛ばすようになったんですが……。

　もしかしたら、ロックと同じような道筋をたどって、ヒップホップは白人ラッパーに……のちにはエミネムという怪物ラッパーが登場するわけですが、それは置いておいて。

　このままヴァニラ・アイスとかばかりが売れて、黒人アーティストがそんなに売れなくなってしまったら、要するに**〝エルヴィスがロックンロール・キングである〟ような歴史に、ヒップホップもなりかねなかった**。しかしそのタイミングで、ヒップホップに強烈な

Below』もヒットした。ヒップホップと、サザン・ソウル、ロック、ファンクなどをかけ合わせる幅広い音楽性で知られる。

30. UGK　テキサス州ポートアーサーのラップグループ。87年に、バン・Bとピンプ・Cによって結成。92年に『Too Hard to Swallow』でアルバムデビュー。96年のアルバム『Ridin' Dirty』がヒット。2000年のジェイ・Zのシングル「Big Pimpin'」に参加し、人気を不動のものとした。07年、ピンプ・Cが33歳の若さで亡くなり、活動休止に。

31. MCハマー　カリフォルニア州オークランド出身のラッパー（62年〜）。90年のシングル「U Can't Touch This」が大ヒット、同曲のダンスも世界的に流行した。

32. ヴァニラ・アイス　テキサス州ダラス出身のラッパー（67年〜）。90年のシングル「Ice Ice Baby」が大ヒット。しかし、「ゲットー育ち」など

揺り戻し、バックラッシュ、自浄作用が起こります。

高橋 そう、ちょっとおかしな方向に傾き始めると必ずそういう自浄作用が働くという。

宇多丸 冒頭で紹介した、**「The Source」というヒップホップ専門誌が、非常に硬派な批評的土壌を作ったん**です。そして、きちんとオールドスクールに回帰しようぜ、みたいな流れが、1990年代初頭に起こったりとか。ハマー、ヴァニラ・アイスみたいなポップな感じのラップに対する、批判的な曲も出ましたよね。**サード・ベース**[33]、白人ラップグループですが、「The Gas Face」という曲で強烈にハマーをディスったり、ってことがありましたね。

繰り返しになりますが、この時期に**ハードコア化への強烈な揺り戻しが起こる**。これはヒップホップの歴史の中ですごく重要な出来事だと思っているんですけどね。

ヤナタケ 個人的なことなんですけど、放送直前に、**Instagramにこの番組の告知をしたら、サード・ベースのメンバーのMCサーチからひとこと、「3RD BASS」ってコメントが来たん**ですよ！「俺の曲、かけろ！」ってことだと思うんだけど。

宇多丸 アハハハハ！じゃあちょっと、「The Gas Face」を聴こうよ。

▶3rd Bass - The Gas Face

宇多丸 はい。サード・ベースね。

ヤナタケ 良かった！**かけたよー！**（笑）。

宇多丸 **MCサーチさん、ご満足いただけたでしょうか？** ヤナタケさんはサード・ベースが来日したときに個人的に……。

ヤナタケ 高校生のときなんですけど、たまたま知り合うきっかけがあって。**来日期間中ずーっと一緒にいたんですよ。高2の夏休みなんですけど。**

高橋 それはすばらしい体験！

と謳ったプロフィールの詐称が発覚し、人気は急落した。

33. サード・ベース ニューヨーク・クイーンズのラップグループ。MCサーチとプライム・ミニスター・ピート・ナイス、ふたりの白人MCが結成。89年にデフ・ジャムからデビューアルバム『The Cactus Album』をリリース。91年にセカンド『Derelicts of Dialect』を発表するも、その翌年に解散。

ヤナタケ　その話はインターネットを探していただければ、出てくるんで。興味ある方はご覧ください(笑)。

宇多丸　はい。ということで、ロックの歴史から学んだと言うべきか、ヒップホップの純粋性を守るために自浄作用が起こる。あるいは、オールドスクールへの志向性、**「ヒップホップの元の精神に帰れ!」**って動きが出てきた。

91年には、90年までに流行っていたようなポップな感じのラップはなくなっちゃいましたよね。駆逐されたというか。

高橋　完全に一掃されましたよね。MCハマーやヴァニラ・アイスの一件を経て、ファンがシーンを見る目も厳しくなった。

宇多丸　ただし、ポップ化した音楽像は温存されたというか、聴きやすくなった面はそのままに。

どういうことかと言うと、**「進化した部分はそのまま」「アティテュードはハードコア」**。これを統合したようなグループが登場する。

たとえば[34]**ノーティ・バイ・ネイチャー**というグループ。ジャケやビデオなどでも、バットを持っていたりとか、見た目はめちゃめちゃ怖い。

高橋　ジャケットも廃墟で撮影していたしね。でも曲自体はめちゃくちゃ聴きやすい。

宇多丸　非常に乗りやすかったりするというあたり、象徴的な曲をお聴きください。1991年の曲です。ノーティ・バイ・ネイチャーで「O.P.P.」。

▶ Naughty By Nature - O.P.P.

宇多丸　アティテュードはハードながら、曲自体は[35]**ジャクソン5**「ABC」をネタにしていて、めちゃめちゃ聴きやすい。あるいは、たとえば「Hip Hop Hooray」っていうね。いまだに僕、ライブで（同曲サビの）「Hey, Ho!」っていうのをやってますけど。

映画[36]**『ウルフ・オブ・ウォールストリート』**

34. ノーティ・バイ・ネイチャー　ニュージャージー州イーストオレンジのラップグループ。86年にトレッチ、ヴィニーのMCふたりと、DJのケイ・ジーによって結成。89年、ニュースタイル名義でアルバムをリリース。その後ユニット名をノーティ・バイ・ネイチャーに変更し、91年にトミー・ボーイよりアルバム『Naughty By Nature』で再デビューを果たす。93年、アルバム『19 Naughty III』をリリース。

35. ジャクソン5　インディアナ州ゲーリーのR&B／ソウルのグループ。62年にジャクソン家の兄弟によって結成。マイケルの加入は翌年。69年、「I Want You Back」でメジャーデビュー。いきなり全米チャート1位に。続く「ABC」ではビートルズの「Let It Be」を抜き、再び1位となった。続く「The Love You Save」「I'll Be There」もそれぞれヒット。その後も活動を続けるものの、マイケルのソロデビューや84年の脱退を経て、活動休止状態へ。

で、ディカプリオとジョナ・ヒルが船上ではしゃいでいるシーンでもおなじみの曲（笑）。

高橋 あのシーンのせいで「Hip Hop Hooray」がおバカソングみたいな扱いにならないといいんだけど（笑）。

宇多丸 アハハハハ！ そんな感じで、**ヒップホップシーンが、ポップさとハードコアさとの折り合いを付けていく**。そういうことがわりと早い段階であった。D.M.C.とラキムのエピソードもそうですが、やっぱりたった1年で風向きが変わる、というのがすごいですよね。

『Naughty By Nature』
Naughty By Nature
（1991/Tommy Boy）

ヒップホップがジャンルを横断する

宇多丸 ロックミュージックにも造詣が深い高橋さん！ やっぱり、これだけ、ヒップホップが盛り上がってくると、一方でいろいろなジャンルを横断するクロスオーバーが起きてきますね？

高橋 **「オルタナティブヒップホップ」の名の下にジャンルを横断するようなアーティストが次々と出現**します。「Tennessee」が大ヒットした**アレステッド・ディベロップメント**[37]などはその代表格と言っていいかもしれませんね。

宇多丸 アレステッド・ディベロップメントは、実は日本のアーティストに与えた影響がすごく強くて。たとえば**リップスライム**[38]のPESは、アレステッド・ディベロップメントのリーダーのスピーチというラッパーの影響をめちゃめちゃ受けていると思いますけどね。

36.『ウルフ・オブ・ウォールストリート』 2015年のアメリカ映画。実在したウォール街の株式ブローカー、ジョーダン・ベルフォートの成り上がり人生を描いたエンターテインメント。マーティン・スコセッシ監督。

37. アレステッド・ディベロップメント ジョージア州アトランタのラップグループ。88年に、ラッパーのスピーチを中心に結成。92年、デビューアルバム『3 Years, 5 Months and 2 Days in the Life Of...』を発表。生楽器を多用したサウンドとポジティブなリリックが、当時「オルタナティブヒップホップ」として賞賛された。93年には、ヒップホップアーティストとしては初となる「MTVアンプラグド」をリリース。

38. リップスライム 日本のラップグループ。94年、RYO-Z、ILMARI、PESらを中心に結成。95年、アルバム『Lip's Rhyme』でデビュー。その後、DJ FUMI-

高橋　あとはサイプレス・ヒルもそういう文脈で語られることがありました。

宇多丸　サイプレスはロックシーンからも大きな支持を受けていましたね。

高橋　この時期から、**ヒップホップアーティストとロックアーティストのコラボ**が積極的に行われるようになりましたよね。よく知られているところでは、パブリック・エナミーがスラッシュメタルの**アンスラックス**[39]とともに自らの名曲をセルフリメイクした、「Bring the Noise」。

宇多丸　「Bring the Noise」のアンスラックスバージョン。

高橋　アイス・Tがボディ・カウントというハードコアパンクバンドを結成したり。

宇多丸　このころのアイス・Tは本当に物議を醸しまくって話題にもなっていましたし。

高橋　そして1993年には全編がヒップホップとロックのアーティストとのコラボレーションで占められた映画『**ジャッジメント・ナイト**』[40]のサウンドトラックがリリースされています。これは当時の気分を象徴する一枚かも。

ヤナタケ　大好きだったなー！　**日本でヒップホップを語るとき、意外とロックとの結びつきが語られないのが腑に落ちない**。当時はすっごく流行っていたのに……っていう。

高橋　じゃあ、まずはサイプレス・ヒルから聴いてみましょうか。

宇多丸　B・リアルというラッパーのものすごく甲高い声と、セン・ドッグっていうもうひとりのラッパーの野太い声。このコントラスト！

高橋　あとはDJマグスのサウンドプロダクション。痙攣するようなホーンが彼のシグニチャーサウンドになっていました。

宇多丸　トラックの荒々しさ。そして、とにかく**言っていることが怖すぎる！**（笑）。ということで、サイプレス・ヒルの1991年の曲です。アルバムを出した直後はあんまり話題になっていなかったんだけど、「このアル

YAが加入。98年、アルバム『Talkin' Cheap』を発売。このアルバムをきっかけにSUも加入。2001年にシングル「STEPPER'S DELIGHT」でメジャーデビュー。代表曲に「白日」「楽園ベイベー」「JOINT」「熱帯夜」など。

39．**アンスラックス**　ニューヨークのヘビーメタルバンド。84年に『Fistful of Metal』をリリースし、デビュー。91年には、パブリック・エナミーのチャック・Dを迎えて「Bring the Noise」をカバー。その後、パブリック・エナミーとのカップリング・ツアーも行っている。

40．**『ジャッジメント・ナイト』**　93年のアメリカ映画。迷い込んだスラムで、ギャングに追われることになった男たちの脱出劇を描いたサスペンスアクション。スティーヴン・ホプキンス監督。サントラはリヴィング・カラー×ランD.M.C.、ソニック・ユース×サイプレス・ヒルなどロックバンドとヒップホップアー

バムはヤバい！」とジワジワジワジワ火が点いて、ブレイクしました。サイプレス・ヒルで「How I Could Just Kill a Man」。

▶ Cypress Hill - How I Could Just Kill a Man

宇多丸 （歌詞の一節）「Here is something you can't understand」って言われても……。**そりゃ、理解できませんよ！**

高橋 怖い怖い（笑）。

宇多丸 サイプレス・ヒル「How I Could Just Kill a Man」でした。ということで、このトラックを作っているDJマグス。一世を風靡（ふうび）したというか。ロックファンからもすごく支持を受けていましたけど。

「Jump Around」と、まさかの『HiGH&LOW』話

宇多丸 それで思いついて、僕がヤナタケさんに「あれをかけようよ！」って今リクエストしたのは、最近だと**LDH**[41]、エグザイル・トライブのドラマ&映画シリーズ**『HiGH&LOW』**[42]に出てくる、**鬼邪高校**[43]（おやこうこう）。**みんな大好き、鬼邪高校のテーマソングとして……**。

『Cypress Hill』
Cypress Hill
（1991/Ruffhouse, Columbia）

高橋 これは典型的なDJマグス節と言えるでしょうね。

宇多丸 おなじみ、「Jump Around」という曲。これ、**ドーベルマン・インフィニティ**[44]に「JUMP AROUND ∞」という曲がありますが、実はカバーなわけですね。元曲は1992年。**ハウス・オブ・ペイン**[45]という、アイリッシ

ティストの共作によって構成。

41. LDH 2003年に設立された芸能プロダクション。所属アーティストに、エグザイル、エグザイル・ザ・セカンド、三代目J Soul Brothers、GENERATIONSなど。18年、ラッパーのSALUが同プロダクションへの移籍を発表。

42. 『HiGH&LOW』 エグザイル・HIROが総合プロデュースを担当する、エグザイル・トライブの総合エンターテインメントプロジェクト。テレビドラマ・映画・漫画をはじめ、さまざまなメディアで展開される。

43. 鬼邪高校 『HiGH&LOW』に登場する架空の高校、チーム。全国から札付きの粗暴者が集まってくる、別名「漆黒の凶悪高校」。リーダーは山田裕貴演じる村山良樹。テーマソングが「JUMP AROUND ∞」。

ュを打ち出したグループですよね。

いまだに鬼邪高校のシーンで「デーン！」って、あのイントロがかかるだけで、やっぱりアガるじゃないですか。今聴いてもアガる。ねえ。**村山さん（山田裕貴）の顔が浮かんでくる**という（笑）。ってハイローの話になってるよ（笑）。

ということで、元の曲をお聴きください。ハウス・オブ・ペインで「Jump Around」。

▶House of Pain - Jump Around

『House of Pain』
House of Pain
（1992/Tommy Boy）

宇多丸　これを聴いていただくと、ドーベルマン・インフィニティのカバーが、ラップの聴こえというか、フロウの部分まで完全にコピーしているのがわかります。いやー、鬼邪高校。みんな大好き、鬼邪高校がね（笑）。

高橋　まさかここで『HiGH&LOW』を引き合いに出してこようとは（笑）。

宇多丸　まさかのハイロー話ということですね。

高橋　続いては当時のロックとヒップホップの関係性について、DJ YANATAKEさんから現場目線で回想してもらいましょう。

ヒップホップとロックのコラボが続々と

ヤナタケ　その当時の東京の話をしますと、**ヒップホップも、遊ぶ場所で種類が分かれていたような気がして**。渋谷・六本木で遊ぶ人と、原宿・新宿・下北沢で遊ぶ人たちで、聴く音楽の種類がちょっと違ったような気がするんですよね。

44．ドーベルマン・インフィニティ　日本のラップグループ。2000年、プロデューサーのBACHLOGICの呼びかけでドーベルマンーNCが結成。04年にメジャー第一弾のミニアルバム「Conversation Piece」を発売。08年に、LDHに加入。14年、メンバーの変更を経てドーベルマン・インフィニティとして活動開始。

45．ハウス・オブ・ペイン　カリフォルニア州ロサンゼルスのラップグループ。88年、エヴァーラスト、ダニー・ボーイ、DJリーサル、白人3人のメンバーで結成。サイプレス・ヒル、ファンクドゥービエストらとともにソウルアサシンズというクルーを形成。92年、デビューアルバム『House of Pain』をリリース。同アルバムからのシングル「Jump Around」が世界的ヒットを記録。

宇多丸　**新宿はちょっとロック寄り。**

ヤナタケ　そうなんですよ。なので、（ロック的なサウンドを取り入れたヒップホップは）めちゃくちゃ流行っていたし。クラブでかかると、普通にモッシュ（客同士がぶつかりあって、盛り上がること）とかもしていたんですよね。

宇多丸　それを象徴するような曲というのは？

ヤナタケ　さっきも名前が上がりましたけれども、パブリック・エナミーの「Bring the Noise」という曲をスラッシュメタルバンドのアンスラックスがカバーした……。

宇多丸　**「デレレレーッ！　デレレレーッ！ベーイス！」**

高橋　フフフ。

ヤナタケ　エアロスミスの「Walk This Way」をランD.M.C.がカバーしたことがありましたが、今度は**ロックの側からヒップホップにアプローチがあったということもすごく意味があった**と思います。

当時これでめちゃくちゃ暴れまくっていたことを思い出します。ぜひ聴いてください！パブリック・エナミー＆アンスラックスで「Bring the Noise」。

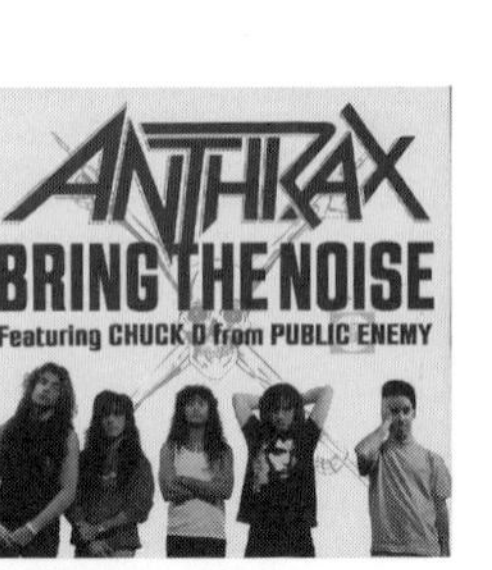

「Bring the Noise」
Anthrax
（1991/Island Records, Megaforce Worldwide）

▶ Anthrax
- Bring the Noise feat. Chuck D from Public Enemy

宇多丸　これね、リクエストも来ていました。（メールを読む）「もともとメタル野郎です。アンスラックスのアルバム『Attack of the Killer B's』でこの曲を聴いてぶっ飛びました。メタルとヒップホップのミクスチャーの先駆けだったと思います。かけてください。お願いします」。はい、かけました。

ヤナタケ　このころ、**レッド・ホット・チリ・ペッパーズ**[46]や**レイジ・アゲインスト・ザ・マシーン**[47]もグワーッと盛り上がってきていましたよね。（1991年は）**ヒップホップとロックがいちばん近づいた年だった**んじゃないかと思う。

　あと、エポックだったのは、1992年に発売された、ビースティ・ボーイズのサードアルバム『Check Your Head』。彼らは楽器もできたので、**自分たちが演奏した音をサンプリングして曲を作る**という、新たなサウンド・プロダクションを世に問うた。

宇多丸　『Check Your Head』は革命的アルバムですよね。一瞬聴こうか。

ヤナタケ　「Pass the Mic」。1992年の曲です。

▶ Beastie Boys - Pass the Mic

高橋　ビースティ・ボーイズはまさにサイプレス・ヒルと一緒にツアーしていましたからね。

ヤナタケ　そうですね。あのあたりはつながっていたんですよね。

宇多丸　セカンドアルバムあたりから、ビースティ・ボーイズは、ニューヨークからロサンゼルスに本拠地を移していますからね。

ヤナタケ　さっきBGMでかけていたんですけど、ハウス・オブ・ペインの「Jump Around」の次に出たシングル「Shamrocks and Shenanigans」（1992年）に「Butch Vig Remix」というバージョンがあって。それもロックリミックスになっているんですけど。

　その**ブッチ・ヴィッグ**[48]さんというのは、**サブ・ポップ**[49]という**ニルヴァーナ**[50]などもかつて所属していたレーベルのボスだったんですよ。

宇多丸　ああ、そうなんだ！

ヤナタケ　ミクスチャーだと、**フィッシュボーン**[51]っていうバンドもいましたね。もう本当に大好きなんですけど。ビデオはスパイク・リ

46．レッド・ホット・チリ・ペッパーズ　カリフォルニア州ロサンゼルスのロックバンド。83年、アンソニー・キーディスとフリーを中心に結成。84年にデビューアルバム『Red Hot Chili Peppers』をリリース。プロデューサーにリック・ルービンを迎えた、91年のアルバム『Blood Sugar Sex Magik』が世界的にヒット。ミクスチャーロックの先駆けと言われる存在。

47．レイジ・アゲインスト・ザ・マシーン　カリフォルニア州ロサンゼルスのロックバンド。91年にザック・デ・ラ・ロッチャ、トム・モレロによって結成。92年にデビューアルバム『Rage Against the Machine』をリリース。過激かつ政治的な歌詞をラップするボーカルスタイルが特徴。2000年に解散。

48．ブッチ・ヴィッグ　ウィスコンシン州ヴィロクアのプロデューサー。プロデュース作品に、スマッシング・パンプキンズ『Gish』、ニルヴァ

ーが監督していたり。（ヒップホップと）ロックとの間に密接なつながりがあった時代なんですよね。

高橋　KRS・ワンもソニック・ユース[52]やR.E.M.[53]とコラボしていましたからね。もうこういう例を挙げていったらキリがないぐらい。

宇多丸　ヒップホップが市民権を得てきたというか、**むしろ「イケてるのはヒップホップだ」って感じになってきた時代**。

ヤナタケ　逆にロックの人たちが、ヒップホップを取り入れたい時期だったんじゃないでしょうか。

ドクター・ドレーとGファンク

宇多丸　そんな90年代。さらにというか、ある意味で90年代最大の事件が起きてしまいます。先ほど紹介したN.W.A.のプロデューサーのドクター・ドレーが、イージー・Eと袂（たもと）を分かって。もちろんそれまでもすばらしい作品を作ってきたんだけど、独り立ちした途端、完全にネクストレベルに行ってしまった。**ドクター・ドレーの時代がやってくる**わけですね。

高橋　彼はシュグ・ナイト[54]やザ・D.O.C.[55]らとともに**デス・ロウ・レコード**[56]を立ち上げて、ギャングスタ・ラップをより聴きやすくしたサウンドを作り出すわけです。

宇多丸　トラックもそうだし、内容も、人殺しのこととかあんまり怖いことは歌わずに、「楽しもうぜ」って。「**好きなものをカマして楽しもうぜ**」。そういう方向にシフトしていった。**ギャングスタ・ラップのポップ化**と言ってもいいかもしれません。

高橋　ドクター・ドレーが編み出したそのサウンドは**Gファンク**[57]と呼ばれることになります。

宇多丸　Gファンク、非常に特徴的なサウンド・プロダクションでした。さらに、ドクター・ドレーが第一線で勝ち残り続けてきた理由のひとつに、**ラッパーを選ぶ、選球眼なら**

ーナ『Nevermind』など。

49．サブ・ポップ　ワシントン州シアトルのレコードレーベル。86年に本格的に活動をスタート。ニルヴァーナ、サウンドガーデン、マッドハニーなどグランジロックを牽引するバンドが多く輩出。

50．ニルヴァーナ　ワシントン州アバディーンのロックバンド。87年にカート・コバーンを中心に結成。91年にリリースしたアルバム『Nevermind』のヒットによって、グランジロックを世界的なムーブメントとした。94年にカート・コバーンが自殺したことで、バンドは解散。

51．フィッシュボーン　カリフォルニア州ロサンゼルスのロックバンド。79年に、アンジェロ・ムーアを中心に結成。85年に『Fishbone』をリリース。スカ、レゲエ、ファンク、パンク、ヘビーメタルを取り入れた音楽性が特徴。

52．ソニック・ユース　ニュ

ぬ選ラッパー眼がずば抜けている、ということがあると思います。

高橋　ドクター・ドレーのラッパー審美眼は超一級ですよ。基本的に外したことがない。

宇多丸　まずアイス・キューブ。で、そのあとにザ・D.O.C.という、（N.W.A.の）アルバムの歌詞を丸ごと書いたすごく優れたラッパーがいて。さらにこのデス・ロウからはスヌープ・ドギー・ドッグが登場します。で、このスヌープ・ドギー・ドッグは、新世代感というか、全然マッチョじゃないというか。

高橋　飄々（ひょうひょう）とした佇（たたず）まいですよね。

宇多丸　で、**フニャフニャフニャフニャ、メロディックにラップして。**当時、僕がビデオを見て印象的だったのは、彼がカメラを見もしないこと。だから、「ギャングスタ・ラップ界に登場したデ・ラ・ソウル」じゃないけど、「ニュースクールが来たな」って感じがすごくしたんですけど。

高橋　ただ、今でこそスヌープはファニーな印象があるけど、デビュー当時は妙な殺気があったというか、めちゃくちゃ怖かったですよね。

宇多丸　**何を考えているのかわからない感じ。**ということで、時代を変えたGファンクを象徴する1曲。高橋さん、紹介をお願いします。

高橋　ドクター・ドレー feat. スヌープ・ドギー・ドッグで「Nuthin' But a 'G' Thang」。

▶ Dr. Dre -Nuthin' But a 'G' Thang feat. Snoop Doggy Dogg

宇多丸　この曲が収録されたアルバム『The Chronic』。ヒップホップ史上に残る名盤でご

『The Chronic』
Dr. Dre
（1992/Interscope Records, Death Row Records）

ーヨークのロックバンド。81年に、サーストン・ムーア、リー・ラナルド、キム・ゴードンらによって結成。83年にアルバム『Confusion Is Sex』をリリース。ノイジーなギターとアバンギャルドなサウンドが特徴。

53. R.E.M.　ジョージア州アセンズのロックバンド。80年にマイケル・スタイプを中心に結成。83年のデビューアルバム『Murmur』が大ヒット。文学的な歌詞、政治的なメッセージがファンを引きつけ、インディーズシーンで絶大な人気を誇った。

54. シュグ・ナイト　カリフォルニア州コンプトン出身の実業家（65年～）。91年に、ドクター・ドレーらとともにデス・ロウ・レコードを設立。ギャング団・ブラッズに属していた過去があり、敵対レーベルへの暴行、2パックやノトーリアス・B.I.G.の殺害事件への関与など、黒い噂の絶えない人物。

ざいます。もちろん、「Nuthin' But a 'G' Thang」もいいんですけど……**「Let Me Ride」が聴きたいんで。僕のリクエストです**。「Let Me Ride」！

▶ Dr. Dre - Let Me Ride

宇多丸　これ、ちょっと注目してください。2番の最初で、半端小節から入るという、ドクター・ドレーが得意としているテクニックが使われています。（「Let Me Ride」がかかる）「Just another motherfucking day…」かっこいいーっ！　これですよ！　「Straight Outta Compton」の入りとかもそうだけど、こういうの。

高橋　実際にそう機能することを想定して作られたところもあるのかもしれないけど、やっぱり**Gファンクは車でクルーズしながら聴くのが最高ですよね。まさに西海岸の風土に合ったヒップホップ。**

宇多丸　**俺、免許持ってないのにね**（笑）。

高橋　**免許は僕も持ってません**（笑）。では、この調子でGファンクをたたみかけましょうか。

宇多丸　たたみかけましょう！　もう一発！　稀代のスーパースター、スヌープ・ドギー・ドッグの記念すべきソロデビューアルバムから、「Who Am I (What's My Name) ?」。1993年の曲です！

▶ Snoop Doggy Dogg - Who Am I (What's My Name) ?

宇多丸　ねえ。だいぶ華やかに。**ウェイウェイ感が出てきましたよね！**

ヤナタケ　ウェイウェイ感（笑）。

高橋　この曲のトラックはPファンクの重鎮、**ジョージ・クリントン**[58]の「Atomic Dog」を引用しているわけですが、原曲のビートの旨味を目一杯に引き出してますよね。とにかく気持ちいい。

宇多丸　うん！　あと、ドクター・ドレーのプ

55. ザ・D.O.C.　テキサス州ダラス出身のラッパー（68年〜）。88年のイージー・Eのアルバム『Eazy-Duz-It』やN.W.A.の『Straight Outta Compton』に参加した後、ドクター・ドレーのプロデュースで『No One Can Do It Better』をリリース。

56. デス・ロウ・レコード　91年にシュグ・ナイトとドクター・ドレーによって設立された、ロサンゼルスのヒップホップ・レコードレーベル。ドクター・ドレー、スヌープ・ドギー・ドッグ、2パックなどの楽曲をリリース。

57. Gファンク　ヒップホップのサブジャンルのひとつ。サンプリングに加えて生楽器の演奏を効果的に取り入れた、ゆったりとしたグルーヴが特徴。ドクター・ドレーがPファンクをベースに作り上げたサウンドと、AORのサンプリングなどを加えたウォーレン・G一派のサウンドがある。

ロダクションの特徴として、サンプリング全盛期の只中に、ミュージシャンに演奏をしてもらって、そのいちばん気持ちいいところをサンプリングする、という手法があります。で、いくら繰り返して聴いても飽きないループを作り上げる。**最小の、いちばん気持ちいいループを見つける**、とでも言うか。でも、それって実は音楽でいちばん難しいことだし、実現できればいちばんかっこいい。それを量産してしまうのだから、ドクター・ドレーは恐ろしい男ですよね。

高橋　でもドクター・ドレーが猛威を振るうのはむしろこれから。そのへんは、またのちほどじっくり話しましょう。

『Doggystyle』
Snoop Doggy Dogg
（1993/Death Row Records, Interscope Records）

ヒップホップソウルの確立

宇多丸　あと、これも触れておかなきゃいけない。

高橋　先ほどロックとヒップホップの融合について話しましたが、この時期はロックだけでなくR&Bとヒップホップの距離もグッと縮まっているんです。

　1991年には**「クイーン・オブ・ヒップホップソウル」の触れ込みとともにメアリー・J・ブライジ**[59]**がデビュー**しています。彼女のこのコンセプトを仕かけたのが、のちに**ノトーリアス・B.I.G.**[60]**擁するバッド・ボーイ・エンターテインメント**[61]**を興すことになるショーン・パフィ・コムズ**[62]。彼の指揮の下、メアリーはヒップホップの名曲を大胆に引用した曲を次々とヒットさせます。

　その代表作が、今後ろで流れている199

58．ジョージ・クリントン
ノースカロライナ州カンナポリス出身のミュージシャン。ジェームス・ブラウンやスライ・ストーンとともにファンクの代表的なミュージシャンとされており、Pファンクの創始者として、パーラメント、ファンカデリックを率いるほか、ソロ活動も展開。82年のソロデビューアルバム『Computer Games』からのシングル「Atomic Dog」ではエレクトロにも挑戦。

59．メアリー・J・ブライジ
ニューヨーク・ブロンクス出身のR&Bシンガー（71年〜）。90年にシングル「You Remind Me」でデビュー。92年にファーストアルバム『What's The 411?』をリリース。同アルバムからのシングル「Real Love」が全米ナンバーワンヒット。その後も『Share My World』『No More Drama』などのアルバムをヒットさせた。

60．ノトーリアス・B.I.G.
ニューヨーク・ブルックリン出身のラッパー（72〜97年）。バッド・ボーイと契約し、94

2年の「Real Love」。オーディオ・トゥーの「Top Billin'」をサンプリングしています。

宇多丸　そうだね！

高橋　今でこそ時代を変えた名曲として高く評価されている曲だけど、初めて聴いたときはちょっとした戸惑いがありましたね。ヒップホップのDJテクニックとして、ある曲の**インストゥルメンタル（オケ）に別の曲のアカペラを乗せる「ブレンド」という手法**がありますが、それをいきなり商品化してしまったというか。

宇多丸　いやいや、でも僕はこの「Real Love」を聴いたとき、「Top Billin'」の特徴的なビートパターンと、メロディが完全に有機的に絡んでいる、と感じて。「これはキタな！」って思いましたよ。あとは？

高橋　ガールトリオの**TLC**[63]のデビューも同じ1992年。彼女たちはR&Bグループでありながらメンバーにラッパーがいるのが画期的でした。2002年に交通事故で他界してしまったレフト・アイ。

宇多丸　デフォルトでラッパーがいるというね。

高橋　**TLCの登場もR&Bとヒップホップの接近を象徴する出来事**だと思います。

ヤナタケ　そうか、TLCも92年でしたね。

宇多丸　ヒップホップと歌モノの境目って……たとえば現在は境目がないじゃないですか、シームレスじゃないですか。そういう時代にどんどんなっていく。

高橋　**ジョディ・ワトリー**[64]とラキムの「Friends」（1989年）だとか、**アル・B・シュア**[65]とスリック・リックの「If I'm Not Your Lover」（1988年）だとか、R&Bシンガーとラッパーのコラボは以前からあったんですよね。でも、メアリーが成し遂げたヒップホップとR&Bの融合はもっと本質的な部分で。

宇多丸　しかも、ちゃんと「いい歌感」が出ているという、驚くべき。

高橋　いやー、これは鮮烈でした。

宇多丸　そして、ドレーなどもポップチャート

年にアルバム『Ready to Die』でデビューし、一躍スターダムに。その後、2パックとの確執が東西抗争として取り沙汰された後、96年9月に、2パックが何者かに銃撃され死亡。そのわずか半年後、セカンドアルバム『Life After Death』リリース直前の97年3月に彼もまた、24歳の若さで凶弾に倒れる。いまだに絶大な影響力を誇る、ヒップホップ史上に残る最も偉大なラッパーのひとり。

61．バッド・ボーイ・エンターテインメント　93年に、ショーン・パフィ・コムズが設立したヒップホップ／R&Bのレコードレーベル。レーベル初の作品として、94年のクレイグ・マック「Flava in Ya Ear」。また同年に、ノトーリアス・B.I.G.のアルバム『Ready to Die』をリリース。その後、東西抗争によって、97年にバッド・ボーイはビギーを失ったものの、同年にリリースされたパフィの『No Way Out』とメイス『Harlem World』はそれぞれ大ヒットした。

に上がるヒットを飛ばすようになっていく。

甘美なる90年代東海岸サウンドの世界

宇多丸　一方で、**この番組は、やっぱり日本の、しかも東京・渋谷で放送しているわけですから、これは宇田川町的にね……そこのレコ屋の店員さん！**

ヤナタケ　あ、はい（笑）。なんでしょう？

宇多丸　レコ屋の店員さん的に、当時の日本人、特に東京の子たちが熱狂していた音楽像っていうと、やはりニューヨークサウンドというか、**90年代東海岸サウンドの世界っていうのがあるわけですよね。甘美な世界が。**

ヤナタケ　**これに人生を狂わされた世代がいっぱい番組を聴いてるんでしょうね！**

高橋　40代以上のヒップホップファンは、やっぱりこのころのニューヨークサウンドに愛着がある方が多いでしょうね。

宇多丸　これは僕の持論ですが、やっぱり**日本人が聴いていちばん親しみやすいタイプのヒップホップだと思うんですね。**

その代表格として、ピート・ロック[66]というプロデューサーがおりまして。さまざまな名曲を手がけているわけですが。**ピート・ロック、どれを取ったっていいんだよ。**ピート・ロック＆CL・スムースというグループで活動していましたけども。どれをかけましょうか？

高橋　ニューヨークヒップホップ黄金期のシンボルになるような曲ですね。ピート・ロック＆CL・スムースで「They Reminisce Over You」です。

▶ Pete Rock & CL Smooth - They Reminisce Over You (T.R.O.Y.)

宇多丸　ピート・ロック＆CL・スムース「They Reminisce Over You」。タイトルの頭文字の

62. ショーン・パフィ・コムズ　ニューヨーク・ハーレム出身のラッパー、プロデューサー、実業家（69年〜）。別名パフ・ダディ、あるいはP・ディディ。アップタウン・レコードのA&Rとして、メアリー・J・ブライジ、ヘビー・D&ザ・ボーイズを手がけた後、バッド・ボーイを設立。所属アーティスト以外でもリル・キム、TLC、マライア・キャリー、ボーイズⅡメン、SWV、アレサ・フランクリンなどをプロデュース。97年のパフ・ダディ名義のアルバム『No Way Out』が大ヒット。

63. TLC　ジョージア州アトランタの女性R&Bグループ。メンバーはT・ボズ、レフト・アイ、チリの3名。92年のファーストアルバム『Ooooooohhh... on the TLC Tip』が大ヒット。続く、94年の『CrazySexyCool』、99年の『FanMail』が世界的なセールスを記録。2002年にレフト・アイを失った後は、残された2名で活動を続ける。

『Mecca and the Soul Brother』
Pete Rock & CL Smooth
（1992/Elektra）

「T.R.O.Y.」というのは、どういう意味かと言いますと。ヘビー・D[67]&ザ・ボーイズというすばらしいグループがいたわけですが——のちにヘビー・Dさんはモータウン[68]のCEOになったりするぐらいなんですけど——、そのザ・ボーイズというダンサーのひとり、トロイ・ディクソンさんという方が亡くなってしまった。で、彼に捧げられた曲ということでございます。
　1992年、ピート・ロック&CL・スムースのアルバム『Mecca and the Soul Brother』収録曲です。もう、名盤！

高橋　さっき宇多丸さんが言っていた「日本人がいちばん親しみやすいタイプのヒップホップ」にジャストなイメージなのがピート・ロックになるんじゃないかな。とにかくソウルフル！

宇多丸　これは、ヒップホップをあんまり聴いたことがない人でもすごく聴きやすいトラックが揃っておりますので。
　あと、CL・スムースの渋い声。いい声してますねー。**「いい楽器、持ってるね！」**ってことでございます。ということでね、**みんな大好き東海岸90年代ヒップホップ。**

高橋　ピート・ロックと来たら、次は当然彼でしょう。

宇多丸　**ピート・ロックと来たら……？**

宇多丸・高橋　**DJプレミア[69]！**

DJプレミア
——サンプリングアートを突き詰めた男

宇多丸　なんでしょうか、この語り口に熱がこ

64．ジョディ・ワトリー　イリノイ州シカゴ出身の女性R&Bシンガー（59年〜）。87年にソロデビューアルバム『Jody Watley』をリリース。ラキムとの「Friends」は、89年の『Larger Than Life』に収録。

65．アル・B・シュア　マサチューセッツ州ボストン出身のR&Bシンガー（68年〜）。88年のデビューアルバム『In Effect Mode』が大ヒット。「If I'm Not Your Lover」も同アルバムに収録。

66．ピート・ロック　ニューヨーク・ブロンクス出身のプロデューサー（70年〜）。ラッパーのCL・スムースと組んで、91年のEP『All Souled Out』でデビュー。その後、92年の『Mecca and the Soul Brother』と94年の『The Main Ingredient』という二枚のクラシックアルバムをリリースして95年に解散。ソロアルバムに98年の『Soul Survivor』など。

67．ヘビー・D　ジャマイカ出身のラッパー（67〜201

もる感じは？（笑）。ＤＪプレミアさんというのは、**ギャング・スター**[70]、さっきから言っているギャングスタ・ラップとは違う、ギャング・スター（Gang Starr）というグループ名のユニットがありまして。グールーさんというラッパーとＤＪプレミアの２人組なわけなんですが。このプレミアさん、非常にストイックなというか、これがまた日本人好みの……**もはや侍感すら感じさせる**。

高橋・ヤナタケ　アハハハハ！

宇多丸　**もはや侘び寂びすら感じさせる**。プレミアさんの曲はどれをかけるか？

高橋　これは本当に悩ましい……当時のプレミアはちょっと神がかっていたようなところがありましたもんね。出す曲出す曲、すべてがすさまじいクリエイティビティにあふれていて。

ヤナタケ　当時、渋谷のレコードショップで働いていて、**「ピート・ロック」とか「ＤＪプレミア」っていう名前を書いておくだけで全員がそのレコードを二枚ずつ買っていく。自動的に倍売れる**っていう。

宇多丸　アハハハハ！　**ＤＪは、二枚使いするために同じレコードを二枚買う**んだよね。

ヤナタケ　そうですね。番組冒頭にも言いましたけど、二枚使いして同じところを繰り返しかけるのがヒップホップのＤＪの技術だったりするので。それをみんなやりたいわけですよね。

宇多丸　だから「ピート・ロックプロデュース」「ＤＪプレミアプロデュース」と書いたＰＯＰを貼ると……。

ヤナタケ　貼っておくだけでいいんですよ。

宇多丸　無条件に……。

ヤナタケ　売り上げ、倍です！

宇多丸・高橋　アハハハハ！

高橋　あと、これはＤＪプレミアの作風にも関連してくる話なんですけど、この当時のヒップホップを語るうえでスルーできない非常に大きな事件がありまして。１９９１年に**ビ**[71]

1年）。ピート・ロックの従兄弟でもある。87年にヘビー・D&ザ・ボーイズ名義で、アルバム『Living Large』をリリース。97年の『Waterbed Hev』以降はソロとして活動。2011年に他界。

68．モータウン　59年にミシガン州デトロイトで設立されたレコードレーベル。R&Bやソウルを中心に全米チャートに多くのヒット曲を送り込み、ブラックミュージックの隆盛に寄与した。代表的なアーティストにマイケル・ジャクソン、マーヴィン・ゲイ、ダイアナ・ロス、スティーヴィー・ワンダー。

69．DJプレミア　テキサス州ヒューストン出身のプロデューサー（66年〜）。MCのグールーとのユニット、ギャング・スターのアルバムによってトッププロデューサーとしての地位を確立。サンプリングの元ネタを細かく刻んで再構築する、チョップ&フリップの手法を活用したトラックメイクでシーンに大きな影

ズ・マーキーが**ギルバート・オサリバン**[72]の「Alone Again」を無断で引用した同名の曲を**ほぼ替え歌状態でリリース**したんです。それが裁判沙汰にまで発展して、最終的にこの一件が発端となって以前のように**自由にサンプリングがしづらい状況になってしまった。**

宇多丸　要するに、使うんなら巨額のお金を払わなきゃいけなくなっちゃって。それが、**演奏の方にトラックが移行していくひとつの要因**ではあるんですけど。

　そんな中で、サンプリングの美学にこだわる東海岸の男たちは、工夫をしてね。「**チョップ&フリップ**」という手法を編み出します。これは、**サンプリングのネタを、パッと聴いてもわからないレベルに細かく刻んで、しかも組み替える、というクリエイティブなもの。**

高橋　DJプレミアはまさにその手法を駆使することで数々の独創的なトラックを生み出していくわけです。

宇多丸　ということで、やはりチョップ&フリップの代表曲いきますか？　DJプレミアの！

高橋　やはり決定打となると、これになるんじゃないでしょうか。

宇多丸　いやー、だってこれは名曲。これは……ちょっと！　アハハハハ！

高橋　では宇多丸さん、いっちゃってください！

宇多丸　それでは1994年。ギャング・スターで「Mass Appeal」！

▶ Gang Starr - Mass Appeal

宇多丸　かっこいい！　今聴いてもやっぱり、かっこいいもんはかっこいいなー。

高橋　この時期の**DJプレミアがプロデュースを手がけたレコードは、世界で日本がいちばん売ったんじゃないか**なんて話もまことしやかに囁(ささや)かれていますよね。

ヤナタケ　レコードショップで7年半働いたんですが、この曲は働き始めくらいのときにリ

響を与える。

70．ギャング・スター　ニューヨークのラップグループ。メンバーにDJプレミアとグールー。89年に『No More Mr. Nice Guy』でアルバムデビュー。その後、91年の『Step in the Arena』、92年の『Daily Operation』、94年の『Hard to Earn』など、ニューヨークサウンドの最高峰とも言えるクラシックアルバムを連発。グールーは2010年に他界。

71．ビズ・マーキー　ニュージャージー州エッグハーバー・タウンシップ出身のラッパー（64年〜）。86年にシングル「Make the Music With Your Mouth, Biz」でデビュー。89年の「Just a Friend」がヒット。「Alone Again」は、91年のアルバム『I Need a Haircut』に収録。

72．ギルバート・オサリバン　アイルランド出身のシンガーソングライター。67年に、シングル「Disappear」でデビュー。代表曲に「Alone Again

リースされて、僕が辞めるときくらいまでずっと売れ続けていました。たぶん日本だけで数万とか売れているんじゃないかな？

高橋　今後ろではギャング・スター「Mass Appeal」や**グループ・ホーム**[73]「Supa Star」などと並ぶＤＪプレミアの代表作、**ジェルー・ザ・ダマジャ**[74]の「Come Clean」が流れています。

宇多丸　「Come Clean」。これとかね……。

高橋　あまりに前衛的で度肝を抜かれました。

宇多丸　か、かっこいい〜っ！　非常に日本人好みで。あと、今日は取り上げきれないけど、**ディギン・イン・ザ・クレイツ・クルー**[75]（D.I.T.C.）とか。こうしたニューヨークのストイックな正統派ヒップホップに、当時の我々はすごく熱狂しました。

『Hard to Earn』
Gang Starr
（1994/Chrysalis）

謎のラップ集団、ウータン・クラン

宇多丸　けれども……売れ行きについては、アメリカ全体というか、世界全体で見ると、**圧倒的に西高東低の時代に入っちゃってる**んですよね。東海岸の渋いヒップホップは、ヒップホップマニアが聴くものになってくる。実際に売れているのは西海岸のアーティストだったり、あるいは南部とか、違う地域のギャングスタ・ラップだったりした。

それに対して、**東海岸からのギャングスタ・ラップへの回答**みたいなものが、93、94年ぐらいにポンポンポンと出てくる。そしてそれがまた、次の時代の流れを作っていく。

先ほど、渡辺志保さんのコラムでも１曲紹

(Naturally)」「Clair」など。

73．グループ・ホーム　ニューヨークのラップグループ。リル・ダップとナット・クラッカーの2MCからなる。95年、DJプレミアプロデュースのアルバム『Livin' Proof』でデビュー。同アルバム収録の「Supa Star」や「Livin' Proof」はヒップホップ史上に残るクラシック。

74．ジェルー・ザ・ダマジャ　ニューヨーク・ブルックリン出身のラッパー（72年〜）。93年リリースのDJプレミアプロデュースのシングル「Come Clean」がヒット。94年のデビューアルバム『The Sun Rises in the East』、96年のセカンドアルバム『The Wrath of the Math』はどちらも「プレミア・クラシック」を多数収録。

75．ディギン・イン・ザ・クレイツ・クルー　ニューヨーク・ブロンクスのラップグループ。90年結成。ロード・フィネスを中心に、ショウビズ

介しましたが。やはりこのグループを外すわけにはいかない。ウータン・クラン[76]を聴きましょうかね。

高橋　このアッパーな曲を選んでみました。ウータン・クランで「Wu-Tang Clan Ain't Nothin Ta Fuck Wit」です。

▶Wu-Tang Clan - Wu-Tang Clan Ain't Nothin Ta Fuck Wit

宇多丸　「Wu-Tang Clan Ain't Nothin Ta F*ck Wit」ってなっていましたね。今日はできるだけね、クリーンバージョン（ラジオなどでプレイするために、公共の場で流すにはふさわしくない言葉を言い換えたもの）を。まあ、そうじゃないことも時々ありますけども（笑）。ウータン・クラン、ちょっと説明をしておくと？

高橋　ニューヨークはマンハッタンの南西に位置するスタテン島から出てきたグループです。デビュー当時は9人編成だったのかな？

ヤナタケ　**何人いたかは定かじゃないけど**（笑）。

宇多丸　その定かじゃない感じ。ジャケットに顔を隠して、**顔を出さないメンバーがいたり**。

あと、サンプリング時代にあっても、「**いくらなんでもこの音の汚さ、何なんだ？**」っていう。そのザラザラした音のトラックの上に乗る、テクニカルなラップ。さらには**メソッドマン**[77]というスーパースターもいました。そして**オール・ダーティー・バスタード**[78]という、たぶん**ヒップホップ史上でもいちばんどうかしている人**。亡くなってしまいましたけど。

高橋　他にも**レイクウォン**[79]、**ゴーストフェイス・キラー**[80]、**GZA**[81]、**インスペクター・デック**[82]……個々のラッパーのキャラ立ちがすごく

『Enter the Wu-Tang（36 Chambers）』
Wu-Tang Clan
（1993/RCA）

&AG、ダイアモンド・D、OC、ファット・ジョー、バックワイルド、ビッグ・Lなどが参加。2000年にクルーとして初のスタジオアルバム『D.I.T.C.』をリリース。

76. ウータン・クラン　ニューヨーク・スタテン島のラップグループ。RZA、GZA、メソッドマン、レイクウォン、オール・ダーティー・バスタード、ゴーストフェイス・キラーを中心に結成。93年にシングル「Protect Ya Neck」でデビュー。同年のアルバム『Enter the Wu-Tang（36 Chambers）』が大ヒット。一躍、ヒップホップシーンの中心的存在になる。

77. メソッドマン　ウータン・クランのメンバー（71年〜）。グループデビュー当時は、花形ラッパーとして活躍。94年にアルバム『Tical』でソロデビュー。99年には、レッドマンとのコンビでアルバム『Blackout!』をリリース。

78. オール・ダーティー・バスタード　ウータン・クラン

て、本体以上に各メンバーのソロ展開に興奮させられました。

宇多丸　ド渋のスキルを持った人たちが集まって……というスーパースターチームですよね。

高橋　**カンフー映画の影響を前面に打ち出していた**のもかっこよかった。デビューアルバムのタイトル『Enter the Wu-Tang（36 Chambers）』からして『**少林寺三十六房**』[83]にインスパイアされたものでしたからね。

宇多丸　そうそうそう。**ショウ・ブラザーズ**[84]とかのマニアックなカンフー映画ネタがいっぱい入ってきたりして。**存在全体のサブカルチャー感**というか面白みがありましたよね。

ヤナタケ　世界観が完全に出来上がっていて。新しかったですよね。

宇多丸　**ジム・ジャームッシュ**[85]の映画にちょいちょい出てきたりする。この間の『**パターソン**』[86]にもメソッドマンが出てきましたんでね、ご存じの方もいるんじゃないでしょうか。

ナズ——東海岸最後の希望

宇多丸　さあ、みんな大好き90年代ヒップホップ。東海岸からのギャングスタ・ラップへの回答ということでは、グループでウータン・クラン。ソロラッパーとしてはやはり、**ナズ**[87]ですよね。ナズは『Illmatic』という、いまだに聴き継がれている名盤でデビューしました。「**東海岸最後の希望**」みたいな感じで。

高橋　**ニューヨークシーンの総力を結集してなんとかこの才能を盛り立てよう**という、そんな気運がありましたよね。

宇多丸　で、実際にそれが超名盤で。そして、いまだにナズは生き残っているわけで。やっぱりハイプ（誇大広告、インチキ）じゃなかったって感じですよね。さあ、ナズは何をかけるの？

高橋　先ほどピート・ロックとDJプレミアの曲はかけたので、90年代の東海岸サウンドのモードを決定づけたもうひとりのプロデュ

のメンバー（68～2004年）。95年にファーストアルバム『Return to the 36 Chambers』をリリース。飛び抜けたキャラクターと破天荒なライフスタイルで人気を博すも、2004年に急死。

79．レイクウォン　ウータン・クランのメンバー（70年～）。95年に『Only Built 4 Cuban Linx...』をリリースした後も、99年の『Immobilarity』などを制作。

80．ゴーストフェイス・キラー　ウータン・クランのメンバー（70年～）。96年にアルバム『Ironman』でソロデビュー。2000年に発表したセカンドアルバム『Supreme Clientele』がクラシックに。

81．GZA　ウータン・クランのメンバー（66年～）。グループで最年長のラッパー。91年、『Words from the Genius』でソロデビュー。代表作は、95年の『Liquid Swords』。

82．インスペクター・デック

ーサー、**ラージ・プロフェッサー**[88]が手がけた曲を紹介したいと思います。

宇多丸　あっ！　メイン・ソースのね……**ラージ・プロフェッサーの話をする時間はなかった！　申し訳ございません！**

ヤナタケ　一応、今後ろでね、メイン・ソースをかけていますけども。

宇多丸　ありがとうございます。ああ、すばらしい。ラージ・プロフェッサーも、当時の東海岸を代表する名プロデューサーですけども。

高橋　まあ、ナズをフックアップした人ですね。

宇多丸　そうかそうか。

ヤナタケ　同じ高校の先輩みたいですね。

高橋　もともとそういうつながりがあったわけか。

宇多丸　あと先ほど取り上げた、サード・ベースのMCサーチさんもナズのプッシュには尽力していますよね。ということで、ナズの……。

高橋　ラージ・プロフェッサーがプロデュースを務める「It Ain't Hard to Tell」です。

▶ Nas - It Ain't Hard to Tell

宇多丸　**マイケル・ジャクソン**[89]の「**Human Nature**[90]」ネタですね。

高橋　ナズの『Illmatic』に関しては、2014年にドキュメンタリー映画『**Nas／タイム・イズ・イルマティック**[91]』が製作されています。これを見れば、このヒップホップ史上屈指の名盤に対する理解はグッと深まると思いますよ。

宇多丸　要は、**Gファンク以降のギャングスタ・ラップをポップに昇華しながら、東海岸らしいリリシズムで表現する**というか。見事な比喩表現とか、巧みなライミングとか。すごくテクニカルですね。

ヤナタケ　冒頭に紹介した「The Source」のエピソードもぜひ。

宇多丸　ああ、そうだ。「The Source」。ヒップホップの自浄作用が強く働いた、批評的空間としての専門誌「The Source」という。

ウータン・クランのメンバー（70年〜）。99年にファーストアルバム『Uncontrolled Substance』をリリース。

83.『少林寺三十六房』　78年の香港映画。少林寺を題材としたカンフーアクション。ラウ・カーリョン監督。

84. ショウ・ブラザーズ　「香港映画の父」と呼ばれたラン・ショウが、58年に設立した香港の映画会社。60年代末から70年代に香港映画の黄金時代を築いた。代表的な作品に『少林寺三十六房』『大酔侠』『片腕ドラゴン』など。

85. ジム・ジャームッシュ　オハイオ州カヤホガフォールズ出身の映画監督。80年の『パーマネント・バケーション』でデビュー。84年の『ストレンジャー・ザン・パラダイス』が世界的にヒットし、ニューヨーク・インディーズの若手として注目を浴びる。

86.『パターソン』　2016年のアメリカ映画。ニュージ

同誌にはアルバム・レビューがありまして、５本のマイクで評価するわけですね。

ヤナタケ　ミシュランの５つ星みたいな感じですね。

宇多丸　で、４本マイクが付けば相当いいアルバムっていう感じなんですけど、ナズのこの『Illmatic』というアルバムは、**いきなり５本マイクをドーン！**「**クラシック認定！**」みたいな感じで大騒ぎされたということでございます。

高橋　５本マイクの満点評価は滅多に出ませんでしたからね。

宇多丸　ナズは、ニューヨークのクイーンズ、

『Illmatic』
Nas
（1994/Columbia）

クイーンズブリッジのラッパーですけども、他にもクイーンズと言えば、というグループがあります。今から紹介する曲は映画『**8マイル**』[92]のバトルシーンでかかりますよ。

高橋　タイトルバックでも流れますね。

ヤナタケ　あとはMCバトル決勝のビートかな？

宇多丸　**モブ・ディープ**[93]で「Shook Ones Part II」。お聴きください。１９９５年の曲です。

▶ Mobb Deep - Shook Ones Part II

宇多丸　（曲を聴きながら）これも、わけのわからないところ（小節のポイント）からラップが入るのがかっこいいんだよ。

高橋　モブ・ディープはこの殺伐さ、ニヒリズムにしびれます。

宇多丸　この、**ザラザラしたというか、モコモコした感じが東海岸サウンド。そこにちょっとディレイのかかったホーンが飛んだりするとピート・ロックサウンド**、っていうか。モ

ャージー州パターソンに住むバス運転手の日常を描く物語で、主人公パターソンは日常生活からインスピレーションを受けて詩を書いているという設定。ジム・ジャームッシュ監督。

87. ナズ　ニューヨーク・ブルックリン出身のラッパー（73年〜）。94年のデビューアルバム『Illmatic』が「The Source」でマイク5本の最高評価を獲得。ヒップホップ史上に輝くクラシックとして高く評価されている。その後も『It Was Written』、『Stillmatic』、『God's Son』などコンスタントにアルバムを発表。最新作にカニエ・ウェスト全面プロデュースの18年のアルバム『Nasir』。

88. ラージ・プロフェッサー　ニューヨーク・クイーンズのプロデューサー、ラッパー（73年〜）。89年にメイン・ソースに加入。91年にアルバム『Breaking Atoms』をリリース。DJプレミア、ピート・ロックとともに90年代を代表するプロデューサーと称される。

ロに「90年代ヒップホップ！」という感じがするということで。

高橋　モブ・ディープによってクイーンズブリッジへの幻想が膨らんでいったようなところもありましたね。どれだけヤバいところなんだっていう。

宇多丸　メンバーのプロディジーは亡くなられましたけどね。その後亡くなられたラッパーが結構いますから……。

ノトーリアスB.I.G.
——ギャングスタ・ラップの東海岸的解釈

宇多丸　じゃあ、その流れで……。ビッグネームで、ノトーリアス・B.I.G.（ビギー）というラッパーがいますけども。**ビギーこそ、まさにギャングスタ・ラップの興隆を東海岸的に解釈しきった**というか。最も成功した東海岸のラッパーのひとりですよね。

高橋　ナズ同様、これもまた西海岸流儀のギャングスタ・ラップに対する東海岸からの回答と言っていいでしょうね。

宇多丸　そしてさらに、先ほどメアリー・J・ブライジのところで出てきたショーン・パフィ・コムズ。彼が非常に切れ者商売人というか、絶妙な塩梅（あんばい）で……要は**プロップス**（評判）**とか尊敬とかは落とさないけど、ちゃんと曲としてはポップ**、みたいなバランスでプロデュースしてみせたということですね。

あ、今後ろでかかっているのはノトーリアス・B.I.G.の「Unbelievable」。これ、DJプレミアプロデュースだね。

高橋　ビギーのデビューアルバム『Ready to Die』からの先行シングルは、**エムトゥーメイ**[94]のヒット曲「Juicy Fruit」をサンプリングした「Juicy」でした。それこそ西海岸のGファンクと相性が良さそうなメロウでレイドバックした曲。

宇多丸　全国的にポップチャートで売れそうな曲。なんだけど、カップリングは……。

89．マイケル・ジャクソン　インディアナ州ゲーリー出身のシンガー、エンターテイナー。ジャクソン5での活動の傍ら、72年にソロデビューアルバム『Got to Be There』をリリース。その後、『Off the Wall』『Thriller』『Bad』『Dangerous』と、次々にモンスターアルバムを発表。圧倒的な歌唱力とダンスパフォーマンスで知られ、史上最も成功したエンターテイナーと言われる。2009年、他界。享年50。

90．「Human Nature」　マイケル・ジャクソンの82年のアルバム『Thriller』収録の楽曲。翌年シングルカットされ、ヒット。SWV、2パック、Ne-Yoなどの楽曲でもサンプリングされている。

91．『Nas／タイム・イズ・イルマティック』　2014年のアメリカ映画。ナズの名盤『Illmatic』の誕生から、世界的な影響力を持つまでを描くドキュメンタリー。One9監督。

高橋　そんな「Juicy」のカップリング曲として、当時のニューヨークハードコアヒップホップのシンボル、ＤＪプレミアのプロデュースによる「Unbelievable」を持ってくるバランス感覚ですよね。**ポップヒットを狙いつつ、アンダーグラウンドへの目配せも欠かさない**。このあたりがショーン・パフィ・コムズの策士たるゆえんでしょう。

宇多丸　しかもＤＪプレミアの新時代を切り拓いた傑作ですからね！　かっこいいー！　かっこいいが……こんなのをいちいち聴いていると時間が足りないので、ノトーリアス・Ｂ.Ｉ.Ｇ.はこちらの曲にしましょう。

　１９９４年。アルバム『Ready to Die』。これもストーリー仕立てで、聴くとドスンと来る。その後に亡くなっちゃったことを考えると重たいものがあるアルバムですが……。『Ready to Die』より、ノトーリアス・Ｂ.Ｉ.Ｇ.で「Big Poppa」。

▶ The Notorious B.I.G. - Big Poppa

高橋　これは数多くの曲に引用されている定番ネタ、**アイズレー・ブラザーズ**[95]の「Between the Sheets」をサンプリングしています。

宇多丸　キャッチーですよね。このノトーリアス・Ｂ.Ｉ.Ｇ.は東海岸のアーティストなんですけども。一方で西海岸、先ほどのドクター・ドレー率いるデス・ロウ。その間で、**東西抗争**みたいなものが発生してしまう。

『Ready to Die』
The Notorious B.I.G.
(1994/Bad Boy Entertainment)

92.『8マイル』　２００２年のアメリカ映画。デトロイトを舞台に、ＭＣバトルを勝ち抜くことでラッパーとしての成功を目指す青年を描く、エミネムの半自伝映画。カーティス・ハンソン監督。

93. モブ・ディープ　ニューヨーク・クイーンズのラップグループ。メンバーに、ハヴォックとプロディジーの２ＭＣ。91年にデビューアルバム『Juvenile Hell』をリリース。95年に「Shook Ones Part II」収録の２作目『The Infamous』を発表。２０１７年にプロディジーが急死。

94. エムトゥーメイ　ニューヨークのバンド。ジャズ・パーカッショニスト、ジェイムズ・エムトゥーメイを中心に結成。83年のアルバム『Juicy Fruit』がヒット。多くのミュージシャンのプロデュースを手がけ、80年代のディスコ／Ｒ＆Ｂを象徴するサウンドを作り上げた。

2パックと東西抗争

宇多丸 ラップには、もともとバトルの伝統というものがあります。そういう、**スキルを競い合うという建設的な戦いなら良かったけど、本当の暴力に発展していってしまった。**

2017年に、『オール・アイズ・オン・ミー』[96]という2パック[97]の伝記映画も公開されましたけども。1996年9月13日に、2パックが……。

高橋 うん。

宇多丸 **2パックが射殺され、そして翌年の1997年3月9日には、ノトーリアス・B.I.G.が射殺された。**そして、いまだに真相がよくわからないままという。

高橋 いまだに犯人が捕まっていないんですよね。

宇多丸 非常に後味が悪い結末になってしまいました。

高橋 映画『オール・アイズ・オン・ミー』でも描かれていましたが、もともとこのふたりは仲が良かったんですよね。

宇多丸 そうそう。そのあたりのくだりも映画には出てきますよね。ということで、2パック、デス・ロウ時代の代表曲。1995年のこちらの曲をお聴きください。2パックで「California Love」。

▶2Pac - California Love feat. Dr.Dre

宇多丸 今ね、(イントロやサビの部分を)歌っているのは、ザップの**ロジャー・トラウトマン**[98]という人ですね。呼ばれて本人が歌っている。

『All Eyez on Me』
2 Pac
(1996/Interscope Records, Death Row Records)

95. アイズレー・ブラザーズ オハイオ州シンシナティのソウル/ファンクバンド。59年にファーストアルバム『Shout!』をリリース。代表作に「Summer Breeze」収録の73年の『3＋3』や83年の『Between the Sheets』など。ヒップホップ/R&Bのアーティストに与えた影響は絶大で、数多くの楽曲がサンプリングされている。

96. 『オール・アイズ・オン・ミー』 2017年のアメリカ映画。25歳で亡くなった2パックの生涯を描いた伝記映画。ベニー・ブーム監督。

97. 2パック ニューヨーク・ハーレム出身のラッパー(71〜96年)。88年にカリフォルニアに移住。デジタル・アンダーグラウンドで活動した後、91年にアルバム『2Pacalypse Now』でソロデビュー。95年の『Me Against the World』、デス・ロウ移籍後の『All Eyez on Me』などヒット作を連発。しかし、東西抗争の激化によって、ウェストコースト側の犠牲者に。享年25。彼の死の

で、ロジャー・トラウトマンも亡くなっちゃいましたからね（1999年に射殺されている）。なかなかね、いたましいことが続きます……。

高橋　ケンドリック・ラマーはアルバム『To Pimp a Butterfly』の最後に生前の2パックのインタビュー音源を使った擬似対談を収録していたけど、彼を含めた**のちのラッパーに与えた影響という点において2パックの存在感はずば抜けています**よね。

それからフェミニストアンセムになっている「Keep Ya Head Up」など、女性に寄り添った名曲を多く残している点は今後さらに評価されていくことになると思います。

宇多丸　（「California Love」の）**ビデオは完全に『マッドマックス／サンダードーム』**[99]**風味**だったのも印象的でした。

ということで、このパートの最後の曲。大急ぎでいってみましょう。

活性化されるアンダーグラウンドシーン

高橋　シーンのトップアーティストが立て続けに銃殺されるなんて、ポップミュージック史で見ても最悪の事態ですよね。

宇多丸　逆にこれで、「暴力的なことはやめようぜ」って空気にはなってきましたけどね。

高橋　そういう中で新しい動きも確実に出てきています。Q・ティップに見出されたプロデューサー、J・ディラが頭角を表してきたのはこの時期でした。

宇多丸　Q・ティップはア・トライブ・コールド・クエストのラッパーであり、プロデューサーでありという人物でございます。

高橋　あと、ニューヨークでは**ロウカス**[100]というインディペンデントのヒップホップレーベルが立ち上げられてコアなリスナーから絶大な信頼を得ています。ここからデビューした主なアーティストは、**モス・デフ**[101]、**タリブ・**[102]

直後、マキャヴェリ名義で発売された『The Don Killuminati: The 7 Day Theory』も大ヒット。

98. ロジャー・トラウトマン　オハイオ州ハミルトン出身のファンクミュージシャン。79年にザップを結成。トークボックスを駆使したメロウなボーカルが特徴的なサウンドで人気を呼ぶ。81年にはアルバム『The Many Facets of Roger』でソロデビューを果たす。99年に射殺体で発見された。

99. 『マッドマックス／サンダードーム』　85年のオーストラリア映画。『マッドマックス』シリーズ第3弾。「サンダードーム」という金網リングでの試合が見所で、「California Love」のMVはそのパロディとなっている。監督は、ジョージ・ミラーとジョージ・オギルヴィー。

100. ロウカス　95年に設立されたニューヨークのレコードレーベル。90年代後半、ニューヨークのアンダーグラウンドシーンをリードした。

クウェリ、**カンパニー・フロウ**[103]など。

宇多丸 わりと知的で……ポップじゃない方向ですよね。アンダーグラウンドな感じの動きですね。

高橋 こうして**アンダーグラウンドはアンダーグラウンドで活性化されていくんですけど、その一方でメインストリートとの二極化が進んでいったのもこの時期**だったと思います。

宇多丸 うんうんうん。でも、その中でもやっぱりJ・ディラの影響はすごく大きくて。これも、日本人がすごく好きなタイプのラップというか。トラックにおける浮遊感あふれるシンセの使い方とか、好きな人が多いですし。影響をものすごく与えている。

高橋 あの**微妙にもたついた、独特の揺れのあるビート感**に影響を受けたトラックメイカーは本当に多いですね。

宇多丸 J・ディラのいちばんポップな曲というか、代表作。1995年。それこそ**リップスライムは強烈に影響を受けてやっている**ということがわかると思います。**ファーサイド**[104]で「Runnin'」。

▶ The Pharcyde - Runnin'

宇多丸 ファーサイドはロサンゼルス、西海岸のニュースクーラーというかね。他にも**フリースタイル・フェローシップ**[105]というグループがいたり、そういう動きがありました。

高橋 同時期に西海岸から出てきた新世代としては、**ソウルズ・オブ・ミスチーフ**[106]や**デル・ザ・ファンキー・ホモサピエン**[107]らが所属していたオークランドのクルー、ハイエログ

『Labcabincalifornia』
The Pharcyde
(1995/Delicious Vinyl)

101. モス・デフ ニューヨーク・ブルックリン出身のラッパー(73年〜)。97年にアルバム『The Universal Magnetic』をリリース。98年にタリブ・クウェリとブラック・スターを結成して、ロウカスから『Mos Def & Talib Kweli Are Black Star』を発売。

102. タリブ・クウェリ ニューヨーク・ブルックリン出身のラッパー(75年〜)。モス・デフとのユニット、ブラック・スターで活動。2000年に、DJのハイ・テックと組んだユニット、Reflection Eternalのアルバム『Train of Thought』をリリース。

103. カンパニー・フロウ ニューヨークのラップグループ。93年結成。メンバーにエル・P、Mr.レン、ビッグ・ジャス。97年にロウカスからリリースしたアルバム『Funcrusher Plus』は、当時のアンダーグラウンドヒップホップを象徴する一枚。

104. ファーサイド カリフォ

リフィクスがいました。

宇多丸　ということで、J・ディラ……彼も亡くなっちゃったわけなんですね。

高橋　そうですね。2006年に32歳の若さで亡くなっています。

2パックと〝共演〟した男、宇多丸

宇多丸　先ほど2パックの曲をかけましたけども、**私ね、2パックに直接話を聞いたことが**……これはなかなかレアで。

デジタル・アンダーグラウンド[108]というグループに2パックは在籍していたんですけども。ソロとしてデビューするはるか前、グループで来日したときのことです。というか、デジタル・アンダーグラウンドでレコードを出すより前かもしれない。2パックに直接インタビューする機会がありました。まあ、グループ全体にインタビューしていたんですけど。メンバーはいっぱいいて。はっきり言って日本人のガキのインタビューなんか真面目に受けてくれないわけですよ。そんな中、**「なんだい？　何を聞きたいんだい？」ってまっすぐ目を見て、僕と話をしてくれたのが2パック。**

高橋　うおー！

宇多丸　なおかつ、「僕もラップをやってるんですけど」と言ったら、「ラップ、やってんのか？」って**彼がヒューマンビートボックスを始めて、その上で僕はラップをして。**

高橋　ちょっとあなた、すごい体験してますね！

宇多丸　さらにその後、デジタル・アンダーグラウンドのライブがあって見に行ったら、舞台上から彼が僕のことを見つけて指さして。前にいた女の子が**「ああーっ！　私のこと指さした！」って。「いや、俺だよ」**って思ったんだけど。

終わった後に彼にあいさつしたら、「お前、指さしたの、わかった？」と言ってくれました。**えー、これは自慢です！**

ルニア州ロサンゼルスのラップグループ。89年に結成。92年にファーストアルバム『Bizarre Ride II the Pharcyde』をリリースした。「Runnin'」収録の、95年の『Labcabincalifornia』は日本でも特に人気のアルバム。

105．フリースタイル・フェローシップ　カリフォルニア州ロサンゼルスのラップグループ。90年代初頭に結成。91年にアルバム『To Whom It May Concern...』をリリース。90年代のウェストコースト・アンダーグラウンドの最重要グループのひとつ。

106．ソウルズ・オブ・ミスチーフ　カリフォルニア州オークランドのラップグループ。91年に結成。オークランドのクルー、ハイエログリフィクスに所属。代表曲に93年発表の「93 'til Infinity」。

107．デル・ザ・ファンキー・ホモサピエン　カリフォルニア州オークランドのラッパー（72年～）。アイス・キューブ

高橋　アハハハハ！

宇多丸　ただ、ソロとして大ブレイクしてからはもちろん会えてないですけども。

ヤナタケ　でも2パックと話したことがある日本人って、他にどれくらいいるんですかね？

宇多丸　なかなかいないかな。

高橋　しかも一緒にラップしているとなると、もしかしたら唯一かもしれませんよ！

宇多丸　コラボですから！

高橋　いやー、これはまた貴重なお話でした。

宇多丸　というね、冒頭から「直接聞いたんですが……」って話を続けてきましたが、**もうこのネタは僕、終わりです。「直接聞いた」ネタ、終わりです。**

　ということで、みなさん、90年代のアメリカのラップのパートが終わってしまいました。そのころ、日本はどうだったか？　そう90年代は日本もとてつもないことになっている！この後のパートもお楽しみに！

最大の山場、「90年代アメリカ」パートを駆け抜けた男たちの勝利の表情

の甥。91年にアルバム『I Wish My Brother George Was Here』でソロデビュー。カジュアル、ソウルズ・オブ・ミスチーフらとハイエログリフィクスとして活動を開始。2001年には、同クルー名義でアルバム『3rd Eye Vision』をリリース。

108．デジタル・アンダーグラウンド　カリフォルニア州オークランドのラップグループ。87年にショック・Gを中心に結成。91年のEP『This Is an EP Release』に2パックが参加している。

［そのとき、日本は？］

プレイヤーは出揃った

宇多丸　ここまで1970年代のラップ誕生から スタートして、1980年代後期、90年代に起きたラップの〝カンブリア爆発〟を通過して、表現的にも地域的にも拡がった、という話をしてきました。第2章では、日本のパートでいとうせいこうさんをお招きして、日本人ラッパーのパイオニアとして登場していただきましたけども……。ここから先、80年代後半から90年代の日本では何が起きていたかを見ていきます。

ひとことで言えば、いとうさんたちを見て、アメリカのヒップホップも盛り上がってきて、「ああ、俺もラップしよう！」という若者たちが続々と出てきた。当時はコンテストもいっぱいあったので、そういう中で、結構なメンツ、プレイヤーがここで出揃っています。

たとえば**MURO**[109]くん。MUROくんは**B-FRESH3**[110]というグループ、当時はDJクラッシュさんがやっていたグループですけども、そのクルーとしてMUROくんもいましたし。僕もライムスターの前身グループで、GALAXYというサークルのメンバーとして参加していましたし。

あと、のちに**イーストエンド**[111]で大ブレイクする**ガクMC**[112]。ガクくんもコンテストに出ていたり。**ユウ・ザ・ロック★**[113]もいたり。あとはA.K.I.プロダクションズの**A.K.I.**[114]とか。群雄割拠の時代になります。

そんな中、やはりこの方にお話を伺わないわけにはいかないでしょう。本日、スタジオにはお越しいただけないということで事前に私がインタビューしてまいりました。

まあ私が、とにかく「**クヤシーッ！**」っていう。**私の嫉妬の対象**でございます。ご紹介いたしましょう。スチャダラパーのBoseくんにインタビューしてきたので、こちらを

109．MURO　日本のDJ、プロデューサー（70年〜）。通称King Of Diggin'。DJクラッシュ、DJゴウとともに結成したクラッシュ・ポッセでの活動を経て、92年にマイクロフォン・ペイジャーを結成。95年にアルバム『DON'T TURN OFF YOUR LIGHT』をリリース。99年にソロとしてミニアルバム『K.M.W.（King Most Wanted）』でメジャーデビュー。膨大な数のミックステープ、ミックスCDを手がけており、「King Of Diggin'」シリーズは、本人いわく「90年代頭ぐらい」から制作している。

110．B-FRESH3　日本のラップグループ。88年、MC BELL、DJクラッシュとその弟、DJ BANGの3人で結成。MURO、DJ BEAT、CAKE-Kらが加わり、B-FRESH POSSEに。DJクラッシュとMUROの脱退後（クラッシュ・ポッセ結成）、B-FRESHとして再始動。91年、シングル「She said」でメジャーデビュー。

お聴きください。

Interview with Bose
——「暇だからラップグループを作った」

宇多丸 スチャダラパーのBoseさんです。よろしくお願いします。

Bose はい。お願いします。

宇多丸 「今日は一日〝RAP〟三昧」ということで。

Bose そんな長いラジオ番組、やるの?

宇多丸 なかなかないですけどね。しかも、NHKさんですからね。で、Boseさんに聞きたいのは、まずはラップを始めたときの話。ラップを始めたのはいつごろですか?

Bose スチャダラパーをやろうと思って名前を付けたのは1988年なんですよ。ANIと**「暇だからラップグループでもやろうぜ」**って。

宇多丸 暇だから?

Bose 「暇だから」っていうのは、ふたりで車の合宿免許を取りに行っていたんだよね。**合宿免許って暇**なんだよ。すげー時間があって。

宇多丸 ああ、なるほど。昼間以外はね。

Bose 何にもないから。「ラップでも書こうぜ」って。

宇多丸 でもそのときは、ヒップホップ/ラップって好きだったんですか?

Bose もちろん、ANIはターンテーブルを持っていて。

宇多丸 DJセットね。それって当時では珍しいんじゃない?

Bose いとうせいこうさんのラップがあったり、タイニー・パンクスがあれだけテレビに出ていたりもして、もう「DJセットを持っているのがかっこいい」という価値観になっていたんじゃないですか。

宇多丸 先人たちの盛り上げはありつつ、みたいな。

Bose 「あれをやりたいよね」って感じで。

111. イーストエンド 日本のラップグループ。90年、MC GAKU、YOGGY、ROCK-Teeの3人で結成。92年、デビューアルバム『Beginning of The END』をリリース。93年、ライムスターの『俺に言わせりゃ』への参加をきっかけに、ライムスターやメローイエローとヒップホップ・コミュニティ、ファンキーグラマーユニットを結成。イーストエンド×ユリ名義でリリースしたシングル「DA.YO.NE」が、94年末から翌年にかけて大ヒット。日本語ラップ初のミリオンセラーとなり、95年末のNHK紅白歌合戦出場を果たす。

112. ガクMC 日本のラッパー(70年〜)。イーストエンドでの活動を経て、2000年にソロデビューアルバム『word music』をリリース。06年には、Mr.Childrenの桜井和寿と組んでシングル「手を出すな!」を発表している。

113. ユウ・ザ・ロック★ 日

せいこうさんのライブとかよく見に行っていたから、「それをやろう」って。

宇多丸　じゃあ、ラップしてみようと。そのときに、私がボーちゃん（Bose）に伺いたいのは、いとうさんや近田春夫さん、タイニー・パンクスとか前の世代と、僕らの世代……**1970年代前後生まれの世代のやり出したラップって、明らかに技術的なブレイクスルーが僕はあると思っていて**。どういうふうに自分でラップをしよう、みたいな考えはありました？　前の世代に対して。

Bose　最初、デモテープを高木完さんに気に入ってもらい、プロデュースしてくれるというときに、**「やっぱりちょっと、せいこうっぽいよね」って言われたの**。

宇多丸　最初のデモテープ？

Bose　うん。最初のデモテープ。

宇多丸　要は日本語的なラップというか。

Bose　そう。日本語ラップで、いとうせいこうさんがラップの韻の踏み方のパターンを作ったじゃないですか。「ナントカナントカ、俺はナントカ……」っていうラップの。

宇多丸　抑揚のつけ方というか。

Bose　あの感じを真似していたよね、最初は。そう言われて。完ちゃんのラップはまたちょっと違ったじゃない？

宇多丸　**高木完さんはもうちょっと英語寄り**というか。

Bose　英語をちょっと日本語みたいにしたりね。

宇多丸　いい意味で、〝雰囲気〟重視のラップでしたね。

Bose　そうなんですよ。で、そのハイブリッドだったんじゃない？　完ちゃんのラップも大好きだったから。

宇多丸　雰囲気っていうか、かっこよさ重視っていうか。

本のラッパー（71年〜）。92年、YOU THE ROCK&DJ BENとして『NEVER DIE』をリリース。94年ごろより、イベント「ブラック・マンデー」を開催。そこで出会ったメンバーと95年に伝説のグループ、雷を結成。96年にはクラシック『THE SOUNDTRACK'96』をリリース。また94年末から98年まで、TOKYO FMで「HIP HOP NIGHT FLIGHT」のパーソナリティも担当している。98年には、プレジデントBPMのカバー「Hoo! Ei! Ho! '98」を発表。最新作は2009年の『ザ・ロック』。

114　A.K.I.　日本のラッパー。イリシット・ツボイとのユニット、A.K.I.プロダクションズを結成。93年に、ECDとの共同プロデュースで、デビューアルバム『JAPANESE PSYCHO』をリリース。その後は、A.K.I.のソロユニットに。2009年に『DO MY BEST』、12年に『小説「我輩はガキである・パレーシアとネオテニー」』を発表。

日本語は子音が少ない

宇多丸 そのときはすでにアメリカのラップも聴いていたわけじゃないですか。そこに寄せたい意識はありました？

Bose あるある。そのときは、すでにジャングル・ブラザーズやデ・ラ・ソウルのファーストアルバムが出ていたりしたんで。ジャングル・ブラザーズのラップって日本語で真似しにくいじゃん？

宇多丸 ボソボソ言う感じでね。

Bose ボソボソやっているし、**日本語とは全然違う乗せ方**だったんで。

宇多丸 低い感じでラップするのって難しいじゃないですか。

Bose 難しかったですよ。ラップはやっぱり勢いよくアクセントをはっきりしゃべってリズムに乗せるというか……**日本語は特に16ビート。「タタタタ、タタタタッ……」**って乗るから。そうではなくていわゆる英語の子音的な部分。音になっていない部分を……。

宇多丸 **子音がね、日本語は少ない**んですよね。

Bose それがないから、難しくて。

宇多丸 僕とかボーちゃんはわりと「タンタンタンッ！」って張る感じでね。

Bose そう。「タンタンタンッ！」ってのが日本語としては、正しい日本語みたいなところもあるし。だけど、**デ・ラ・ソウルやジャングル・ブラザーズみたいなものをなんとか真似したいと思って**。そのときは特によくＳＨＩＮＣＯと歌詞を書いていたんだけど、**言葉の置き方を分解して。それこそ、同じ音で日本語にハメて**。

宇多丸 **空耳っていうかね**。

Bose 空耳ですよね。ダジャレみたいにしたりとか。

宇多丸 僕はスチャダラパーを最初に聴いたとき、**「絶対に向こうのラップをベースに置いている世代が来たな！」**って思って。

Bose **なるほどね……ってライムスターは**

僕らと同世代じゃない（笑）。

アメリカのラップを分解して日本語を当てはめる

宇多丸　もちろん、同世代。僕らもまったく同じ発想で、**「アメリカのラップの聴こえを日本語にうまく置き換えられれば、前の世代よりもはるかにかっこいいラップができるはず！」**というビジョンがあったんですよ。だから、そのあたりはやっぱり同じなのね。

Bose　そう。それで、なおかつ、せいこうさんの詩的な、日本人ならではのストーリーテリングもかっこいいと思ったから、「うまく混ざらないかな？」と。

宇多丸　**「うまくバランスが取れれば……えっ、勝てるんじゃね？」**って（笑）。

Bose　そうそう（笑）。だいたいそうなんだよ、真似してさ。「これとこれのいいところを……」って。**僕らはお笑いも大好きだったから、お笑いの要素も取り入れて。「ダウンタウン大好き」とか。**そういうところを入れられれば、と。

宇多丸　当時から。早かったもんね。

Bose　大好きだったから。それはアメリカのラップとも感覚が近いと思ったんだけど。「あの要素を入れたら、絶対にいい」と思って。

宇多丸　僕はここまで、もっぱら技術的な話をしていましたけど、やっぱりラップする内容も、たとえば「日本人がやるならこうだろうな……」みたいなことを考えました？

Bose　特にデ・ラ・ソウルやジャングル・ブラザーズのアルバムの歌詞の対訳を一生懸命読んで。**「なるほど。この人たちは歌っているんだな。こういう変なことを」**と思って。

宇多丸　彼らの前まではね、みなさんのイメージどおりですよね。「俺がナンバーワン！」みたいな感じだったのが。

Bose　日常的なことだったり、変なことばっかり言っていたり。それこそ、好きなものが**モンティ・パイソン**[115]だったりするんだろう

115．モンティ・パイソン
イギリスのコメディーグループ。69年に結成。イギリスの公共放送・BBCの番組「空飛ぶモンティ・パイソン」で人気を博す。イギリス王室、宗教問題、ヒトラーをはじめとする戦争犯罪など、過激な社会的テーマをネタにすることでも知られる。

な……みたいな。ビースティ・ボーイズとかもそうだったけど。**「お笑いが好きでやっているんだろうな」って感覚。**

宇多丸 自分たちとわりと近い感じね。

Bose そう。それを完全に自分らのフィールドだけでやれば、アメリカ人にもわかんねえし。

宇多丸 ああー。だから向こうで言えば、モンティ・パイソンや、トラックに使われていた**JBを、ドリフ[116]に置き換えたり**とか。

Bose そうそう。

宇多丸 **クレイジー・キャッツ[117]に置き換えたり**とか、ってことをやっていましたよね。

Bose そうすれば、技術も日本語の響きもそうだろうし、音的にも内容的にも……本当に若気の至りですけど、**世界に1個しかない感じになれるんじゃないか**と思ったんですよ。

宇多丸 うんうん。でも、間違いない。実際になっていますし。

Bose そう思ったんですね。

「今夜はブギー・バック」は事故

宇多丸 そして、スチャ（ダラパー）は、メジャーで契約をしてアルバムをコンスタントに出せるっていうグループはもうスチャしかいないような状況の中で——のちにイーストエンドも出てくるけども——、ふと「今夜はブギー・バック」という大ヒット曲を……。

Bose そうだね。**事故ですよ。**

宇多丸 **あ、事故ですか？**

Bose **事故だと思いますよ。**

宇多丸 「ブギー・バック」という曲は、ヒップホップ好きからすると元ネタというか、「ああ、こういうことがやりたいんだな」ってことはわかって。ナイス&スムース[118]というグループがいて。**歌と、ちょっとチープな感じのトラックの。**

Bose 小沢[119]（健二）くんものちにそのことを、「あれはスチャダラが『ダサくてかっこいいのを作ろう』と誘ってくれて……」と言って

116．ザ・ドリフターズ 日本のバンド、コントグループ。64年、いかりや長介をリーダーとして結成。当時のメンバーは他に、加藤茶、高木ブー、荒井注、仲本工事。66年、ビートルズの来日公演の前座を務める。69年より、TBS系列でバラエティ番組「8時だよ！ 全員集合」が放送開始され、お茶の間で絶大な人気を博す。70年、「ドリフのズンドコ節」が大ヒット。74年、荒井注が脱退し、新メンバーとして志村けんが加入した。

117．ハナ肇とクレイジー・キャッツ 日本のジャズバンド、コミックバンド。50年代半ばに、ハナ肇らを中心に結成。その後、谷啓、植木等らが加入。フジテレビ「おとなの漫画」、日本テレビ「シャボン玉ホリデー」にレギュラー出演し、一躍スターダムに。61年、「スーダラ節」がヒットし、ボーカルの植木が爆発的な人気を得る。その翌年、植木主演、他のメンバーも出演した東宝クレイジー映画第1作『ニッポン無責任時代』が公

くれたんだけど。それって、普通の人にはわからないと思うんだよね。

ナイス&スムースをアメリカ人の子どもたちや若い女の子たちが「キャーッ！」って言っている感覚はやっぱりわかりづらいかな。普通だったら、**「これ、ギャグでしょう？」って**（笑）。

宇多丸　ナイス&スムース。要は、**ちっちゃいおじさんと背の高いおじさんが……**フハハハハッ！

Bose　すごくかっこよさげに「俺はすごくイケてて……」って歌ったりラップをしていたりという。

宇多丸　っていうのを、**ヘタウマな感じの歌と、チープなトラックと……**なんか、たまんない感じね！

Bose　あれがヒップホップのいわゆる核となる魅力だと思うんだけど……あれって日本人からだと、やっぱり**ややメタな視点で見るしかないじゃん！**

宇多丸　アハハハハ！　まあ「ちょっと笑うよね」みたいな。

Bose　だってあれをガチで「かっこいい！」って、難しいじゃない？

宇多丸　着てる服とかね。まあ**俺はもうその時代は見失っていたんで、**本当にかっこいいと思っていたけど（笑）。

Bose　本当に?!（笑）。だって**テロンテロンのさ、サテンみたいなさ……。**

宇多丸　黄色と緑の（笑）。

Bose　**そんな服、売ってねえし……**みたいな。

宇多丸　黄色と緑のジャージで、背景がなんかくすんだブルーのジャケで……みなさん、検索してみてください。

Bose　見てください。言っても**アクの強いギャルに囲まれた……**なんかあれ、わかりにくいと思うんですよ。

宇多丸　顔のヒゲを剃っていないギャルたちに……（笑）。

Bose　アハハハハ！　でもそれが魅力的だ

開。主題歌として発売された「無責任一代男」も大ヒットを記録した。

118．ナイス&スムース　ニューヨーク・ブロンクスのラップグループ。グレッグ・ナイスとスムース・ビーの2MCのユニット。89年に、クラシック「Funky For You」が収録された『Nice & Smooth』を発表。91年に、デフ・ジャムよりリリースしたセカンドアルバム『Ain't a Damn Thing Changed』でブレイク。

119．小沢健二　日本のシンガーソングライター（68年〜）。89年にフリッパーズ・ギターのメンバーとしてメジャーデビューするも、バンドは91年に解散。93年にシングル「天気読み」でソロデビュー。翌年、スチャダラパーと共演した「今夜はブギー・バック」で一躍名を広め、94年のアルバム『LIFE』もヒット。98年以降、活動休止期間を経て、2002年に『Eclectic』で復帰。最新作に18年のシングル「アルペジオ（きっと魔法のト

ったわけでしょう? 日本人の虚弱な体で見たら、やっぱり引いた目線で……。

宇多丸 確かに。**ここにはないものだから憧れるって**のはあるよね。

Bose 「**ダサくてかっこいい」としか捉えようがなかったん**だけど。それをでも、「なんとか、面白くできないかな?」ってアイデアが「今夜がブギー・バック」の元だから。

僕らが書いた歌詞を受けて**小沢くんも「プッシーキャット」みたいな普段は絶対に使わない言葉を使う**とかさ。

宇多丸 いやいや、本当だよ。全体に小沢さんとしてはちょっと……。

『Nice & Smooth』
Nice & Smooth
(1989/Fresh Records)

Bose ありえない歌詞を使って、面白いものを作ろうとしたんだね。

宇多丸 じゃあわりと、遊びじゃないけどもキャッキャ言いながらやっている感じですか?

Bose そう。本当だったら、自分たちの歌詞だともう少しシリアスな方向もありえた。かっこいいだけの曲もありえたんだけど、やっぱり歌詞に関してお互いに無責任になれる部分もあったかな。

宇多丸 それは**ベースに「こういうことをやってみようぜ! キャッキャ!」ってのがあった**から?

Bose そうそう。**面白がってやらないと!** そこはまあ、フリッパーズ・ギター[120]だった人ですし。

宇多丸 すでに大スターでしたからね。

Bose 皮肉な笑いの感覚みたいなものはお互いわかっていたから、そういうアプローチでやったんだよね。

宇多丸 「今夜はブギー・バック」は『スチャンネルの先)」。

120. フリッパーズ・ギター
日本のバンド。小山田圭吾が組んでいたバンド、ロリポップ・ソニックに小沢健二らが加入し、89年、フリッパーズ・ギターと改名。同年、アルバム『three cheers for our side ~海へ行くつもりじゃなかった』でメジャーデビュー。その直後にメンバーが脱退し、小山田と小沢で活動を続ける。オリジナル・ラヴやピチカート・ファイヴなどともに「渋谷系」というムーブメントの中心となり、若い世代にカリスマ的な人気を誇った。91年、アルバム『ヘッド博士の世界塔』をリリース後、突然の解散。

ダラ外伝』（1994年）ってアルバムの中に入っていたじゃないですか。それが、**みるみる……っていう感じ？**

Bose　みるみる……でもさ、別にスタートダッシュが良かったわけじゃなくて何段階かで……小沢くんの人気もあったろうけど、「実は○○のラジオですごく……」って。それこそ地方のFMとかで、「バンバン、バックが来ています」って。そういうのが続いたから、「ええーっ？」って思って。

宇多丸　売れ方が実はイーストエンドの「DA.YO.NE」と似ていて。アルバムの中の1曲で、最初から売ろうとしていたわけでもなく、ジワジワとラジオオンエアなりで火が点いていったと。まさに「北海道の○○で1位だって」とか。で、バックが何枚あって……みたいな。すごく似ているんですね。時期も近いし。

Bose　真面目に作って、真面目にただ宣伝しただけのものというか。**当時は別に嘘みたいなお金を使えたわけじゃないから、ラップなんか**。だから、正直な売れ方だったんじゃないかなとは思うんですよ。

宇多丸　**日本人なりのラップのやり方とかラップの内容ってものに、いち早く、最初に正解を出していたスチャ**だから、ということだと思います。**最初に正解を出したスチャが、最初にヒットを飛ばした。この、きれいさ。**

Bose　でもこれは、当時本当に雑誌とかでもよく言っていたんですけど。

「いい、いい！」って言われ出すんですよ。それまではロックの雑誌でもてはやされなかったのに、「小沢健二と一緒にやっているし。**スチャダラパー、わかるよ！**」ってみんな寄ってくる。だけど……「いや、頼む！　**本当はもっと不良みたいなラップが先にいてからの……**」って（笑）。

宇多丸　「それが売れてからのこれ、ならいいんだけど……」って。

Bose　そう！「そうだったら、本当はもっとオモロいんだよ！」って。

宇多丸　**「最初にデ・ラ・ソウルが売れるのは、ちょっとおかしいんだよ！」**みたいな（笑）。

Bose　「そんなの、世界的にないよ！」って。

宇多丸　「ランD.M.C.が先とか、順番があるんだよ！」みたいな。

Bose　そう。ビースティ・ボーイズみたいなグループが出た後に出るやつが、先に出ちゃったから。

宇多丸　本人たち的にもめちゃめちゃ居心地が悪いに決まっているっていう。

Bose　**悪い不良みたいなラップがあってのカウンターで、オタクみたいなのが変なことを言っているラップをやりたかったの。**

宇多丸　うんうん（笑）。今は、比較的その位置にね。

Bose　そうそう、結果ね。**のちに落ち着いた。**「いやー。良かった」みたいな。

宇多丸　今は、どう見ています？

Bose　今の若い人たちがやっているやつ？

宇多丸　たとえば「フリースタイルダンジョン」なり。

最近の若手ラッパーを見て思うこと

Bose　**今の子たちの再現力、すごいから。**同じ目線で見ると。それこそラップのフロウとか。「今っぽいリズムに乗せたラップが日本語で見事に！」って思うよね、本当に。

宇多丸　スチャの感覚っていうか、すごく平易な日本語でラップする感じ？「これを歌にするんだ？」ってことをサビにしたり。それって実は、今の若い子の日本語ラップのトレンドに、めっちゃ合っているの。

Bose　そうかー。

宇多丸　だからね、合っているの。

Bose　そうか！そうね。**「何にも言ってねえ」みたいなことがテーマの曲**とかね。そういうの、あるんだよ。

宇多丸　**「ヒマの過ごし方」みたいなの、いち**

ばん合ってるの、実は。

Bose　アハハハハッ！　そういう意味でもシンパシーを感じる部分があって。若い人の曲に。

宇多丸　だから俺はここにおいても、**「えっ、待てよ？　一回りして結局スチャが今の時代と合っている……ふざけるなっ！」**って。

Bose　いやいや（笑）。違う、違う。それはね……。

宇多丸　**お釣り、返せ！**（笑）。

Bose　いや、一生懸命に若い人が何かに真面目に向かっている——本当に真面目な話になっちゃうけど——ってのを聴くとさ、ちょっとジンとするときあるわけ。**「これ、簡単に聴こえると思うけど、大変なんだよ。この言葉を探して全部ハメるの……」**

若い人の曲を聴いても、うちらはわかるわけじゃん。**怠けていたらできないんだよ。**その中でみんな切磋琢磨して、「あいつに負けないようにがんばろう！」って子が上手なわけで。

宇多丸　今は、新陳代謝が昔に比べて激しくなっているから、本当にしのぎを削っている。

Bose　**アメリカのラップを一生懸命に聴いてさ、分解してさ。それこそオタク的に追求しないと絶対に勝てない**って気がするから。

宇多丸　今日、ＮＨＫ-ＦＭを聴いてらっしゃる方の中には、ラップに対して偏見を持っている人もいるかもしれない。「悪い子たちがなんとなく適当にやってるんじゃない？」って思っているかもしれないけど、**めっちゃ真面目です。**

Bose　**めっちゃ難しいことを、一生懸命やっているんだよね。そういう意味でも、「ラップがあって良かったな」って思うわけ。**

エネルギーを注ぐ対象がないところで、最初はチャラく手に入れたかもしれないけど、やってみたらめっちゃハマって、今までいちばん一生懸命になれたはずで。

宇多丸　自分自身がそうだもん。

Bose そうなんだよ。

宇多丸 こんなに続いているとかさ……努力！努力とか（笑）。**努力とかしちゃったし**、みたいな。

Bose **「好きでいること」**みたいなね。自分たちと身近に感じているからこそ、ああいう今の若いラップの人たちのことも、僕らは好きなんだと思うんだよね。

宇多丸 うんうんうん。ということで、スチャダラパーからBoseさんにお話を伺いました。

Bose ありがとうございました。

ラップは世界共通ルールで同時に進行するスポーツ

宇多丸 （インタビューを聴いて）話、盛り上がっているじゃないですか。

高橋 めちゃくちゃ楽しそうでしたね。

宇多丸 うん。キャッキャキャキャッキャとね。「チキショーッ！」なんて言いながらやっていますけどね。

やっぱりですね、このインタビューの話の中で僕が重要だなと思っているのは、ラップのテクニックに関して、いとうさん、近田春夫さん、高木完さんたちの世代から、ちょっとここでフェイズがひとつ変わる、というところだと思います。要するに、**アメリカのラップの聴こえを踏まえた上でラップをする**。

Boseくんが、いとうさん的な日本語から発想したラップから、わりと聴こえ重視というか、スタイリッシュなのが好きな完ちゃんのディレクションでそっちに寄っていったんだ、みたいなことを言っていますけども、この転換がすごく重要だと思っているんですね。ある意味で、今に至るまでの**日本人ラッパー全部の原型**というか。

アメリカラップの進化に日本語をどう当てはめるか？ **日本語から換算するよりは、英語的なフロウを日本語にどう再構築していくか？** その姿勢に、大きくコペルニクス的転換が起きた、という点がいちばん重要なんじゃないかなと私は思っております。

　のちほど話を聞くジブさん（Zeebra）にも、どういうつもりで自分たちのラップを作っていたのかを聞こうと思うんですけども。

高橋　デ・ラ・ソウルやジャングル・ブラザーズの歌詞の置き方を研究していた、というお話は非常に興味深いものがありました。

宇多丸　そうそうそう。面白いですよね。実は途中でタネ明かしですけども。**アメリカのラップの歴史と、日本語のラップの歴史を両方並行で語っているのは、このふたつは切り離せない、ということ。**日本語のラップだけを見ていてもわからないっていうか。**ヒップホップっていうのは、共通ルールの下、世界同時進行で進んでいくスポーツ**、みたいなところがあるので。「**世界ルールの変更に従い、日本語ラップもこうなりました**」みたいな、その視点がないとわからない部分も出てくると思うので、アメリカと日本のラップを交互に紹介する、という構成にさせていただいた次第です。

　ということで、スチャダラパーを1曲、ちゃんと聴きましょう。これはコンテストに出たとき、「**太陽にほえろ！**」[121]のオープニングテーマを二枚使いでやったのがセンセーションでした。本日はアルバムバージョンでお聴きください。スチャダラパーで「スチャダラパーのテーマ Pt.2」。

▶スチャダラパー - スチャダラパーのテーマ Pt.2

宇多丸　ヤナタケさん、全部歌えるんじゃないですか？

ヤナタケ　歌えますね（笑）。もう本当に大好きだったし。今聴いてもこのときから、**Boseくん、クソラップうめえ！**

宇多丸　このときの、たとえばラキムのフロウの感じ……（アメリカで）流行っているラップのフロウの片鱗（へんりん）があるんですよ。洋楽の感じ。

121・**「太陽にほえろ！」**　72年から86年まで、日本テレビ系列で放送された刑事ドラマ。

『スチャダラ大作戦』
スチャダラパー
(1990/Major Force, File Records)

だから、この感じが新世代感なんだよね。

ヤナタケ　アメリカのパートでニュースクールを紹介しましたが、アメリカにデ・ラ・ソウルが出てきたような感じで、日本にスチャダラパーが出てきたってことですよね。

宇多丸　そのアプローチということに関しては、スチャダラパーを初めて見たとき、「あっ！　**考え方の近いやつが俺より先に成功している！……チキショーッ！**」っていうね。

高橋・ヤナタケ　アハハハハ！

宇多丸　ということで、スチャダラパーはいち早くメジャーフィールドで成功していきました。しかしさっきBoseくんも言っていたけど、売れようと思って売れたというよりは、好きなことをやろうぜ――「ナイス&スムースみたいなことをやろうぜ」って――やっているうちに「今夜はブギー・バック」という大ヒットが生まれた。

タモリは「DA.YO.NE」をどう聴いたか？

宇多丸　似たような立場で同じ時期に「DA.YO.NE」という大ヒットが出ますよね。1994年。紅白歌合戦にまで出てしまいます。イーストエンドというグループですけども。

もともとイーストエンドは、僕らライムスターも仲間としてずっと一緒にやってきたグループです。同じアンダーグラウンドのシーンから、ずっと切磋琢磨して活動してきたグループが、売れるつもりじゃないのにたまたま売れちゃった感じ、っていうか。

ヤナタケ　そうですよね。別にわざわざキャッチーな曲調にして、それが結果的に売れたわけではなくて。今までどおり、**自分たちのスタイルのままやってそれがたまたま売れちゃった**っていう。

宇多丸　「DA.YO.NE」は、**市井由理**[122]ちゃんという、当時のアイドルグループ、**東京パフォーマンスドール**[123]のメンバーとやった企画盤のアルバムの中の1曲で、最初はシングルカットすらしていなかったんだよね。

ヤナタケ　しかも、アルバムのいちばん最後に入っていたみたいな。

宇多丸　そうそう。ただ僕は、彼らがこの曲を録った当時からすごく好きで。「ああ、これはいいな」と思った。珍しく家に帰ってテープで何度も聴いたりするぐらい好きで。

そうこうするうち、あれは確か「笑っていいとも!」の中で、**タモリさんが、「ラジオで『DA.YO.NE』という曲を聴いたけど、あれいいよね。日本語への置き換え方が知的だ」**みたいな言い方をして褒めたり。

ヤナタケ　で、ラジオ発のヒットみたいな感じで最初はジワジワいくんですね。

宇多丸　北海道のノースウェーブという局で最初に火が点いて……。

ヤナタケ　結果、紅白歌合戦に出場までするんだけど、紅白に出たのは95年の年末なんですよね。だから「1年ヒット」みたいな。……なんなら「2年ヒット」みたいな。

宇多丸　1年かけてゆっくり。しかもその途中で、日本におけるサンプリング問題の先駆け的な存在にもなったり。「DA.YO.NE」でサンプリングした原曲のアーティストである**ジョージ・ベンソン**[124]**さんが、たまたま来日したときにラジオで聴いてしまい、「なぬっ?!」**となったという。いわば(シュガーヒル・ギャングの)歴史を繰り返すようなことをやっている。

ヤナタケ　フフフ。

宇多丸　ということで、これはやっぱりかけないわけにはいかないでしょう。1994年から95年。1年を通して売れました。イースト

122. 市井由理　日本のアイドル。90年、東京パフォーマンスドール）のメンバーとしてデビュー。94年、イーストエンド×ユリのメンバーとして活動を開始する。94年の「DA.YO.NE」、翌年のセカンドシングル「MAICCA～まいっか」がそれぞれミリオンセラーを達成。

123. 東京パフォーマンスドール　日本のアイドルグループ。90年結成。市井由理の他に、篠原涼子、穴井夕子が輩出。96年に活動休止するも、2013年新メンバーにて復活。

124. ジョージ・ベンソン　ペンシルベニア州ピッツバーグ出身のジャズギタリスト。76年の代表作『Breezin'』が大ヒットし、ブラック・コンテンポラリーの人気アーティストに。「DA.YO.NE」でサンプリングされた「Turn Your Love Around」は81年のシングル。

エンド×ユリ「DA.YO.NE」！

▶ EAST END×YURI - DA.YO.NE

宇多丸　一緒に、本当にちっちゃなクラブでやってたんですよ。**お客が全然いない中から一緒にやっていた仲間が、みるみる売れてしまっていったという。その後、私のキャリアにおいて珍しくなくなった光景**（笑）。知っているやつがバカみたいに売れちゃう。その現象の最初でしたね。

ヤナタケ　一緒にやっていたイベントとかはどうだったんですか？

宇多丸　「FGナイト」[125]というクラブイベントをやっていたんですが、イースト（エンド）はしばらく来られなくなっちゃったという感じですね。

最大の起爆剤、マイクロフォン・ペイジャー

宇多丸　なんですが、みなさん……「ブギー・バック」「DA.YO.NE」という、2大国民的というか、誰もが知るヒップホップ／ラップヒットが飛んだ94年ですけども、実はそのころアンダーグラウンドシーンで、非常に重要な動きが起こっていたわけです。

　それこそ今の「フリースタイルダンジョン」に至るようなすべての始まり、爆発が起こるわけですね。どういうことかと言うと、**地下には、異常なまでに不満を溜め込んだ若者た**

『denim-ed souL』
EAST END×YURI
（1994/File Records）

125.「FGナイト」　ライムスター、イーストエンド、メローイエロー、リップスライム、キック・ザ・カン・クルーを中心としたヒップホップ・コミュニティ、ファンキーグラマーユニットのイベント。93年のユニット結成時より開始され、池袋チョイス～渋谷クラブバー・ファミリー～渋谷ナッツ～渋谷ザ・ゲームと場所を変えつつ行われた。

ちが……（笑）。

高橋・ヤナタケ　アハハハハ！

宇多丸　ただ、スチャダラパーにしろイーストエンドにしろ、その怒りを溜め込んだ連中とシーンとしてはまったく同じところにいる、というのがまた面白いんですけどね。

ということで、ちょっと説明は後にしましょう。僕はこれを**「時代を変えた１曲」**だと思っています。最初にこの曲のデモテープを聞いたのは１９９２年の暮れですけども、衝撃を受けました。お聴きください。**マイクロフォン・ペイジャー**[126]で「MICROPHONE PAGER」。

▶ MICROPHONE PAGER - MICROPHONE PAGER

宇多丸　いやー、どうです？　**怒りの熱量がただごとじゃない。**あと、マイクパス物のスリリングさもあるし。

僕は、日本のヒップホップシーンが今の盛り上がりに至った、**史上最大の起爆剤は、マイクロフォン・ペイジャーの登場だと思っています**。

もちろん当時、ライムスターも結成してがんばって活動していましたけども、ペイジャーの登場の何が革命的というと、やっぱり**「正しいヒップホップ」像のひとつを示した**ところだと思います。

アメリカのヒップホップにおいて、91年、92年にハードコア化の揺り戻しがあったと言いましたよね。ペイジャーは、それとほとんど同時期に、**「日本でも正しきヒップホップ像をいったん確立しないでどうするんだ?!」**

『MICROPHONE PAGER』
MICROPHONE PAGER
（1997/File Records）

126. マイクロフォン・ペイジャー　日本のラップグループ。92年結成。メンバーにMURO、TWIGY、P.H.FRON、MASAO、DJ GO。「改正開始」「Rapperz Are Danger」などを経て、95年、アルバム『DON'T TURN OFF YOUR LIGHT』をリリース。シリアスなニューヨークスタイルはシーンに大きな衝撃を与えた。その後、メンバーの離脱もあり、活動休止へ。２００９年、MUROとTWIGYによってリユニオンがなされ、『王道楽土』を発表。

と言ったわけです。
「ふざけんじゃねえよ！　そんなの、ヒップホップじゃねえ！」ってことをガツンと言う動きがあって。それに対して、もちろん同調してもいいし、反発してもいいんだけど、とにかく**「ペイジャーに対してどう回答するんだ？」**ってところで、いろいろなことが活性化した。それまで全然違う場所で活動していたグループが一緒にイベントをやったり。

ピリピリしながらも、「あいつらに負けないライブをする」「あいつらに負けない曲を作る」という**コンペティション（競争）の世界になったのは、完全にペイジャーの登場のおかげ**でした。

たとえば、**即興のラップでのバトル**というか、客がいる前で即興で対話をするというか、**それを始めたのがメローイエロー[127]というグループのK・I・Nちゃんという人**なんですけど。

K・I・Nちゃんも、「やっぱりペイジャーになんとかして対抗するには……」って考えたと思います。イベントの最後に行われる、自由にマイクを持つ、いわゆるオープンマイクの時間帯に、初めて「即興での日本語ラップ」というものにトライしていました。

もちろん、今の技術と比べたら全然話にならないんだけど、それさえも「どうしたら対抗できるんだ？」「あの熱量にどうやったら応えられるんだ？」というペイジャーへの回答だった、と僕は思っています。

ヤナタケ　うんうん。

宇多丸　のちの――たとえば雷[128]の登場であるとか――シーンのもろもろの土壌になったというか、今につながる直接のビッグバンというか、**巨大隕石というか**。やはり、マイクロフォン・ペイジャーの登場は大きかった。

ヤナタケ　そうっすね。ファッションから何から影響された人は多いですからね。

宇多丸　**現行のUSスタイルやトレンドを、きっちりそのまま直輸入するスタイル**というか。

ヤナタケ　彼らがニューヨークに行って戻って

127. メローイエロー　日本のラップグループ。94年、KOHEI JAPAN（Mummy-Dの弟）、K・I・Nらによって結成。ファンキーグラマーユニットに所属。95年、ファーストアルバム『Mellow Yellow Baby』をリリース。2001年、セカンドアルバム『CRAZY CLIMBER』を発表。10年に、活動休止。

128. 雷　日本のラップグループ。97年、テレビ東京のバラエティ番組「浅草橋ヤング洋品店」への出演依頼を機に、ランプアイを原型として結成。オリジナルメンバーにユウ・ザ・ロック★、TWIGY、RINO LATINAⅡ、ヨシピィ・ダ・ガマ、DJ YAS、G.K.MARYANなど。同年、シングル「カミナリ／夜ジェット」をリリース。その後、活動休止期間を経て、2003年、KAMINARI-KAZOKU.名義での活動再開。D.O、SHINNOSK8らが加わった。

きたら、現地で杖をつくのが流行っていたらしくて、**マイクロフォン・ペイジャーのメンバー全員が杖をついていた**とか（笑）。

宇多丸　杖とかさ、**味付きの木の枝**とか。

高橋　木の枝、噛んでた噛んでた！

ヤナタケ　でも、そういうのも全部かっこよかったんですよね。

Interview with Zeebra
——ヒップホップとの出会いは「Rockit」

宇多丸　こうして出来た土壌から、影響された若者が次々に出てきます。一方で、まったく違うところから現れた人たちもいる。

のちほど紹介するブッダ・ブランドもそうですし、やはりキングギドラでしょう。ということで、キングギドラよりZeebra。もしもし？電話がつながっていると思います。もしもし？

Zeebra（以下、ジブラ）　もしもし？

宇多丸　あ、どうもー。

ジブラ　どうもどうも。すみませんね。今日はスタジオに行こうと思ってたのにね。

宇多丸　っていうか、インフル？

ジブラ　インフルだよー。

宇多丸　アハハハハッ！

ジブラ　インフルって、初日は本当に熱がハンパなくて大変なんだけど、次の日ぐらいから人に会えないだけで。

宇多丸　一気に薬が効いて、熱が下がるんですよね、今はね。

ジブラ　そうなんですよ。だから、暇になっちゃって（笑）。

宇多丸　アハハハハッ！「今日は一日〝RAP〟三昧」の放送をずーっと聴いていて、ジブさん、悶々（もんもん）としているでしょう？

ジブラ　いやー、聴きながら悶々として、大変ですよ。

宇多丸　いろいろと混ざって話したいだろうし。**「これ、かけろ！　あれ、かけろ！」って言いたいし**。

ジブラ 本当にねえ。

宇多丸 電話出演という形でアレなんですけども、ジブさんにお話を伺わないと始まらない。まず、ジブさんはヒップホップ／ラップとの出会いはどのあたりだったんですか？

ジブラ 83年だと思うけど、ハービー・ハンコックの「Rockit」がグラミー賞を受賞してってところかな？

宇多丸 洋楽として入ってきているわけですね。

ジブラ そうだね。いちばん初めはそうやって入ってきた。

宇多丸 ジブさん、最初のころは英語でラップをしていたなんて聞きますけども。

ジブラ はいはい。そうなんですよ。

宇多丸 それはやっぱり「日本語でラップをする」という方法論にちょっと懐疑的だったっていうことですか、当時は？

ジブラ 俺もたとえばメジャー・フォースの初めの「LAST ORGY」とかあのへんもゲットしてみたりしたし。で、「おお、そうか」ってなって。当時はDJもやっていたから、たとえば**MTRとかでピンポン録音**[129]をしたり。マスターミックスみたいなものを作るのも好きだったんで。彼らの曲をそうしたDJ的観点で見ると、曲を制作するということに関しては「うわっ、すげえな」って思いましたね。「みんないろいろと知識を持っていて面白いな」と思っていたんですけども。

宇多丸 うんうん。

ジブラ ラップ的には、タイクーン・トッシュが英語だったじゃないですか。

宇多丸 中西俊夫さん。

ジブラ で、「ああ、こっちの方が聴きやすいな」って俺は思っちゃって。

宇多丸 これはわかります。今、日本人でラップをやるといったら日本語でやるのが当然みたいになっていますけど、**80年代後半ぐらいまでは、英語でやるか日本語でやるかは結構五分五分**でしたよね。

129. MTRとかでピンポン録音 多重録音専用の録音機器であるMTR（マルチトラック・レコーダー）やハードディスク・レコーダーなどの録音用デバイスを使って、ひとつの機材で行う、トラックの整理作業のこと。

日本語で始めたのは、Kダブシャインがきっかけ

ジブラ　で、メジャー・フォースが三枚ぐらい出たじゃない？　あのときにそれを聴いて、**「うーん、やっぱり俺は英語でやっておこう」**となったたって感じかな。

宇多丸　ジブさん、英語もできますからね。で、英語でしばらくやって。それはキングギドラ以前ですよね。「日本語でやってみようかな」と思った転換点は何でしょう？

ジブラ　**そこはね、Kダブなんですよね。**

宇多丸　（キングギドラの）相方の**Kダブシャイン**[130]。

ジブラ　そうそう。Kダブがアメリカに留学していて。留学する前からヒップホップやブラックミュージックの情報交換をする先輩だったんですけど。彼が留学しているときにも、ちょいちょい連絡を取っていたんだけど、突然、「日本語でラップを書いてみた」って言って。

宇多丸　**アメリカにいて、日本語でラップを書いてみた。**

ジブラ　英語のラップを向こうのブラザーにやって見せたら、「まあいいけど、**お前は日本人だったら日本語でラップを書けば？**」って言われたらしくて。

「ああ、そうか」ということになって、日本語で書いてみたと。聴かせてもらったら、**すごく韻が固くて。だいたい3文字ぐらい、しかも単語単位のライミングで。**

宇多丸　あ、「韻が固い」っていうのは説明が必要ですね。**韻を長い言葉できっちり、音として踏んでいく**ってこと。

ジブラ　そうそう。**音韻がすごく合っている、揃っているっていうこと**ですね。いちばん最後の文字だけ揃うとかは、それまでの日本語のラップでもあったと思う。

でも、それってすごく簡単だったがゆえに、英語のラップの持っている韻の特別な効果は、俺にはあんまり感じられなかった。

宇多丸　いとうせいこうさんに出ていただいた

130．Kダブシャイン　日本のラッパー（68年～）。Zeebra、DJ OASISとともに、ラップグループ・キングギドラを結成、95年にアルバム『空からの力』を発表。97年にアルバム『現在時刻』でソロデビュー。児童虐待、シングルマザー、国家、AIDSなどのトピックを取り上げる社会派ラッパーとして知られる。スペースシャワーTVで放送される宇多丸との番組「第三会議室」は根強い人気がある。

ときも話題になったんだけど、やっぱり日本語は音素が貧弱なので、長くライムをしないと韻を踏んでいる感じに聴こえないんだよね。

ジブラ ああ、それもあるかもね。

宇多丸 韻の気持ちよさが出ないいんですよね。そういうところを工夫しているKダブのラップがあったと。

ジブラ そうそうそう。これだったら、英語のラップを聴くときと同じように、**「次はなんて韻を踏んでくるのかな?」って楽しみながら聴ける**な、と考えたわけです。

宇多丸 向こうのラップを聴くのと近い楽しみ方ができるものが作れるんじゃないか、っていう感じがした?

ジブラ うんうん。そう考えてやってみたっていうのが初めかな? それまでラップの歌詞を英語で書いているわけじゃないですか。言うても俺、英語は日本語より全然得意じゃないわけで。**1バース(番)を書くのに英語だとすげー時間がかかるわけよ。だけど、日本語で書いたら……。**

宇多丸 「書けるじゃん!」って(笑)。

ジブラ **もう2秒でできちゃって。**

宇多丸 2秒(笑)。

ジブラ 「なんだ、これは?!」と。最初は、自分も韻の踏み方がよくわからなかったから、それこそ**ローマ字で書いてみたり**もしましたね。

宇多丸 ああ、それで単語と単語の母音を合わせたり。はいはいはい。

マイクロフォン・ペイジャーとライムスターをやっつけないとトップに立てない

ジブラ 「ああ、できる、できる……」となって、2バース目からは日本語で書いたんですけど。とにかくあまりにもスイスイ簡単に書けちゃって、「あらっ?」ってなったというか。実際にラップしてみたら、フロウとかも

「こんな感じの日本語ラップのフロウをしているやつ、いないいんじゃね？」みたいになっちゃって。

宇多丸　それで、キングギドラとして「デモテープでも作ろうか」って感じですかね？

ジブラ　そういうことですかね。

宇多丸　最初に僕が、キングギドラのデモテープをもらったのは、93、94年ぐらいだと思うんですよね。

ジブラ　そんなもんですね。俺が覚えているのは、当時「Ｆｉｎｅ」[131]って雑誌がありましてね。

宇多丸　当時、**日本のヒップホップの最新情報は、音楽誌ではなく、サーファー向けファッション誌「Ｆｉｎｅ」が引っ張っていた**んですよね。

ジブラ　そうなんですよ。その「Ｆｉｎｅ」の記事の中に、ライムスターの宇多丸……当時は「ＭＣ ＳＨＩＲＯ」という名前でしたけども。「ＭＣ ＳＨＩＲＯの持ち物チェック」みたいなコーナーがあってですね。

その中に**「キングギドラのデモテープがバッグの中に入っている」って書いてあったのが、「キングギドラ」って名前が初めて活字になった……**。

宇多丸　メディアに載った最初だという。

ヤナタケ　へー！（笑）。

ジブラ　同じ雑誌の後ろの方には高木完さんの「HARDCORE FLASH」という連載があって。そこでも「キングギドラのデモが……」って。同じ号にいっぺんにバンッて載っかった。

宇多丸　いやー、ペイジャーショックも大きかったですけど、ギドラのデモテープのいきなりの完成度の高さは、やっぱり衝撃だったんで。

「このまま音源化できるじゃん！　あと、**このラップのうまい人、なあに？」**

だから、最初から「出来上がっているな」とは思っていたんだけど。ジブさんは、その後に僕らがアルバム『Egotopia』（１９９５年）

131．「Ｆｉｎｅ」　78年、日之出出版から創刊された月刊ファッション雑誌。ヒップホップについての情報が少なかった90年代、同誌のヒップホップアーティストによる連載や、掲載されたライブレポートはヘッズにとって貴重な情報源だった。

の「口から出まかせ」という曲に呼ぶ前後ぐらいからラップの仕方をより、今のジブさんに近い、ハードな感じに変えましたよね。

ジブラ　そうですね。うん。

宇多丸　とかもあったり。とにかく最初からすごかったですよね。

ジブラ　いろいろとシーンを見渡していたんですよね。で、実際にシーンに出てみて、「ああ、こんな感じなんだな」って思うことで自分のスタンスが固まったというか。

宇多丸　たとえば、さっき言ったとおり、日本のシーンにとってはマイクロフォン・ペイジャーの登場がいちばんの大事件だったんですけど、ジブさんがペイジャーを見ていて、「これはシーンの中でデカいぞ」っていう感じはありました？

ジブラ　よくインタビューなんかでも言わせていただいているんですけどね、ペイジャーというよりもまずは、クラッシュ・ポッセがテレビ番組「**ダンス！ダンス！ダンス！**」[132]に出ているのを見たのがデカくて。「おっ、なんかすげー！　ブギー・ダウン・プロダクションズの二枚使い……これ、たぶんインストはないからイントロのところの二枚使いなんじゃねえか？」とか、とにかく、「**俺の大好きなの使ってやがる、こいつら！**」みたいな。

宇多丸　ものすごくツボを抑えたところをやっていると。

ジブラ　そう。「最近はこういうやつらもいるんだ。うれしいな！」って思ったのがまず、クラッシュ・ポッセだったんですね。

宇多丸　クラッシュ・ポッセ、かっこよかった。

ジブラ　で、その後に、日本語ラップを自分たちで始めてみたと。そうなると、日本語ラップのシーンに行かないといけないわけですね。

宇多丸　勝たないといけないわけですからね。

ジブラ　「今はどんな具合でしょう？」ってなったときに、まずマイクロフォン・ペイジャーとライムスターだと。

宇多丸　ああ、すみませんねー、気を遣ってい

132.「ダンス！ダンス！ダンス！」　90年にフジテレビの深夜枠JOCX-TV2で放送されていたダンス番組。東京進出初期のダウンタウンが司会を務めていた。

ただいて。ありがとうございます、ありがとうございます。

ジブラ　いや、本当にそうなんですよ。**「このふたつをとにかくやっつけねえと、俺らはトップに立てねえぞ」**と。

宇多丸　ヒップホップ的アティテュードっていう点でやっぱりペイジャー。そして、たぶん、キングギドラの登場以前にきっちり韻を踏むみたいな感じはライムスが、がんばっていたってことですかね。

ジブラ　アメリカのラップの音に日本語を合わせていくという部分に関して、やっぱりライムスはファーストアルバムでもさまざまなことにトライしているし。そんな姿を見て、いろいろがんばろうと思いましたですね。

宇多丸　ＤＪ ＫＥＮ-ＢＯ[133]さんが、**「初めてアティテュードとスキルが日本人として一致したグループがキングギドラだ」**という言い方をしていて、「これは見事だな」と思いましたけど。

ジブラ　**はぁはぁはぁ。**

宇多丸　「はぁはぁはぁ」って（笑）。困っちゃうよね、そういうことを言われてもね（笑）。

ジブラ　うん。困っちゃうんだけど、そもそも当時ね……すごく懐かしいんですけど、あなたたちにも聞きましたし、**ペイジャーにも聞いたんですけど。「ライムスターとか聴いたりしないの？」**とか……。

宇多丸　**「お互いどう思っているの？」**と。

ジブラ　そう。当時、俺が両方に聞いたらですね……。

宇多丸　やなこと言うね、アンタ（笑）。

ジブラ　**「いや、別にあっちはあっちでやってるから……」**って両方とも言っていて、「マジかよ？」っていう（笑）。

ヤナタケ　アハハハハ！

宇多丸　今思えばまあ、意識し合っているっていうかね。だって同じイベントに出てさ、やり合っているわけですからね。

ジブラ　その後にシーン全体がひとつの土俵み

133. ＤＪ ＫＥＮ-ＢＯ　日本のＤＪ（72年～）。ＺＯＯのサポートメンバー（ＤＪ）やキングギドラのライブＤＪを経て、97年にＺｅｅｂｒａらと、ヒップホップクルーのアーバリアン・ジムを結成。その後もクラブＤＪとして第一線で活躍。「高校生ＲＡＰ選手権」のＤＪとしても知られる。

たいになっていったじゃない？　俺は初めから「そういうふうになればいいのにな」って思っていたので。

宇多丸　うんうん。ジブさんはその後本当に、横断的にというか、どこのクルーともきっちり渡り合っていく感じになったもんね。

要は、**ジブさん、キングギドラが参入してきたところぐらいからようやく、「シーン」っていう感じになってきた**。それまではシーンと言うより、**ちっちゃい島宇宙がポツン、ポツンとある……**。

ヤナタケ　ジャンルも、ヒップホップだけではなくて、**レゲエとかテクノとかハウスの人たちとかも一緒にイベントをやったりしていました**もんね。

宇多丸　そういえば、ヒップホップだけのイベントが始まったのも、90年代のそのぐらいの時期だったりするから。

ジブラ　それこそさっきかかっていた、ペイジャーの曲に「**パンク邪魔／ロック邪魔**」っていう、ツイギーのリリックがあるじゃない？　そのへんはやっぱり、前の世代とのすごく大きな違いだよね。

宇多丸　**「新しいロックとしてのヒップホップ」みたいな言い方をされていたけど、別に我々は最初からヒップホップが好きなわけだから……**みたいなね。

ジブラ　そうなんだよね。たぶんそれが第一世代ってことなんだろうなって思っていて。

宇多丸　ロック側からもそうだし、たとえば「ブラックミュージックの伝統の中で解釈するヒップホップ像」みたいな評価もあった。俺はそれも不満で。「**ソウルもいいけど、そういうのとはまったく違う基準がヒップホップにはあるんだけどな……**」みたいな。

だから**僕らくらいから完全に「純ヒップホップ価値観」みたいなものが始まった**ってことじゃないかな、と思いますね。

ジブラ　そうだね。

予期せぬ「フリースタイルダンジョン」のヒット

宇多丸　シーンの中でギドラは瞬く間に成功を収めた感じだと思いますけども、「どういうふうにしていきたい」というビジョンはジブさんにありました？

ジブラ　今でも変わらないんですよね。シーン全体のことというか。（宇多丸が）さっき言っていたように、ヒップホップには世界標準みたいなものが常にあるので。それをある程度意識した上で、日本のオリジナリティもありつつ……って部分を大事にしながら、**「この国でこの文化がしっかり根付くようにするには、どうすればいいんだ？」**ってことですよね。

宇多丸　うんうん。じゃあ、いまだに模索しているということですか？

ジブラ　そうそうそう。どんどん進んでいっているし、どんどん成功していっているとは思っていますけども。**まだまだやらなきゃいけないことはいっぱいあるなと思っています。**

宇多丸　最近、ジブさんは「ヒップホップ・アクティビスト」って言い方をしていますが。たとえば、「フリースタイルダンジョン」。ジブさんは「フリースタイルダンジョン」の前からいろいろと幅広く活動していて、同じくテレビ番組の「高校生RAP選手権」[134]にも関わったり。それでも、最初は「フリースタイルダンジョン」がここまでのものになるとは想像していなかったでしょう？

ジブラ　まあ、ねえ。「うまくいきそうかな」とは思ってはいたもののね。ここまでとは思っていなかった。

宇多丸　だって**地上波で何度もさ、いろいろなことをやってなかなかうまくいかなかった**わけじゃないすか。いろいろあるわけじゃないですか。（テレビ番組の）「シュガーヒルストリート」[135]とかいろいろあったわけじゃないですか。

134・**「高校生RAP選手権」**　2012年よりBSスカパー！で放送されている番組「BAZOOKA!!!」のコーナーでスタートした、フリースタイルMCバトル番組。Zeebraが審査委員長を務めていた。今のMCバトルブームを生んだ、大きなきっかけのひとつ。

135・**「シュガーヒルストリート」**　Zeebraとくりぃむしちゅーの有田哲平がホストを務めた、ヒップホップをテーマにした音楽番組。日本テレビで、2006～7年にかけて放送。

ジブラ もう、黒歴史ですからね。あのへんは。

宇多丸 いや、そんなことないよ！　ジブさんが、1個1個がんばったのが大事だと思うんだけど。

日本語ラップが、「フリースタイルダンジョン」で、今までとは規模が違う浸透の仕方というか、ブレイクして。**史上何回目かの黄金期を迎えつつある**けど、今後どうしていきたいとか、どういうふうになっていってほしいとか、ビジョンはありますかね？

ジブラ たとえば、「今回のブームがちょっと今までと違うかな？」という感じがするというところでいきましょうか。さっきから言っている、**外国のものと一緒に育っていく感じが国内に今、あまりないよね**。

宇多丸 ああー。

ジブラ もちろんヒップホップが好きな人やそれこそプレイヤーとか、最新のものを追いかけている連中はいるんだけど。

宇多丸 プレイヤーにそういう人はいるけどども……。

ジブラ そう。**USのヒップホップが流行ったときのようには流行っていない**。

宇多丸 そういえば90年代は、日本語ラップも流行っていたけど、同時にUSのヒップホップもみんなめちゃくちゃ聴いていたもんね。

ジブラ そう。っていうのはね、そのときは**俺ら全員が布教をしてたんだよ**。

宇多丸 そうだよね。

ジブラ そう。布教をもっとしなきゃダメですよ、やっぱり。

宇多丸 だから、「今日は一日〝RAP〟三昧」ですよ。

ジブラ 日本語ラッパーもね、もっとみんなUSのものも聴いて。っていうかUSのものよりもいいものを作ろうと思っていたら、聴かざるを得ないでしょう？

宇多丸 今日出演してくれるラッパーには、ボーちゃんもそうだけど、**「アメリカのラップ**

をどの程度意識してやっていますか？」と聞きたいと思っていました。それこそが**日本語ラップというものを進化させてきた原動力**だと僕は思っているんで。

ジブラ　そうですね。

宇多丸　日本語ラップから直で影響を受けてやるのもいいけど、「**どうやったらこの感じを日本語に出来るのか？」ってところで新しい日本語表現が生まれたりする**。

ジブラ　**他の国も、確実にそうだから**。その国の中だけで発展しまくっているヒップホップとか、あんまり聞いたことないし。

宇多丸　これまた、ヒップホップという文化の特殊性というかね。「世界共通ルールで、ルールが改正されました。さあ、このルールでどうやりますか？」という、スポーツみたいな面があるから。

ジブラ　そうそうそう。だからその点は他のジャンルとはすごく違うなというところなんで。もっとうまくUSのラップを扱っていってほしいなと思いますね。

宇多丸　……という意味で、この番組はアメリカと日本の歩みを並行して語るという形式を取らせていただいているわけです。というわけで、すみませんね、インフルで暇しているところを（笑）。

ジブラ　いえいえ。ちょうどいい暇つぶしになりました（笑）。

宇多丸　じゃあ、ギドラを1曲、かけたいんですが。「見まわそう」。95年のアルバム『空からの力』から。ジブさんの方から曲紹介をお願いします。

ジブラ　はい。ということでキングギドラ「見まわそう」！

宇多丸　ジブさん、ありがとうございます！

ジブラ　うぇいよー！

宇多丸　お大事に！

▶キングギドラ - 見まわそう

宇多丸　（Kダブシャインのバースの途中で）**すみませんね、渋谷のドン[136]なのにね。**Kダブシャインもすばらしいラッパーで、もちろん良い作品をいっぱい出していますし。なんですが、時間の都合で。キングギドラの歴史的名盤と言っていいでしょう。日本語ラップ史に残る名盤『空からの力』から「見まわそう」をお聴きいただきました。

『空からの力』
キングギドラ
（1995/P-VINE）

下北沢・新宿・原宿方面はキミドリ

宇多丸　シーンの話はたっぷりしたんで、90年代の日本のヒップホップの熱気というものを味わっていただくために、ポンポンいきましょう。

ヤナタケ　さっきも言いましたが、**90年代初頭はヒップホップだけじゃなくてレゲエとかハウスとかもみんな一緒くたに「クラブ・ミュージック」みたいに言われていて。**

宇多丸　そうだね。一晩でハウスもかかる、レゲエもかかる。そういうのが普通でしたよね。

ヤナタケ　そうなんですよね。川崎の**クラブチッタ**[137]でそういうイベントをやっていたりしていたんですけども。

日本語ラップのコンピレーションアルバムが出せるようになってきたりしたんですが、その評判が良かったんでしょうね。92年くらいからいろいろな人がソロで出せるようになってくる。その流れでライムスターも、デビューしていくという。

宇多丸　あと、今後ろで流れていますけど、当時からめちゃめちゃ人気があった**キミドリ**[138]。

136・渋谷のドン　Kダブシャインが2004年に発表したアルバム『理由』収録の楽曲のタイトル。07年には、その半生を綴った同名の書籍も刊行。

137・クラブチッタ　川崎駅にある大型ライブホール。88年にオープン。96年の「鬼だまり」、2006～7年のUltimate MC Battleの決勝大会など歴史に残るイベントが開催され、日本のヒップホップシーンに大きな貢献を果たしている。

138・キミドリ　日本のラップグループ。クボタタケシ、石黒景太（KURO-OVI）、アオキマコトの3人が91年に結成。93年、アルバム『キミドリ』をリリース。96年、ミニアルバム『オワラナイ～OH, WHAT A NIGHT!～』を発表し、活動休止。

ヤナタケ　そう！　マイクロフォン・ペイジャーの登場ももちろん衝撃でしたけど、僕ら**下北沢・新宿・原宿方面としてはやっぱりキミドリが……**。

宇多丸　キミドリ、どういう感じか、一瞬だけ聴いてみましょう。1993年のアルバム『キミドリ』の収録曲です。

▶キミドリ - 白いヤミの中

ヤナタケ　彼らも下北沢にあったクラブ、ZOO[139]とかそういうところでやってましたね。

宇多丸　マイクロフォン・ペイジャー、キミドリ、僕ら（ライムスター）、ECDこと石田さん、ユウ・ザ・ロック★。あと、メローイエローや、のちに**ソウル・スクリーム**[140]というグループになるパワーライスクルーの面々とか。とにかく、下北沢のZOOというクラブにみんないて、みんな一緒にやっていました。

ヤナタケ　そうですよね。「スラムダンク・ディスコ」。

宇多丸　スラムダンク・ディスコというMUROくんが主催してやっていたイベントで。**客なんかいないんだから。客はプレイヤーなんだから。他の出演者にカマすためにやるわけよ**。それがいかに、僕らの糧になったか。もちろん、イーストエンドもライバルで。「やつらを負かすためにやる」みたいな感じがあったわけですけども。

ヤナタケ　92年、93年と来て、その熱量が94年にバーンと弾ける。「今夜はブギー・バック」や「DA.YO.NE」のヒットもあって、爆発する土壌が出来ていくというね。

『キミドリ』
キミドリ
（1993/ File Records）

139. ZOO　下北沢にかつて存在したクラブ／ライブハウス。88年にオープン（前身は下北沢ナイトクラブ）。後、SLITSと改名し、95年に閉店。日本のヒップホップシーン、ポップカルチャーに大きな影響を与えた。

140. ソウル・スクリーム　日本のラップグループ。パワー・ライス・クルーとして活動していたE.G.G.MAN、HAB、DJのALERG-Eに、SHIKIとDJのCELORYが加わり、活動を開始。96年に『THE DEEP』でアルバムデビュー。その後、SHIKIが脱退。97年、シングル「TOu-KYOu」でメジャーデビュー。99年のセカンドアルバム『The Positive Gravity〜案とヒント』が高い評価を受ける。

宇多丸　一方で、93年かな？　**某レコード会社が、「もう日本語ラップは売れないから出しません」って言った後に、その大ヒットが生まれた**し、こういうアンダーグラウンドシーンの充実も生まれた。だから、**「ざまあみろ！」というお話でございます。**

高橋　アハハハハ！

「証言」、「さんピンCAMP」、ブッダ・ブランド

宇多丸　さあ、ということでその90年代日本のヒップホップシーンを代表する曲をこれから2曲、お聴きいただきますけども。

まず1曲目は、やはりマイクパス物の名作。名義は**ランプアイ**[141]だけども、のちに90年代東京を代表するハードコアグループ、雷に成長していきます。ジブさんも参加していますし、ブッダ・ブランドのデヴラージも参加している曲でございます。時は1995年。ランプアイで、「証言」！

▶ LAMP EYE - 証言

宇多丸　（Zeebraのバースの途中で）ジブさんのパートですけどね。ジブさんはさっきさんざん出てもらったんでね。

高橋　**改めて聴いてもすさまじい熱量！**

宇多丸　**外タレのライブに入れてくれなかった怒りでここまでの曲が書ける！**

高橋・ヤナタケ　アハハハハ！

宇多丸　すごいことです。でも、シーン全体がどれだけの熱量を溜めていたのかがよくわかる1曲でしょう。**日本のヒップホップシーンを代表するクラシック**とされております。

そして、**90年代の我々の世代のシーンの盛り上がりの、ひとつの象徴となるのが、1996年7月7日。ECDが主催し、日比谷野外音楽堂で開かれた、「さんピンCAMP」**[142]ということになるわけです。約4000人を

141．ランプアイ　日本のラップグループ。93年にRINO、DJ YAS、GAMAによって結成。95年、雷のメンバーらと発表した「証言」は、日本語ラップ史上に残る、「マイクパス物」の傑作。

142．「さんピンCAMP」　96年7月7日に日比谷野外音楽堂で開催されたヒップホップ・イベント。主催のECDをはじめとしてライムスター、キングギドラ、ランプアイ、ユウ・ザ・ロック★、ブッダ・ブランド、ソウル・スクリーム、シャカゾンビ、イルマリアッチなど日本のヒップホップアーティストが一堂に会した。

動員し、ＭＵＲＯくんの**「こんなシーンを待ってたぜ！」**っていう名言もありましたけども、これが日本のヒップホップシーンにおける、ひとつのエポックとなった。一時代が完全に出来上がった、という感じだと思います。

　ということで、そのさんピンＣＡＭＰ時代を象徴する１曲。そしておそらく、**日本語ラップのクラシックを順に並べたとしたら、（トップは）まあこれなんだろうなー、やっぱなー。**いろいろな意味でとんでもない曲です。お聴きください。ブッダ・ブランドで「人間発電所」。

▶ BUDDHA BRAND - 人間発電所

ヤナタケ　聴いていただいておりますのは、オリジナルの96年バージョンでございます。
高橋　これまでさんざんリピートしてきた曲だけど、こういう流れで聴くとまた特別な感慨がありますね。
ヤナタケ　今、**スタジオにいる人がみんな口ずさんでいる**っていうのが、またね。
高橋　この独特の言語感覚が本当にかっこよかった。
宇多丸　僕らライムスターで、この曲をツアーでカバーしたんだよ。だから３人とも歌えるんです。
ヤナタケ　ああ、そういうことだ。あと、この曲が出たころ、僕はちょうど、レコードショップで働いていました。ＮＨＫのすぐ近くの渋谷・宇田川町というエリアにはとにかくレコード店がたくさんありまして。
　当時はアナログブームが起きていて、**ギネ**

『人間発電所〜プロローグ〜』
BUDDHA BRAND
（1996/cutting edge）

スブックにも載っているぐらい、本当にたくさんのレコード店があったんですけど、まさにその真っ只中に**「証言」や「人間発電所」が発売されて。これがもう、奪い合い、取り合い**。

高橋　放出セールのときに出来た長蛇の列は、ジャパニーズヒップホップブーム、アナログブームの象徴として語り草になっていますよね。

ヤナタケ　**争奪戦。朝から店の前に何百人も並んだり、何万円もプレミアが付いたりして**。それくらいの熱量がこの街に存在したということは言っておきたいと思います。

高橋　そんな熱気の中、「証言」や「人間発電所」の他にも、非常に重要な曲がリリースされています。

ヤナタケ　そうなんですよ！　それが今日はなんと生で見られるということで……。

宇多丸　**私たちの話をしていますか？**

ヤナタケ　**来ていただいております**（笑）。

宇多丸　**私たちを呼びましたか？**　ということで、私はブースの前を離れまして、ハンドマイクを持っております。**ライムスター3人が、ただ今スタジオ内に揃っております！**

Mummy-D　**イエーッ！**

宇多丸　Ｍｕｍｍｙ-Ｄさん……（笑）。**マイクを持たないと……**（笑）。

DJ JIN　よいしょー！

宇多丸　我々、島根のライブ帰りなんですが、メンバーも駆けつけてくれました。これからしばらく、**ライムスターがスタジオライブをカマさせていただいてよろしいでしょうか？**

高橋・ヤナタケ　イエーッ！

宇多丸　ＹＥＳ！　ってな感じで私がマイクロフォンナンバー1、宇多丸！　そして……。

Mummy-D　マイクロフォンナンバー2、Ｍｕｍｍｙ-Ｄ！

宇多丸　そしてターンテーブル1＆2、ＤＪ ＪＩＮ！　ということで、俺たち、2ＭＣと1ＤＪ。言ってみればヒップホップ界における３ピースバンド的な、ランD.M.C.的なスタイルを追求する……今日、聴いていただいている方にはわかると思います。ということで、俺たちのオールドスクールなスタイルをカマしてやりましょうか。

宇多丸　どんなふうか、ＤＪ ＪＩＮ、カマせ！

Mummy-D　やりましょう！

（スタジオライブ）

▶ RHYMESTER - B-BOYイズム

宇多丸　ということで、ライムスターのスタジオライブは以上。今やったのは「Ｂ-ＢＯＹイズム」というね、まさに宇田川町でも、めちゃくちゃ売れたんでしょう？

ヤナタケ　**売れた売れた売れた！　めちゃくちゃ売れた！**

宇多丸　宇田川町でもめちゃくちゃ売れた曲でございます。といったあたりで日本のヒップホップシーン、90年代パートは終了です！

ライムスターイズインザハウス！「B-BOYイズム」。スタッフも大合唱

80's→90's

渡辺志保のヒップホップ・スラング辞典③

「イケてる自慢」のスラング

今回は、「swag（スワッグ）」という単語を皆さんに紹介したいと思います。どういう意味でしょうか？　「俺はこれだけのことができるんだ！」という自信や、自分にしかない強烈な個性など、とにかく「自分がいかにすごいか」を自慢するときに使うフレーズです（ここ最近は下火気味でもありますが……）。「スワッグがある人」は、「非常に自信がある人」。他に「勝ち組の人」という意味もあります。例えば、T.I.というアーティストが、カニエ・ウェスト、ジェイ・Z、リル・ウェインといった、今もシーンの第一線で活躍するラッパーたちを客演に迎えて、「俺たちみたいにスワッグがあるやつらはいないだろ？」と宣言した「Swagger Like Us」(2008年)という楽曲も大ヒットしました。

ヒップホップでは、「自分がいかにかっこいいか」を誇示することも重要なエレメントのひとつです。なので、「俺様自慢」のスラングが非常に多く、「かっこいい」を意味するスラングはラップの曲の中によく登場します。たとえば、古くから使われる「fly（フライ）」、そして「cool（クール）」といった一般的なものから、「true（トゥルー）」と「real（リアル）」をかけ合わせた「trill（トリル）」という表現もあります。最近は、影響力を表す「clout（クラウト）」というスラングも流行中です。

また、「相手が死んじゃうほど俺はヤバいんだ」という意味から「kill（キル）」とか「killer（キラー）」と表現することもあります。「火が点いていてとても熱い」という意味で使われる、「lit（リット）」、そして「fire（ファイヤー）」も、最近頻出するスラングです。

[第４章]

2000年代

サウスの時代 ——勢力図は描き換えられた

[そのとき、日本は？]

拡散——渋谷から全国へ

ゲスト：漢 a.k.a. GAMI

女性たちに勇気を与えた ローリン・ヒル

宇多丸　２０００年代のラップの歴史をひもとく、第4章です。90年代が終わってしまいましたね。またまたガラリと、ヒップホップの様相が変わってくる２０００年代以降をお伝えしたいと思います。

　ここから先は、先ほどから「ヒップホップ・スラング辞典」で、きっちりと**NHK英語講座的なしゃべりをやっていただいております、**渡辺志保さんにも加わっていただきます！

渡辺志保（以下、志保）　こんにちは。渡辺志保です。よろしくお願いします。

宇多丸　志保さん、助かりますよ。

志保　いえいえ。お招きいただきまして非常に光栄です。「スラング辞典」はひとりで収録したので、すごく難しかったです。（ネイティブばりの発音の英語を交えて）**「SWAGです」**とか（笑）。

宇多丸　いいですよ！　勉強になりますよね。

志保　恐縮です。よろしくお願いします。

宇多丸　いっちゃいましょう。２０００年代。

高橋　今、後ろで**フージーズ**[1]のヒット曲「Fu-Gee-La」が流れていますが、このフージーズの紅一点、**ローリン・ヒル**[2]のソロ作品から始めてみたいと思います。

宇多丸　はいはい。

高橋　彼女のソロデビューアルバム『The Miseducation of Lauryn Hill』はグラミー賞で最優秀アルバム賞など5部門を受賞してるんですよね。

志保　このアルバムには、**ボブ・マーリー**[3]の息子で実業家のローハン・マーリーとの間に、若くして子どもを授かったことを歌った「To Zion」って曲があるんですけど、そこでは

1．フージーズ　ニュージャージー州サウスオレンジのラップグループ。ローリン・ヒル、そしてハイチ出身のワイクリフ・ジョンとプラーズによって結成。93年に、アルバム『Blunted on Reality』でデビュー。96年のセカンドアルバム『The Score』で大ブレイク。ロバータ・フラックの「Killing Me Softly with His Song」やボブ・マーリーの「No Woman, No Cry」などのカバー曲やエンヤの楽曲をサンプリングした「Ready or Not」がヒット。ソウルやレゲエを取り入れた音楽性が特徴。

2．ローリン・ヒル　ニュージャージー州サウスオレンジ出身のラッパー、シンガー（75年～）。93年の映画『天使にラブ・ソングを2』に出演し、その歌声が注目を集める。フージーズとしての活動を経て、98年にソロアルバム『The Miseducation of Lauryn Hill』をリリース。翌年のグラミー

「みんなは考え直せっていうけど、私は産む！」と歌っていたり、「Doo-Wop（That Thing）」という曲では女の子に対して、「男はロクなことを考えてないからね！」と活を入れたりと、強いメッセージ性があって、当時、私もだいぶ衝撃を受けました。

高橋　そのローリン・ヒルの大ヒット曲を聴いてみましょう。1998年の全米ナンバーワンヒット「Doo-Wop（That Thing）」です。

▶ Lauryn Hill - Doo-Wop (That Thing)

宇多丸　でも、**すでに2000年代から始まる何かの匂いが。**

『The Miseducation of Lauryn Hill』
Lauryn Hill
（1998/Ruffhouse Records, Columbia）

ヤナタケ　**僕がレコードショップで働いていたときにいちばん売れたのはこれかもしれない。**

高橋　おー、そうなんだ！

ヤナタケ　この曲が収録されていたアルバム『The Miseducation of Lauryn Hill』。**本当に小さいレコード屋さんでしたが、イニシャルオーダー（初回注文）で1000枚取りました。そしたら、入荷の日にダンボールが100箱届いた**（笑）。

宇多丸　100箱！

ヤナタケ　**ダンボール100箱が全部ローリン・ヒルのアルバム。だけど、1週間経たないで売り切れました。**

志保　えっ、すごい勢い！

ヤナタケ　すごかった！

志保　当時、ローリンは日本のCMに出たこともあって、安室奈美恵さんが大ファンだと公言していたりして。

宇多丸　**ローリン・ヒルを嫌いな人はいないっ**

賞ではアルバム・オブ・ザ・イヤーなど主要5部門を制覇。日本でもミリオンセラーに。

3．ボブ・マーリー　ジャマイカのレゲエミュージシャン（45～81年）。通称、「レゲエの神様」。63年、ピーター・トッシュらとティーネイジャーズ（後にウェイラーズへと改名）を結成しデビュー。73年には、同グループでメジャーデビューアルバム『Catch a Fire』をリリース。翌年、ピーター・トッシュらの脱退を経て、ボブ・マーリー＆ザ・ウェイラーズ名義で『Natty Dread』を発表。77年のアルバム『Exodus』は世界的にも大ヒットした。フージーズがカバーした「No Woman, No Cry」や「I Shot the Sheriff」「One love」など彼が遺した楽曲はジャンルの垣根を越え、今も世界中で愛されている。

ていう。全方位的に人気があったから。

チキチキ系vsサンプリングの美学

宇多丸 「Doo-Wop (That Thing)」は98年ですけども、要は90年代末ぐらいから新しい時代の匂いがしだす、ということですよね。

高橋 **ここでまたラップのサウンド・プロダクションに劇的な方向転換が起こります。**

宇多丸 「またか!」っていうね(笑)。

高橋 スウィズ・ビーツ[4]、ティンバランド[5]、ネプチューンズ[6]、アーヴ・ゴッティ[7]など、新しいプロデューサーの出現によって**脱サンプリングの動きが一気に加速**していきます。

志保 「チキチキ系」みたいなね。

高橋 そう、当時はこの新しいサウンドを指して「チキチキ」と呼んでいたんですよ。

宇多丸 **新しいサウンドに、我々日本のヒップホップヘッズも戸惑いました。「なんかチキチキしたやつだよ!」って**。アハハハハ!

高橋 DJとしてレコード店スタッフとして、ふたつの立場から現場を見ていたヤナタケさんは当時の状況をどのようにご覧になっていましたか?

ヤナタケ やっぱり、渋谷はどうしてもニューヨークのサンプリングサウンドに根強い人気があって。

宇多丸 **サンプリングの美学がねー**。

ヤナタケ 中には新しいものをチェックしている人や貪欲(どんよく)に買いに来ていた人もいたんですけども。でも売れる枚数で言えば、まだまだ差があって。クラブDJでも挑戦する人はいるんだけど、かけてもお客さんが盛り上がらないという。

宇多丸 だって、**いまだに言われるもん、うるさ型ヘッズから。「なんでサンプリングでやんないんすか!」**

一同 アハハハハ!

宇多丸 **「うるせえな、いつの話をしてんだよ、**

4. スウィズ・ビーツ ニューヨーク・ブロンクス出身のラッパー、プロデューサー(78年〜)。DMX、イヴらが所属するラフ・ライダーズ専属のプロデューサーとして活躍。キーボードのプリセット音源を多用した、中毒性の高いビートが特徴。2002年にバウンティ・キラーを客演に迎えた「Guilty」でソロデビュー。07年のアルバム『One Man Band Man』がヒット。

5. ティンバランド バージニア州ノーフォーク出身のプロデューサー(71年〜)。ファレル・ウィリアムスとのユニット、S.B.I.での活動後、96年にアリーヤやジェニュワインのアルバムを手がけて、一躍人気プロデューサーに。「チキチキビート」とも呼ばれる特徴的なサウンドで世界を席巻した。ラッパーのミッシー・エリオットと親交が深く、彼女のアルバムの楽曲制作の多くに参加している。

6. ネプチューンズ バージニア州バージニアビーチ出身

お前は！」っていうね。

ヤナタケ　なんですけど、やっぱりそのうちに、ビッグネームがやり始める。僕がいちばん覚えているのはＴＬＣ。Ｒ＆Ｂですけども、そのサードアルバム『Fanmail』から「Silly Ho」（１９９８年）という曲が最初のシングルとして出たんですね。

高橋　大ヒットした「No Scrubs」（１９９９年）よりも前にリリースされた曲ですね。

ヤナタケ　そうです。そのときに「あれっ？」ってなったんですよね。**「ビッグネームがこれをやるなら、みんな受け入れなきゃいけないんじゃないか」って空気が出来たのがこの１曲**で。

出た直後はそうでもなかったんだけど、ＤＪたちがんばってこれをかけ始めたら、徐々にクラブでも盛り上がるようになって。で、これに近い曲も並べてかけられるようになったという。重要な曲だったと思います。

高橋　この１９９８年にはティンバランドがプロデュースを手がけたアリーヤ[8]の「Are You That Somebody」もヒットしてるんですよ。**R&Bを通してチキチキ系が徐々に受け入れられるようになってきた**。

志保　それこそプロデューサーのシェイクスピア[9]のビートだったり。

宇多丸　そして98年と言えば……。

高橋　以降のヒップホップのサウンドの潮流を決定づけたジェイ・Zの『Vol.2... Hard Knock Life』がリリースされています。

宇多丸　僕は、これが決定打っていう感じがする。さっきの**「受け入れざるを得ない」**ということで言うと、この『Vol.2... Hard Knock Life』で、**「ジェイ・Zがここまでやるなら、これはもう……」**って。しかもかっこよかったから。**「これは結構なものでしょう」**と。

高橋　まさにこのアルバムには先ほど名前を挙げたティンバランド、スウィズ・ビーツ、アーヴ・ゴッティ[7]らが参加していて。「Jigga What, Jigga Who」「Money, Cash, Hoes」

のプロデューサーチーム。ファレル・ウィリアムスとチャド・ヒューゴのふたりによって結成。98年のノリエガ「Superthug」がヒット。2001年、プロデュースしたブリトニー・スピアーズ「I'm a Slave 4 U」が世界的ヒット曲に。自分たちのアルバムとしては03年の『The Neptunes Present... Clones』、04年のN.E.R.D名義『Fly or Die』など。

7. アーヴ・ゴッティ　ニューヨーク・クイーンズのプロデューサー（70年〜）。ジェイ・Zの96年のファーストアルバムに提供した「Can I Live」や、マイク・ジェロニモの「Shit's Real」（94年）で高い評価を受ける。97年、自身のレーベル、マーダー・インクを設立。ジャ・ルールやアシャンティをヒットさせた。

8. アリーヤ　ニューヨーク・ブルックリン出身のR&Bシンガー（79〜2001年）。94年、15歳の若さでデビューアルバム『Age Ain't Nothing But

「Can I Get A...」……当時のダンスフロアを彩った名曲揃いです。

宇多丸　このへん、こんなに曲の名前を挙げているのに聴かないんですか？　**そんなことをやっている暇はない？**

高橋　そうですね（笑）。まあジェイ・Zは後でもかかりますから。

宇多丸　あ、かかるの？　そうだよね。ジェイ・Zは息が長いからどの曲をかけるか、大変なんだよ。それで……。

高橋　それでは、そんな新しい時代の扉を開いたプロデューサーの代表作を聴いていきましょうか。まずはスウィズ・ビーツ。ニューヨークのヨンカーズ出身で、**ラフ・ライダーズ**[10]というクルーを率いていました。構成メンバーは、**DMX**[11]、**ロックス**[12]、**イヴ**[13]など。

志保　**ヤンチャ者ですね**。

高橋　そう、まさにラフ・ライダーズの名前のとおりのヤンチャ者集団。このスウィズ・ビーツは**コルグ**[14]の**トライトン**[15]というシンセサイザーを駆使してトラックを作っていたんですけど、それが彼のハイファイなサウンドを特徴づけていました。

『It's Dark and Hell Is Hot』
DMX
（1998/Ruff Ryders Entertainment, Def Jam Recordings, PolyGram）

宇多丸　**90年代のサンプリングによるちょっとくもったような感じのサウンドに対して、ガラリと変わった感じ。トライトン感が出るん**じゃないでしょうか。

高橋　スウィズ・ビーツの代表的なプロデュース作品です。DMXで「Ruff Ryders' Anthem」。

▶ DMX - Ruff Ryders' Anthem

宇多丸　1998年でございます。この音の変

a Number』をリリース。96年、楽曲を提供したティンバランドの名声を高めることになった。セカンドアルバム『One in a Million』をリリース。98年、やはりティンバランドプロデュースのシングル「Are You That Somebody」が大ヒット。2002年、搭乗していたセスナ機の墜落により死去。享年22。

9．シェイクスピア　ジョージア州アトランタのプロデューサー。99年のTLCのヒットシングル「No Scrubs」やデスティニーズ・チャイルドのアルバム『Writing's on the Wall』への楽曲提供で知られる。

10．ラフ・ライダーズ　ニューヨーク州ヨンカーズ市のクルー、レコードレーベル。88年設立。創設者の甥であるスウィズ・ビーツが作品の多くをプロデュースした。所属アーティストにDMX、イヴ、ジェイダキス、中国系ラッパーのジン、スタイルズ・Pなど。

わりようですよね。

志保　**アゲーですよね、アゲー。**

宇多丸　これまでのスモーキーでどろーんとした、どよーんとした音像に対して、**何？　このバキバキ感。**

高橋　バキバキでシャリシャリしてますよね。

宇多丸　シャリシャリシャリシャリ、チキチキチキチキしちゃって。でもたとえば、**USのトレンドに敏感なZeebraとかはさ、これをいち早く取り入れて「Mr.DYNAMITE.」（2000年）でこの路線に行ったり**とかね。

志保　実際にスウィズ・ビーツプロデュースの曲をやってらっしゃいましたしね（2006年の「Let's Get It Started feat. Swizz Beatz」）。

ティンバランド
——“変態的”なサウンド・メイキング

高橋　続いてはティンバランド。彼はバージニア出身で、90年代には仲間の[16]**ミッシー・エリオット**とともに[17]**ジョデシィ**の作品に携わっていたりもしました。

志保　ジョデシィは男性R&Bグループですね。

宇多丸　やっぱりR&B側からのインフルエンス（影響）が。

高橋　そうですね。ティンバランドはアリーヤや[18]**ジェニュワイン**、[19]**アッシャー**といったR&Bシンガーのプロデュースを手がけることによって台頭してきました。

宇多丸　さあ、ティンバランド。すごく変態的というか、凝りに凝った音作りが特徴です。ビートセンスとかね。

志保　パーカッションの使い方とかも、**サンプリングマインドとは真逆のビートの構築**っていうか。

宇多丸　とんでもないですね。じゃあ、ぶっ飛んだ曲を聴いてもらいますかね。

志保　聴いていただきましょう。ティンバランドの相棒とも言われましたけども、女性プロデューサーであり、ラッパーでもあるミッ

11. **DMX**　ニューヨーク州ヨンカーズ市出身のラッパー（70年〜）。93年にデビューするも振るわず、98年に再デビュー。シングル「Get at Me Dog」のヒットを経て、「Ruff Ryders' Anthem」が収録された、ファーストアルバム『It's Dark and Hell Is Hot』をリリース。99年の『And Then There Was X』からのシングル「Party Up (Up in Here)」や「What's My Name?」が大ヒット。

12. **ロックス**　ニューヨーク州ヨンカーズ市のラップグループ。94年結成。メンバーはジェイダキス、スタイルズ・P、シーク・ローチ。98年にバッド・ボーイよりアルバム『Money, Power & Respect』をリリース。その後、ラフ・ライダーズに移籍し、2000年にセカンドアルバム『We Are the Streets』を発表。

13. **イヴ**　ペンシルベニア州フィラデルフィア出身の女性ラッパー（78年〜）。99年の『Let There Be Eve...Ruff Ryders' First Lady』、2001

シー・エリオットの「Get Ur Freak On」。聴いてください。2001年の曲です。

▶ Missy Elliott - Get Ur Freak On

高橋 まったく色褪（あ）せないですね。めちゃくちゃかっこいい！

宇多丸 むしろ、今っぽさすらあるぐらいだね。そして、ローリンもそうだけど、2000年代になってようやく女性ラッパーがかけられたという。それまでもいたんですよ。クイーン・ラティファも活躍していたし、**MCライト**[20]とかね。

高橋 **ソルト・ン・ペパ**[21]も忘れちゃいけない。

志保 **レディー・オブ・レイジ**[22]とかね。

宇多丸 **ロクサーヌ・シャンテ**[23]とかね！ いろいろいたんだけど、まあようやくかけられた。しかし、変わった。2001年。

志保 ダイナミックになりましたよね（笑）。

宇多丸 音数が全体に整理されて。ミックスも、ダイナミクスというか、大きい音でかけることをちゃんと考えて行われるようになって。**要は、メジャー感あふれるプロダクションになってきた**。アメリカが景気良くなってきた、ってことも背景にあるんですかね？

志保 あるんじゃないですか。前に見たデータで、1998年ぐらいがアメリカでヒップホップのCDがすごく売れた年とありました。今はストリーミングもあるんで尺度が違うと思うんですけども。

98年はギャング・スターの名盤『Moment of Truth』がリリースされた年であり、ローリンがソロデビューした年なんですけど。お

『Miss E... So Addictive』
Missy Elliott
（2001/Elektra）

年の『Scorpion』がそれぞれヒット。

14. コルグ シンセサイザーやドラムマシーンなどの電子楽器を製造・販売する日本のメーカー。

15. トライトン 99年にコルグが初代を発売したシンセサイザー。ティンバランド、ネプチューンズ、カニエ・ウェストをはじめ、多くのアーティストが愛用。

16. ミッシー・エリオット バージニア州ポーツマスの女性ラッパー、プロデューサー（71年〜）。96年にアリーヤのセカンドアルバム『One in a Million』をティンバランドとともにプロデュースし注目される。97年にシングル「The Rain (Supa Dupa Fly)」でラッパーとしてデビュー。2001年、サードアルバム『Miss E...So Addictive』をリリース。代表曲「Get Ur Freak On」は、イントロに「これからみんなでメチャクチャ踊って騒ごう」と日本語でナレーシ

そらく、産業としてもヒップホップがどんどんメジャーになってきたと。音楽性も多様さを増し、いろいろなラッパーやプロデューサーが出てきたことにすごく顕著なのかなというふうに思いますね。

宇多丸　ラップが完全にメインストリームになっていく時代ですもんね。

高橋　もうメインストリームを制圧しつつありました。

宇多丸　ということで、ティンバランドでした。

ポップフィールドを股にかけるネプチューンズ

高橋　新時代のヒップホップサウンドの重要プロデューサー、３番目は**ファレル・ウィリアムス**[24]と**チャド・ヒューゴ**[25]からなるネプチューンズです。

宇多丸　いまだにバリバリ現役っていうか、トップ。

高橋　彼らはティンバランドと同じバージニア出身で、**ファレルはティンバランドとハイスクール時代にバンドを組んでいた**こともあるそうで。

宇多丸　すごいね、それ！

志保　かつ、共通のお師匠さんが**テディ・ライリー**[26]。

宇多丸　テディ・ライリーの説明も一応しておいた方がいいんじゃないですか？　ニュージャックスウィングというスタイルで80年代後半から90年代初頭に活躍した、ヒップホップ／R&Bの架け橋となる最重要プロデューサーですよね。

高橋　そのテディ・ライリーに師事して下積み時代を経たのち、**ノリエガ**[27]の「Superthug」を手がけて注目を集めました。

宇多丸　さっき後ろでかかってたね。

高橋　この「Superthug」、当時クラブでかかりまくっていましたよね。

志保　イントロのヘリコプターの音が印象的。

ヨンが入ることでも知られる。

17．ジョデシィ　ノースカロライナ州シャーロットのR&Bグループ。91年にケー・シー＆ジョジョのヘイリー兄弟を中心に結成。同年リリースのデビューアルバム『Foever My Lady』が大ヒット。同時期にデビューしたボーイズⅡメンとともに、90年代前半のR&Bシーンをリードした。メンバーのディヴァンテ・スウィングはプロダクションチームを設立し、そこからティンバランドやミッシー・エリオットが輩出した。

18．ジェニュワイン　ワシントンD.C.出身のR&Bシンガー（70年～）。96年のアルバム『Ginuwine...the Bachelor』でデビュー。ティンバランドプロデュースのシングル「Pony」がヒット。

19．アッシャー　テネシー州チャタヌーガ出身のシンガー（78年～）。94年にファーストアルバム『Usher』をリリース。97年のセカンドアルバム

宇多丸 （サビは）**「ワッワッワッワッワッワッワッー！」**ですね。

高橋 これはさっきのティンバランドにも通じる点ですが、ネプチューンズもヒップホップだけではなく、**ブリトニー・スピアーズ**[28]や**イン・シンク**[29]のプロデュースも手がけていて。

志保 アイドルのプロデュース。

高橋 ネプチューンズの仕事ぶりはほとんどボーダーレスでしたね。ポップフィールドにも積極的にクロスオーバーしていきました。

宇多丸 独特のコードセンスと言うのかな？すごく音楽的ですよね。心地いい感じがちゃんとあるから、今でも聴ける。

高橋 ネプチューンズは2002年にみずからスター・トラックというレーベルを立ち上げますが、そのタイミングで送り出してきた同郷バージニアのラップデュオ、**クリプス**[30]の曲を聴いてもらいましょう。ネプチューンズの最高傑作との呼び声も高い「Grindin'」です。

▶ Clipse - Grindin'

志保 「I'm yo' pusha（俺はお前たちの売人だ）♪」。

高橋 **ほぼビートだけみたいな曲なんだけどね。それでもこれだけかっこよくなる。**

ヤナタケ このビートが出てきたとき、結構びっくりしましたよね。

宇多丸 ネプチューンズ、このころは斬新なビートパターンだけど、のちにファレルはもっと音楽的な方向に進んでいきました。アーティストとして成熟していくところが、**ずっと“付き合える”感じで。**

志保 「ずっと付き合える感じ」。わかります。

『Lord Willin'』
Clipse
（2002/Star Trak Entertainment）

『My Way』からは「You Make Me Wanna...」「Nice & Slow」などのヒットシングルが生まれ世界的にブレイク。2004年のアルバム『Confessions』がモンスターヒット。代表曲に同アルバム収録、リル・ジョンプロデュースのシングル「Yeah!」。

20. MCライト ニューヨーク・ブルックリンの女性ラッパー（70年〜）。88年に、デビューアルバム『Lyte as a Rock』をリリース。96年の「Keep On, Keepin' On」と「Cold Rock a Party」が大ヒット。

21. ソルト・ン・ペパ ニューヨークの女性ラップグループ。85年にスーパー・ネイチャーとしてデビューしたソルトとペパに、スピンデラが加わって結成。86年、大ヒット曲「Push It」を含むデビューアルバム『Hot, Cool & Vicious』をリリース。

22. レディー・オブ・レイジ バージニア州ファームビル出身の女性ラッパー（68年〜）。

サウスの時代へ突入

宇多丸　ということで、だいぶ流れが変わってきました。

　何が変わったって、ヒップホップの聖地というか、中心地は一応、言うてもニューヨーク、やっぱり生まれた場所ですし……ってのはあるんだけど、完全に中心地が移っちゃった。2000年代くらいにははっきりしてきたという感じですよね。

高橋　**いよいよサウスの時代へと突入します。**

志保　**デフ・ジャム・サウス**[31]もこのころに出来ましたからね。

高橋　象徴的ですよね。ヒップホップの勢力図が大きく描き換えられることになります。

宇多丸　**「ヒップホップ遷都」とか言うと、また問題になりますけども。**

高橋　フフフフフ、**KRS・ワンに怒られますよ！**

宇多丸　だいぶ、そういう感じになってきた。

高橋　そんなサウス躍進の中心的な存在となったのが、まずニューオーリンズの**マスター・P**[32]率いるノー・リミット勢。ここには**シルク・ザ・ショッカー**[33]や**ミスティカル**[34]などが所属していました。そして、同じニューオーリンズの**キャッシュ・マネー**[35]軍団。こちらも**ジュヴィナイル**[36]、**B.G.**[37]、**リル・ウェイン**[38]、**マニー・フレッシュ**[39]など、タレント揃いでしたね。

志保　いいですね。彼らのビートはバウンシーな（はずむような）感じが他とは全然違う。

高橋　彼らはギラギラしたジャケットのアートワークがトレードマークになっていました。

『MP Da Last Don』
Master P
(1998/No Limit Records, Priority Records)

97年にデス・ロウより、ファーストアルバム『Necessary Roughness』をリリース。

23．ロクサーヌ・シャンテ　ニューヨーク・クイーンズ出身の女性ラッパー（69年〜）。84年の「Roxanne's Revenge」が大ヒット。89年、マーリー・マールプロデュースでアルバム『Bad Sister』をリリース。ジュース・クルーの紅一点として活躍した。2018年、その半生を描いた映画『ロクサーヌ、ロクサーヌ』がNetflixで配信。

24．ファレル・ウィリアムス　バージニア州バージニアビーチ出身のプロデューサー、ラッパー（73年〜）。ザ・ネプチューンズやN.E.R.Dで活動を行いつつ、2006年、ソロアルバム『In My Mind』をリリース。13年、ゲスト参加したロビン・シック「Blurred Lines」、ダフト・パンク「Get Lucky」が世界的ヒットを記録。翌年の自身のアルバム『G I R L』も同様に世界各国で1位を獲得。シングル「Happy」のビ

志保 名デザイン・チーム、**ペン&ピクセル**[40]。

宇多丸 無駄にいろいろなところがピカピカ光っていて。

志保 **無駄に戦車がバーッていたり、無駄にタワーが建っていたり**するようなジャケットですけども。

宇多丸 でも、**昔の80年代のころのラッパーのリッチ自慢は、あくまでも「ボースト」というか、ホラだったのが、このころになると実際に大豪邸を建てちゃう**。

志保 たぶん田舎、ローカルになればなるほど、ラップで一発当てて成功する醍醐味(だいごみ)がよりダイナミックだったたっていうか。

宇多丸 田舎ならデカい家が建てられますからね！（笑）。

志保 そうそうそう！

宇多丸 ニューヨークだとそうはいきませんから。

志保 土地がたくさんあるので……かどうかはわからないけど（笑）。

宇多丸 じゃあ、そんなあたりで実際に聴いてみましょうか。

志保 いまだに彼のこのフロウを真似する若手ラッパーが２０１７年、18年になっても後を絶たない、サウスの超名曲です。聴いてください。ジュヴィナイルで「Back That Thang Up」。

▶ Juvenile - Back That Thang Up feat. Mannie Fresh & Lil Wayne

宇多丸 98年っていうけど、今の感じにつながるものがやっぱり……。

志保 そうですね。このあたりのサウンドは、**今流行っているトラップビートの原型になるサウスのビート**かなと。

宇多丸 トラップの話、数時間後にまた、たっぷりお聴きいただくことになると思います。じゃあ、さらにいきましょう。

高橋 サウス隆盛の立役者と言えば、やはり

デオも好評を博し、世界各地で派生バージョンが作られた。

25. チャド・ヒューゴ バージニア州ポーツマス出身の音楽プロデューサー（74年～）。ファレル・ウィリアムスとともにザ・ネプチューンズやN.E.R.Dを結成し活躍。

26. テディ・ライリー ニューヨーク・ハーレム出身のプロデューサー（67年～）。80年代後期にニュージャックスイングを確立したことで知られる。手がけたアーティストに、クール・モー・ディー、キース・スウェット、ボビー・ブラウン、ビッグ・ダディ・ケインなど。

27. ノリエガ ニューヨーク・クイーンズ出身のラッパー（76年～）。カポーン&ノリエガというユニットで、97年にアルバム『The War Report』をリリース。98年にソロアルバム『N.O.R.E.』、そして同アルバムからのシングルカット「Superthug」が大ヒット。２００３年の『God's Favorite』

アトランタのアウトキャスト。１９９３年にデビュー後、「Player's Ball」のヒットですぐに成功を収めていました。ずっと安定した活動を続けていたんですけど、アメリカだけで４００万枚以上のセールスを記録した、２０００年の『Stankonia』で一気に突き抜けましたね。

宇多丸　そう考えると、不思議なキャリアの上昇カーブだよね。

高橋　アウトキャストは**グッディ・モブ**[41]や**スリーピー・ブラウン**[42]、現在**ラン・ザ・ジュエルズ**[43]として活動している**キラー・マイク**[44]、今をときめく**フューチャー**[45]などとともにダンジョン・ファミリーなるクルーに所属していました。音楽性としては「**ヒップホップ時代のパーラメント／ファンカデリック**」といったところでしょうか。

志保　彼らも生楽器を使ったサウンド・プロダクションが特徴的ですよね。あと、ＴＬＣ「Waterfalls」のプロデュースとか。

高橋　そうそう。「Waterfalls」はダンジョン・ファミリーお抱えのプロデューサーチーム、**オーガナイズド・ノイズ**[46]の代表作でした。

宇多丸　デカいな。アウトキャストは何を聴きましょうか。だって変な曲、いっぱいあるじゃん？　**「もうラップじゃないじゃん！」**みたいなのも。

高橋　アウトキャスト周辺は本当に奇才揃いですよね。映画『**ムーンライト**』[47]や『**ドリーム**』[48]などに出演し、女優としても大活躍中の**ジャネル・モネイ**[49]もこの一派から出てきたアーティストですから。

志保　アルバムのタイトルが、造語なんかも

『400 Degreez』
Juvenile
（1998/Cash Money Records）

から、ノリ（N.O.R.E.）名義でリリース。

28. ブリトニー・スピアーズ　ミシシッピ州マコーム出身のポップシンガー（81年～）。98年、16歳でシングル「...Baby One More Time」でデビュー。翌年の同名のデビューアルバム、２０００年のセカンドアルバム『Oops!...I Did It Again』が世界的な大ヒット。

29. イン・シンク　フロリダ州オーランドの男性アイドルグループ。２０００年のセカンドアルバム『No Strings Attached』がヒット。02年の解散後は、メンバーのジャスティン・ティンバーレイクがアーティストとして、ソロ活動を開始。同年のソロデビューアルバム『Justified』は、ネプチューンズやティンバランドと組んで制作され大ヒットした。

30. クリプス　バージニア州バージニアビーチ出身のラップグループ。92年、ノー・マリスとプシャ・Tのソントン

用いてめちゃめちゃ長かったりとかしますから（アウトキャストのファーストアルバムのタイトルは『Southernplayalisticadillacmuzik』）。

高橋　では曲にいってみましょうか。これは先ほども触れた4枚目のアルバム『Stankonia』から生まれた初の全米ナンバーワンヒットです。アウトキャストで「Ms. Jackson」。

▶ Outkast - Ms. Jackson

宇多丸　**最初期の「ビートとラップしかありません」みたいな曲に比べたら、「なんて音楽的になったんだ！」**って気がしますね。

『Stankonia』
Outkast
（2000/LaFace Records, Arista）

志保　「サビがありません」ってところからね。

ヤナタケ　ラップもすごく表情豊かで。

宇多丸　アウトキャストはいちばん引き出しがありますよ。さすがです。さあ、そんな感じで、アトランタが盛り上がってきました。

トレンドセッター、ジェイ・Zの先見性

高橋　この時期、サウス勢の躍進にニューヨークのラッパーとしていち早く反応を示したのが、『Vol. 2... Hard Knock Life』で**トレンドセッターのポジションを決定づけたジェイ・Z**でした。彼はスウィズ・ビーツやティンバランド、ネプチューンズといった新しいプロデューサーを積極的に起用していたのに加え、**南部のラッパーとコラボする**ようにもなります。

志保　おおっ、さすがジェイ・Zですね。

高橋　その代表作が、テキサスのUGKをゲ

兄弟によって結成。97年、プロデューサーにネプチューンズを迎えた『Exclusive Audio Footage』でデビュー。シングル「Grindin'」を収録した2002年のアルバム『Lord Willin'』が大ヒット。プシャ・Tはカニエ・ウェストのレーベルと契約し、13年にアルバム『My Name Is My Name』をリリース。

31. デフ・ジャム・サウス　99年に設立されたレコードレーベル。所属（していた）アーティストにエイス・フッド、2チェインズ、プシャ・T、スカーフェイス、ヤング・ジージーなど。

32. マスター・P　ルイジアナ州ニューオーリンズ出身のラッパー（67年〜）。「ダーティ・サウス」の立役者。90年、レコードレーベル、ノー・リミットを設立。91年、ファーストアルバム『Get Away Clean』をリリース。デス・ロウのCEOであるシュグ・ナイトと交渉し、スヌープ・ドギー・ドッグをノー・リミットに迎え入

ストに迎えた「Big Pimpin'」です。これはティンバランドのプロデュース曲ですね。

宇多丸　しかもこれ、ジェイ・Zの曲でそれまででいちばん売れた？

高橋　そうですね。「Hard Knock Life（Ghetto Anthem）」（1998年）みたいなヒット曲もあったんですが、まあこの曲はデカかったですね。

ヤナタケ　**みんな南の方が、数字があることに気がつき始めたん**ですよね。

志保　南のやつらを引っ張ると、売れるっていう。

宇多丸　**「数字、持ってるぞ！」**ってのが現実になっちゃった。実際、「Big Pimpin'」は超かっこいいからね。これはしょうがない！

高橋　『ラップ・イヤー・ブック』[50]という本に「Big Pimpin'」の制作秘話が載っているんですけど、それによると当初UGKのメンバーのピンプ・Cはジェイ・Zの誘いを断ったらしいですね。

宇多丸　なんで？

高橋　UGKの音楽性にそぐわなかったから。でも、**ジェイ・Zが「これは必ず君のキャリアで最大のヒットになる」と言って説き伏せた**そうです。

宇多丸　そういう感じだったんだ。

志保　いい話ですねー。

高橋　結果的にwin-winだったと言っていいんじゃないですかね。後年のUGK再評価やテキサス勢の台頭をうながした重要作です。

宇多丸　……ということで、非常にビッグな曲になったジェイ・Z「Big Pimpin'」！

▶ JAY-Z - Big Pimpin' feat. UGK

宇多丸　2000年の曲です。

高橋　このタイミングでUGKに声をかけるあたりが、さすがジェイ・Zですよね。

志保　先見性というかね。

宇多丸　**ラッパーとしてだけでなく、ビジネス**

れたエピソードでも知られる。

33．シルク・ザ・ショッカー　ルイジアナ州ニューオーリンズ出身のラッパー（75年〜）。マスター・Pの弟。96年にファーストソロアルバム『The Shocker』をリリース。

34．ミスティカル　ルイジアナ州ニューオーリンズ出身のラッパー（70年〜）。94年に『Mystikal』をリリース。97年の『Unpredictable』、98年の『Ghetto Fabulous』が大ヒット。

35．キャッシュ・マネー　ルイジアナ州ニューオーリンズにあるレコードレーベル。89年にラッパーのバードマンらを中心に創設され、サウス人気の拡大に貢献した。看板アーティストに、リル・ウェイン（現在は離脱）。

36．ジュヴィナイル　ルイジアナ州ニューオーリンズ出身のラッパー（75年〜）。95年にアルバム『Being Myself』でデビュー。97年、キャッシュ・マネーから『Solja Rags』を

マンとしても優秀。ジェイ・Zもこれで完全にサウスモードに。

ヤナタケ　ニューヨークにこのスタイルを持ってきて実際に大ヒットさせたのは、本当にトレンドセッターだったということですね。

高橋　この「Big Pimpin'」が入ったアルバム『Vol. 3... Life and Times of S. Carter』にはジュヴィナイルとコラボした「Snoopy Track」も収録してますからね。これも強力でした。

『Vol.3... Life and Times of S. Carter』
JAY-Z
（1999/Roc-A-Fella Records）

田舎言葉が世界を魅了した

宇多丸　大きく流れが変わってきたところで、**さらに田舎が意地を見せる。**

高橋　誰も予想もしなかったエリアからヒット曲が生まれてきます。

宇多丸　どこですか？

高橋　ミズーリ州セントルイスですよ。

宇多丸　これまで、セントルイス出身のラッパーっていうのはあんまり……。

志保　いなかったんじゃないですかね。ヒットを飛ばすという意味では。

高橋　シーンはあったのかもしれないけど、フロントラインに浮上してきたことはなかったはずです。そんなセントルイスから登場してきたのが**ネリー**[51]ですね。

志保　ネリーは、まさに「Country Grammar」って曲でヒットを飛ばしてデビューしたラッパーじゃないですか。**私は広島出身で、めちゃめちゃ方言がキツいんですよ。で、「方言推し」をしてくれるラッパーがやっと来た！　みたいな。**

ヤナタケ　広島弁ラップが流行るみたいなこと？

リリース。同年、リル・ウェイン、B.G.、タークらとともに結成した、ホット・ボーイズのアルバム『Get It How U Live!』を発表。98年、ヒットシングル「Back That Thang Up」を収録したアルバム『400 Degreez』を発売。

37．B.G.　ルイジアナ州ニューオーリンズ出身のラッパー（80年〜）。95年に、キャッシュ・マネーからアルバム『True Story』をリリース。代表作に96年のアルバム『Chopper City』。

38．リル・ウェイン　ルイジアナ州ニューオーリンズ出身のラッパー（82年〜）。11歳でキャッシュ・マネーと契約。97年、14歳でホット・ボーイズの一員としてデビュー。99年、ソロアルバム『Tha Block Is Hot』をリリース。2008年のシングル「Lollipop」をリリースし大ヒット。続くアルバム『Tha Carter III』がキャリア最大の売り上げを記録する。05年には自身のレーベル、ヤング・マネー・エンターテ

志保　そうそうそう！　**全米のリスナーが広島弁のラップをみんなで歌っているみたいな感じ**じゃないですか、これって。

なので、田舎に住む高校生だった私としては、「キターッ！」って。

宇多丸　痛快だったと。

高橋　確かに、ネリーは田舎から出てきたことを前面に打ち出してるんですよね。

宇多丸　**「Country Grammar」って……**。

高橋　直訳すると「田舎言葉」、つまりは方言ということですから。

志保　ネリーはルックスもすごくかっこよかったし、ファッションもいわゆるダボダボファッションを地でいくようなスタイルで。「**どんだけデカいシャツ着てるんだ？**」と。当時ビデオを見ながら興奮していましたね。

宇多丸　あと、ラップに節をつけるというか、メロディックなフロウも印象的でした。

志保　歌うようなフロウ。これは本当に今のシーンにつながるような。

高橋　確かにね。ネリーは**ラップと歌の中間をいくようなフロウ**でした。

宇多丸　そうそう。ここでまたちょっと「一時代変わったな」って感じがしましたけどね。じゃあ、これはさっそく、志保さん、お願いします。

志保　はい、では、聴いてください。ネリーで「Country Grammar」。２０００年です。

▶ Nelly - Country Grammar

宇多丸　**ネリーの陽気な、田舎言葉**。

高橋　田舎感、伝わりましたでしょうか？

『Country Grammar』
Nelly
（2000/Universal Records）

インメントを設立し、ドレイク、ニッキー・ミナージュ、タイガをフックアップしている。

39．マニー・フレッシュ　ルイジアナ州ニューオーリンズ出身のプロデューサー（69年〜）。91年にキャッシュ・マネーに加入して、専属プロデューサーとしてジュヴィナイル、ホット・ボーイズ、リル・ウェインなどを手がける。

40．ペン&ピクセル　テキサス州ヒューストンのデザイン会社。92年設立。マスター・P、ゲトー・ボーイズ、リル・ウェインをはじめとして多くのアーティストのアルバムジャケットのデザインを手がける。ダイヤのモチーフを散りばめたり、金色を好んで使用したりするそのアートワークは、サウスのシーンのイメージを決定づけた。

41．グッディ・モブ　ジョージア州アトランタのラップグループ。91年にシーロー・グリーン、クージョー、T・モ

志保　あるかも。ジェイ・Zとかのワールドワイドなスケール感と比べると、**やっぱりちょっとローカルバイブスが……**。

宇多丸　都会派とさ、田舎で陽気にはしゃいでいる感じの違いがね……。

志保　いいんですよ、それがね。

宇多丸　特にパーティーにはね。

ヤナタケ　でも、**地元発のスターを、みんなが応援したら……数字を持っていたんですよ**。

志保　レーベルも**「こいつら、ちゃんと耕せばいいものを出してくるぞ」**ってことでね。

高橋　当時のネリーは向かうところ敵なしでしたよね。「Hot in Herre」だったり、「Dilemma」だったり、全米ナンバーワンヒットを連発していました。

志保　そうそう。ケリー・ローランド[52]とね。

ヤナタケ　**「田舎の兄ちゃんだったあいつが、急にポップスターになっている！」**みたいな感じだったと思いますけどね。

宇多丸　その流れの話をすると、俺が「ああ、潮目が本当に、本っ当に変わった！」って感じたのは、やっぱりネリーですね。（渋谷のクラブの）**ハーレムで、客がネリーで大盛り上がりしているのを見て、「ああ、これは潮目が……」って**。

高橋・ヤナタケ　アハハハハ！

志保　ちょっと後かもしれないけど、ニューヨークからジャ・ルール[53]とかも出てきて。女性シンガーとの絡みのある曲が、よりアップグレードされた感じはありますね。

宇多丸　はい。**ということで、ウェイウェイしてまいりました**。

ドクター・ドレーの巨大帝国

高橋　南部や中西部といった地方勢の躍進を横目に、巨大帝国を築き上げていたのがドクター・ドレーです。

宇多丸　ドクター・ドレーは、デス・ロウの後、アフターマスというレーベルを作っていた。

ー・グッディ、ビッグ・ギップによって結成。95年、オーガナイズド・ノイズプロデュースのデビューアルバム『Soul Food』をリリース。2002年、シーロー・グリーンが脱退し、ソロ活動を開始。シーローは、10年の「Fuck You」や、デンジャー・マウスとのユニット、ナールズ・バークレイの「Crazy」（06年）などをヒットさせている。

42. スリーピー・ブラウン
ジョージア州アトランタのR&Bシンガー、プロデューサー（70年〜）。オーガナイズド・ノイズのメンバーとしての活動やアウトキャストの楽曲での客演を経て、ソロ活動を開始。代表作に2006年の『Mr. Brown』。

43. ラン・ザ・ジュエルズ
カンパニー・フロウのエル・Pとキラー・マイクによるラップグループ。2013年、『Run the Jewels』でアルバムデビューし、インディー・ヒップホップシーンで話題に。14年の『Run the Jewels 2』が

映画『ストレイト・アウタ・コンプトン』も、**「アフターマスという新しいレーベルをやるよ」**ってところで終わっていますけども。

高橋　ドクター・ドレーは『The Chronic』に続くセカンドアルバム『2001』を1999年の年末にリリースします。

志保　そうですね。**もうアルマゲドンか『2001』か、みたいな感じで。**

高橋　これがまた強力なアルバムで。**じわじわと体を侵食してくるような、ものすごく中毒性の高いアルバム**でした。

宇多丸　**ずーっと聴いていても飽きないシンプルなワンループ**であり、それがもっと研ぎ澄まされたというか。

高橋　第一弾シングルの「Still D.R.E.」はまさにそんな感じの曲でしたね。初めて聴いた方はシンプルで地味に感じるかもしれないけど、この「Still D.R.E.」と「The Next Episode」が当時クラブで鉄板曲だったんですよ。**一晩に数回かかることもザラ**でしたよね。

ヤナタケ　なんなら、いまだにかかってますから(笑)。

志保　でもこの曲を最初にクラブで聴いたときの衝撃はすごかったですね。**「こんなふうに音が響くんだ!」**みたいな。

宇多丸　うんうん。**ドクター・ドレーはデカい音で聴くと、さらに実力がね……。**

高橋　確かに、クラブで繰り返し大音量で聴く中で魅了されていったところはあるかもしれない。

宇多丸　**「The Next Episode」とかもう死にましたけどね!**

志保　あれは、イントロから、ちょっとズルい感じがしますね。

宇多丸　**「イントロつかみ曲」**はいいですよね。ちょっと聞こうか。

▶ Dr. Dre - The Next Episode feat. Snoop Dogg, Kurupt & Nate Dogg

---

大ヒット。

44. キラー・マイク　ジョージア州アトランタ出身のラッパー(75年〜)。2003年、アウトキャストのレーベルであるアクエミナイからデビューシングル「A.D.I.D.A.S.」をリリース。同年のアルバム『Monster』は高い評価を受ける。12年に、エル・P全面プロデュースのアルバム『R.A.P. Music』をリリースした後、ラン・ザ・ジュエルズを結成。

45. フューチャー　ジョージア州アトランタ出身のラッパー(83年〜)。ダンジョン・ファミリーの一員で、トラップを代表するラッパーのひとり。2012年、『Pluto』でアルバムデビュー。15年のアルバム『DS2』が全米1位を記録。代表曲に、17年のシングル「Mask Off」。

46. オーガナイズド・ノイズ　ジョージア州アトランタのプロデューサーチーム。92年に、リコ・ウェイド、スリーピー・ブラウン、レイ・マレイによっ

宇多丸　やったー！　これが1999年の曲ですね。いやー、よく出来ているよ、本当に。この曲ではスヌープがラップしていたし、このへんはまださ、メンツがある意味でデス・ロウ・ラインからそのまま来ているわけだけど、ここでまたほら……。

高橋　うん。このドクター・ドレーの『2001』がリリースされたのと同じ1999年に、彼のバックアップでデビューしたのがエミネムです。

『2001』
Dr. Dre
(1999/Aftermath Entertainment, Interscope Records)

エミネムの登場と映画『8マイル』

宇多丸　**エミネム、来てしまいました！**　エミネムってのがまたね……90年代にヴァニラ・アイスが出てきて、「白人ラッパーがキングの座に座るのか？」ってなったけどそうはならなかった。それは単純にヴァニラ・アイスがあんまりかっこよくなかったっていうのが大きいんだけど、エミネムはテクニカルなラップで、超絶うまいし。

志保　フリースタイルバトルのシーンから成り上がってきたという。

宇多丸　それでいて、たとえばサード・ベースとかみたいな、黒人ラップに近づける白人スタイルじゃなくて、**声の出し方から何から、白人感を出したままで、スキルフル**。で、あとは、すごく考え抜いて作られたリリック。

志保　狂信的なファンとの手紙のやりとりをモチーフにした「Stan」（2000年）とか。

宇多丸　そうなの。だから、エミネムの登場も

て結成。TLCの95年のシングル「Waterfalls」の大ヒットで注目を浴びる。ダンジョン・ファミリーの所属アーティストであるアウトキャストやグッディ・モブを手がけ、彼らをスターダムへ押し上げた。

47.『ムーンライト』　2016年のアメリカ映画。マイアミの貧困地域に生きる少年が成長する姿を、3つの時代に分けて追う。バリー・ジェンキンス監督。出演にトレヴァンテ・ローズ、ジャネル・モネイほか。

48.『ドリーム』　2016年のアメリカ映画。60年代、NASAの宇宙計画を裏側で支えた黒人女性3人の生きざまを、史実をベースに描く。セオドア・メルフィ監督。出演にタラジ・P・ヘンソン、オクタヴィア・スペンサー、ジャネル・モネイほか。

49.ジャネル・モネイ　カンザス州カンザスシティ出身のシンガー、女優（85年〜）。アウトキャストの2006年の

わりと勇気づけられるというか。**「日本人は日本人らしいまま、なおかつ頭を使ってやるので全然いいんだよな」みたいな。エミネムにはすごくね……がんばってほしいです**（笑）。

志保　当時、私にとってすごく衝撃的だったのは、[54]**クリスティーナ・アギレラ**やブリトニー・スピアーズ、イン・シンクといったポップスターたちのことをすごくディスっていたことです。ビデオの中でも非常に卑猥な感じでブリトニーをディスっていたりして（笑）。

宇多丸　**ゲスの極みですよね**。本当に。

志保　そうそう（笑）。で、こういうことってそれこそネリーとかジェイ・Ｚとか本流の黒人のラッパーは絶対にしないことじゃないですか。そういうことを面と向かってというか、その方向性で突っ走っていたのは、すごく衝撃的でしたね。

宇多丸　白人キッズ感というか、**ホワイト・トラッシュ感**というか。

志保　悪ノリ感みたいなものが、本流のラッパーとまた少し違ったのかなと。

高橋　そしてエミネムと言えば、なんと言っても自ら主演を務める２００２年公開の映画『８マイル』ですよね。日本でも大ヒットしました。

志保　これは外せません。

宇多丸　また、映画としてよく出来ていたからね。映画や映像メディアが他の地域や他の国――日本も含めた――に、文化（ラップ）を広めていく役割を果たしているんだけど。**『８マイル』を見て、たとえばフリースタイルバトルを志した人だっていっぱいいると思います**から。デカいですよ、これは。

志保　デカい！　デカい！

宇多丸　しかも、本人の実像にある程度沿っているわけだから。じゃあ、いろいろな曲がありますが、エミネムはどの曲を聴きますか？　ゲスの極みみたいな曲もありますけど。

高橋　映画『８マイル』の主題歌ですね。エミネム「Lose Yourself」です。

アルバム『Idlewild』に参加し、翌年、ソロアルバム『The ArchAndroid』をリリース。デビュー以来、「シンディー」というオルターエゴに基づいてコンセプトアルバムを制作している。

50.『ラップ・イヤー・ブック』　シェイ・セラーノ著、アイス・T序文、小林雅明訳、DU BOOKS刊。79年から2014年までの重要なラップの楽曲を、1曲ずつイラストを交えて分析する。

51. ネリー　ミズーリ州セントルイス出身のラッパー（74年〜）。99年にリリースされたデビューシングル「Country Grammar」がヒット。翌年の同名アルバムも好調なセールスを記録。シングル「Hot in Herre」「Dilemma」を収めた、2002年のセカンドアルバム『Nellyville』は世界的にヒットした。

52. ケリー・ローランド　ジョージア州アトランタ出身のR&Bシンガー（81年〜）。ビ

宇多丸　2002年の曲でございます。

ヤナタケ　エミネムは新しく、またMCバトルを題材にした『**Bodied**』[55]という映画をプロデュースしたらしいですね。

志保　2017年のトロント国際映画祭でプレミア上映されて、前評判はすごくいいみたいですね。

ヤナタケ　楽しみですよね。

高橋　このころの**アフターマスの栄華の象徴と言えるのが「Up in Smoke Tour」**。ドクター・ドレー、エミネム、スヌープ・ドギー・ドッグ、アイス・キューブ、**イグジビット**[56]らが結集した全米ツアーですね。この映像はぜひ見てほしい。

志保　めっちゃツアーのVHSを見てましたよ。

高橋　**当時レコード店で働いていたヤナタケさんに強引に買わされたのを覚えてる……頼んでもいないのに袋に入ってた**（笑）。

一同　アハハハハ！

志保　とんでもないツアーでしたよね。

宇多丸　超巨大ツアーというか。スタジアム級の会場で立て続けにやって。

ヤナタケ　今も動画なんちゃらで見られると思うんで、見た方がいいですね。

宇多丸　ヒップホップがそれだけ巨大な動員もするし、超豪華なショーをするぐらいの規模になったという。最初からしたら本当に考えられないことでございます。さあ、アフターマスはもうひとりね……。

ストリートのスタイルでのし上がった50セント

高橋　ドクター・ドレーがエミネムに続いて送り出してきたのが**50**[57]**セント**。2003年にアルバム『Get Rich or Die Tryin'』でデビューしました。

志保　**無敵ー、無敵ー！**

ヨンセらと、デスティニーズ・チャイルドを結成し、98年にデビュー。2002年からは、ソロ活動を開始。同年、客演で参加したネリーのシングル「Dilemma」が大ヒットに。

53. ジャ・ルール　ニューヨーク・クイーンズ出身のラッパー（76年〜）。キャッシュ・マネー・クリックというユニットでの活動などを経て、ファーストアルバム『Venni Vetti Vecci』をリリース。アシャンティ、ジェニファー・ロペス、メアリー・J・ブライジなど女性シンガーのヒット曲への客演が多い。

54. クリスティーナ・アギレラ　ニューヨーク・スタッテンアイランド出身のポップシンガー（80年〜）。97年、中西圭三とのコラボレーションシングル「All I Wanna Do」で日本デビュー。99年のファーストアルバム『Christina Aguilera』、2002年のアルバム『Stripped』が世界的な大ヒット。ちなみにエミネムがアギレラをディスったのは、00年のシングル

宇多丸　とにかく特筆すべきは、**ドレーのラッパーフックアップ力、発掘力**……50セントだって、急に出てきた人じゃないじゃん。

高橋　50セントは、90年代に[58]**トラックマスターズ**というプロデュースチームの後ろ盾で一度メジャーデビューしているんです。大きなヒットには結びつかなかったけど、いろいろなラッパーやシンガーにケンカをふっかけていく「How to Rob」がそこそこ話題になって。

宇多丸　「**How to Rob**（奪う方法）」（笑）。やっぱりすごいですよ。ドレーの発掘力というか、育成力というか。

志保　しかもエミネムがヒットして、同じ系統のラッパーに光を当てるのではなくて、**まったく違うニューヨーク出身のすごいサグ**（ギャング、ギャング風）**野郎だった50セントを引き入れる**ところがすごいなと。

宇多丸　50セントは、一応ドラッグディーラーをやっていたのが売りで。

高橋　いったんはメジャーレーベルとの契約にこぎつけるものの、そこからドロップされてしまった**50セントがどうやって這（は）い上がっていったか？　それはミックステープ**なんですよ。

宇多丸　ミックステープ。これは説明がいるんじゃないですか？

高橋　ややこしいようですが、ここで言うミックステープはカセットテープではありません。

ヤナタケ　CDなんだけど（笑）。

宇多丸　要は、**ミックステープって昔はカセットテープでやっていたことの名残りですよね。**それで、「テープ」という言葉が残っている。

高橋　わかりやすく言うと、自主制作アルバムということになるのかな？

志保　そうですね。「ストリートCD」なんて言われることもありましたね、当時。

高橋　レコード会社を通さず、**自分たちで作ってストリートで売りさばく非公式のアルバム。**多くの場合、既存のヒット曲のトラック

「The Real Slim Shady」。

55.『Bodied』　2017年のアメリカ映画。大学院生が研究のためにラップバトルシーンに入り込んでいくコメディ映画。エミネムプロデュース。ジョセフ・カーン監督。

56. イグジビット　ミシガン州デトロイト出身のラッパー（74年〜）。96年のアルバム『At the Speed of Life』でデビュー。代表作にドクター・ドレーがプロデュースで参加した、2000年のアルバム『Restless』。MTVで放送されていた「Pimp My Ride」という改造車をテーマにしたバラエティ番組のホストとしても知られる。

57. 50セント　ニューヨーク・クイーンズ出身のラッパー（75年〜）。99年にシングル「How to Rob」をリリースするも、2000年に銃撃事件に巻き込まれ、予定していたアルバムはお蔵入りに。02年、自身が所属するGユニットとのミックステープ『50 Cent Is the Future』がエミネムの目

に新たな歌詞を乗せた曲で構成されていて。

宇多丸　いわゆる「**ビートジャック**」というやつですね。

高橋　基本的にCD-Rでしたよね。ジャケットもすごくチープで。

ヤナタケ　何でもアリって感じですよね。当時のニューヨークに行ったことがあるんですけど、**本当に道端でいろいろな人がゴザを敷いて売っていたり、タバコ屋さんの横で売っていたり**。実際に成り上がって店を大きくした人もいたりとか（笑）。

宇多丸　面白いよね。最初は人のレコードを使ってラップを乗っけて……ってところから始めて、サンプリングだの何だのも無断でやって。今は、ぶっちゃけダメじゃないですか。

で、ラップがスタジアムを埋める時代になってもなお、**ヒップホップを動かす原動力はやっぱりちょっとグレーゾーン……っていうか、グレーじゃないよ！　もうブラックです！**　真っ黒けですよ。そういうイリーガルなというか、**ストリートなやり方でのし上がっていく**。

ヤナタケ　面白かったですよ。「あそこのあいつのところにはもうアレが入っている。あいつのところには50セントの新しいのが入っている」とか、**情報を集めてCDを求めてストリートを探し歩く**んですよ。

宇多丸　ヒップホップと他のジャンルの違いには、そうした情報ネットワークの存在もありますね。

志保　確かに、そうですね。ちょうどそのころの話ですが、渋谷のレコードショップで、新譜の12インチレコードの値段を聞くわけです。すると、優しい店員さんが「○○店の方が10円安かったっすよ」みたいな感じで教えてくれたり。そういう**宇田川町のレコードショップのネットワークも頼りにして、レコードやCDを買っていた**気がします。

宇多丸　**ネットワークや口コミ文化という、ヒップホップの本質があるからこそ、ミックス**

にとまり、シェイディ・レコードとアフターマスと同時契約。03年、シングル「In Da Club」が収録されたアルバム『Get Rich or Die Tryin'』をリリースし、大ブレイク。

58. トラックマスターズ　ニューヨークのプロデューサーチーム。別名、ポーク&トーン。89年、ジャン＝クロード・オリヴィエとサミュエル・バーンズによって結成。ウィル・スミス、R・ケリー、ナズ、ジェイ・Z、マライア・キャリー、50セントなど多くのアーティストを手がける。

テープ、ストリートアルバムでのし上がっていくことができた、と。

高橋　50セントでもうひとつ強調しておきたいのが、いろいろなラッパーをディスする「How to Rob」で注目を集めた彼は本当に怖いもの知らずというか、誰にでも嚙みついていくんですよね。そんな強気な態度が遠因になって実際に銃撃されたこともあって。

宇多丸　**一応、９発撃たれた。**

高橋　うん。そういう９発も銃弾を撃ち込まれたなんて話を聞いてヒップホップのリスナーが何を思い浮かべるかというと、それはやっぱり２パックとビギーの件が頭をよぎるわけですよね。

宇多丸　銃撃されて死んでしまったふたり。

高橋　**50セントはそういう死のイメージをうまく利用していた印象がありましたね。それが彼への幻想を高めていった。**

宇多丸　それでいて、顔はちょっとファニーっていうかさ（笑）。

高橋　ちょっととぼけた感じがありますね。

宇多丸　親しみやすい顔をなさっていて。今は俳優としても大活躍していますけども。

志保　彼もまた、実業家として名を馳せていますからね。

宇多丸　ああ、そうだ。飲料メーカーとかやってましたね。ということで、50セントと言えば、僕はこのビデオが大好きですけども。

高橋　いきなり全米チャートを制した「In Da Club」ですね。まさにエミネムとドレーが最強ラップマシーンを作り上げていくという設定のビデオ。

宇多丸　（『巨人の星』の）**オズマ[59]のようなね！**

高橋・ヤナタケ・志保　アハハハハ！

宇多丸　古いよ！

高橋　古すぎます！　説明がいるやつですよ！

宇多丸　（『ロッキー４』の）**ドラゴ[60]とかね**（笑）。ドラゴとかオズマとかそういう感じの。だから、ラップエリートというかね。そうでしょう？　だって、ドレーが見出してって感じだ

59．オズマ　アームストロング・オズマ。梶原一騎原作の野球漫画・アニメの『巨人の星』に登場するキャラクター。メジャーリーグから中日に移籍してきた黒人の選手で、最新スポーツ科学に則ったトレーニングの積み重ねでプロになったという設定。

60．ドラゴ　イワン・ドラゴ。ボクシング映画『ロッキー４／炎の友情』（85年）に登場するソ連のボクサー。政府の科学者チームの下、最新技術に基づくトレーニングで肉体の強化を行った。

からね。

志保　はい。それでは一発カマしていきたいと思います。50セント「In Da Club」。

『Get Rich or Die Tryin'』
50 Cent
（2003/Shady Records, Aftermath Entertainment, Interscope Records）

▶50 Cent - In Da Club

宇多丸　2003年の曲でございます。50セントのラップももちろんいいんだけど、やっぱりトラックが……。**ドレーの最小限の要素で最大限の効果を生むプロダクション**。何なの、このかっこよさは?!　しかもクラブの大音量で聴くと、全然違うんですよね。

志保　そうそうそう。**DJの方には一生かけ続けてほしいですね**。

宇多丸　そしてぜひ、「In Da Club」のビデオを見てください！　オズマね（笑）。オズマの様子を（笑）。

ヤナタケ　ストリートの黒い社会から成り上がってきた50セントですが、**ビヨンセ**[61]がこの曲のトラックで歌ったこともあるくらいまで大ヒットしましたからね（「Sexy Lil' Thug」。アルバム未収録）。

宇多丸　でも、本当に這い上がったんだよね、彼は自力で。そしてドクター・ドレーの「いいラッパー発掘力」。審美眼という意味では、まだまだ続くんだよね。

高橋　そう。エミネムに50セントと来て、今度は**ザ・ゲーム**[62]。50セント率いる**Gユニット**[63]の一員としてデビューしました。

志保　彼は西海岸出身で、また違うところからね。

高橋　コンプトン出身ということもあって、N.W.A.へのリスペクトが強いラッパーで。西

61. ビヨンセ　テキサス州ヒューストン出身のシンガー（81年〜）。98年、デスティニーズ・チャイルドのメインボーカルとして『Destiny's Child』でアルバムデビュー。同グループは、2001年の『Survivor』が世界的な大ヒットに。03年に、ジェイ・Zを客演に迎えた特大ヒットシングル「Crazy in Love」を含む、ソロデビューアルバム『Dangerously in Love』をリリース。その後も、ヒットアルバムを連発。18年には、ロック・フェス「コーチェラ」でのパフォーマンスや、夫であるジェイ・Zとのユニット、カーターズのアルバムの突然の発表などで世間を騒がせた。

62. ザ・ゲーム　カリフォルニア州コンプトン出身のラッパー（79年〜）。2005年に、アフターマスよりドクター・ドレーと50セントをエグゼクティブプロデューサーに迎えたアルバム『The Documentary』をリリース。06年に50セントとの確執からアフターマスを離脱。同年、セカンドアルバ

海岸ギャングスタ・ラップの系譜を継ぐ新鋭というイメージを強烈に打ち出していました。ただ、ザ・ゲームがデビューしてまもなく、Gユニットに内紛が起こることになります。彼と50セントが壮絶なビーフを繰り広げる。

志保　このあたりから、ヒップホップシーンにおけるビーフもどんどん複雑になっていくというか。入り組んでいくというか。そういう感じがしましたね。

宇多丸　ありましたね。

高橋　ニューヨークのヒップホップラジオ局「HOT97」[64]の入り口でザ・ゲームが銃撃されたりね。物騒な展開に発展しそうにもなった。

志保　ライブ中にゴタゴタがあったり。

高橋　さらに**ミックステープ上でディス曲の応酬が行われて**。「300 Bars & Runnin'」をはじめとするザ・ゲームの長尺のフリースタイルは圧巻でしたね。**ビーフ史に残る名演。**

志保　情報を追いかけるのが大変だった。

宇多丸　2003年だから、ギリ、インターネット時代？　ギリじゃないか。インターネット時代だから、情報のサイクルが早くなっているんですよ。

志保　追いつくのも大変っていうね。

宇多丸　今なんか、もっと大変じゃないですか？

志保　大変、大変（笑）。SNSもあるし、追いつけないからっていう。

宇多丸　「ふざけんな！」ってことですよね（笑）。さあ、ということで、アフターマスが絶好調というあたりまで来ました。

ラップがグラミー賞とアカデミー賞を獲った！

高橋　このタイミングで紹介しておきたい大きなトピックをふたつほど。サウス勢が勢力を拡大していくなか、**2004年にはアウトキャストが二枚組アルバム『Speakerboxxx/The Love Below』でグラミー賞の最優秀**

ム『Doctor's Advocate』を発表。

63. Gユニット　ニューヨーク・クイーンズのラップグループ。50セント、トニー・イェイヨー、ロイド・バンクスにより結成。2003年にドクター・ドレーやエミネムなどをプロデューサーに迎えたファーストアルバム『Beg for Mercy』をリリース。

64. 「HOT97」　80年代後半、ヒップホップ／R＆B専門のFMステーションとしてニューヨークで開局。音楽のみならず、ファッション、ライフスタイルなどに多大な影響力を持つ。

アルバム賞を受賞します。これは快挙だった。

志保　そうですね。グラミー賞の長い歴史の中で、最優秀アルバム賞を獲得している唯一のヒップホップのアルバムなんですよね。

宇多丸　さっき言ったとおりだけど、アウトキャストは引き出しの豊かさという意味では、おそらく他の追随を許さないでしょ？

志保　そう。実際、このアルバムはゴリゴリのヒップホップみたいな楽曲はあんまりなくて。みんなで手を叩いて楽しめるような楽曲も多く収録されているという。

高橋　二枚組のアルバムといっても、ビッグ・ボーイとアンドレ3000でそれぞれ一枚ずつ、お互いのソロアルバムをカップリングしたような内容でした。

宇多丸　非常に対照的な資質を持つふたりが……だからもう無限にいっちゃうっていうかね。

高橋　そして2006年、これも衝撃でした。映画『**ハッスル&フロウ**』[65]の主題歌「It's Hard Out Here for a Pimp」で**スリー・6・マフィア**[66]**がアカデミー賞最優秀歌曲賞を受賞**します。

宇多丸　受賞！

志保　（拍手しながら）**おめでとうございます！**

宇多丸　「おめでとうございます！」**って、だいぶ前なんだけど**（笑）。まず、『ハッスル&フロウ』ってのはこれ……みなさん『8マイル』もいい映画ですけども、**僕はヒップホップを題材にした映画では、ベストは『ハッスル&フロウ』だと思っております。**

高橋　**僕もダントツでベストです！**

志保　**私もベストです。はい！**

宇多丸　見たことがない方はぜひ。ちなみに近年、「**Empire／エンパイア 成功の代償**」[67]という海外ドラマがありまして。

志保　そうですね。俳優のテレンス・ハワードと女優のタラジ・P・ヘンソンという『ハッスル&フロウ』の名コンビがそのまま出ている。

宇多丸　その「エンパイア」は、『ハッスル&フロウ』の主人公たちが成功し、時を経て……

65.『ハッスル&フロウ』 2005年のアメリカ映画。ドラッグディーラーとして荒んだ生活を送っていた男が、ラッパーとしてチャンスをつかもうとする姿を描く。クレイグ・ブリュワー監督。出演にテレンス・ハワード、タラジ・P・ヘンソンほか。ラッパーのリュダクリスも出演。

66. スリー・6・マフィア テネシー州メンフィスのラップグループ。91年にDJポール、ジューシー・J、ロード・インファマスによって結成。95年に『Mystic Stylez』をリリース。代表作にヒットシングル「Stay Fly」「Poppin' My Collar」が収録された、2005年の『Most Known Unknown』。

67.「Empire／エンパイア 成功の代償」 2015年より放送されているアメリカのドラマ。音楽業界の光と闇、そしてヒップホップ／R&BレーベルのCEO一家が抱く葛藤を描く。ティンバランドが音楽を担当。

という、後日談的な感じになっていたりします。さて、スリー・6・マフィア、どういう人たちですか？

高橋　**メンフィス産のコテコテのサウス**ですよね。初期のころは悪魔崇拝的なイメージを打ち出していたり。

宇多丸　コテッコテ、ドロッドロのサウス。

志保　**ニューヨークにウータン・クランがいれば、メンフィスにはこのスリー・6・マフィアがいた。**

宇多丸　でも、最優秀歌曲賞ですからね。これ、黒人グループとしては史上初なんですよね。単独アーティストとしては**アイザック・ヘイズ**[68]が獲ってるみたいなんですけど。だから、めちゃめちゃ画期的だったという。

『Most Known Unknown』
Three 6 Mafia
(2005/Hypnotize Minds, Sony Urban Music, Columbia)

志保　本当にそうですよ。で、今もネット上で検索すれば、彼らが（アカデミー賞の）授賞式でライブしているパフォーマンス映像を見ることができるんですけども、それが本当に映画のシーンをそのまま切り取ったような、よくこれをアカデミー賞のステージで委員会の人も許したなっていうぐらいの、すごく生々しいステージなので、ぜひ、みなさんにも見ていただきたいなと思いますね。

宇多丸　「It's Hard Out Here for a Pimp」という曲でございます。

高橋　この流れとしては「It's Hard Out Here for a Pimp」をかけたいところなのですが、はたしてあの曲がスリー・6・マフィアの魅力とするところを体現しているかというと少々疑問がありまして。そんなわけでこの曲を聴いてもらいたいと思います。２００５年に２００万枚を超えるセールスを記録した大ヒッ

68. アイザック・ヘイズ　テネシー州コヴィントンのミュージシャン、プロデューサー。60年代にサム&デイブらスタックスのアーティストに楽曲を提供。同レーベルとサザン・ソウルの発展に貢献した。68年にソロデビューアルバム『Presenting Isaac Hayes』をリリース。71年公開の映画『黒いジャガー』の音楽制作に関わり、主題歌が大ヒット。アカデミー歌曲賞、グラミー賞映画・テレビサウンドトラック部門、ゴールデングローブ賞作曲賞などを受賞した。

ト曲「Stay Fly」です。

▶ Three 6 Mafia
- Stay Fly feat. Young Buck, EightBall & MJG

志保 たぎりますねー、これは！

「チョップド&スクリュード」——テンポを落として酩酊感を生む

高橋 そして、アカデミー賞と言えば、2017年に最優秀作品賞を受賞した映画『ムーンライト』。

宇多丸 すばらしい作品でした。

高橋 あの映画で大々的にフィーチャーされていた「チョップド&スクリュード」という手法、これが**スリム・サグ**[69]、**ポール・ウォール**[70]、**マイク・ジョーンズ**[71]といったヒューストンのラッパーの活躍によって一気にクローズアップされます。

宇多丸 サウスで流行った手法なんですね。どういうものですか？

高橋 **まず曲のテンポを思いっきり落とす。**

宇多丸 極端に遅く。

志保 ドロ〜〜ッと、遅〜〜くするっていう。

宇多丸 **一度ちゃんと作った曲を遅くする**わけですね。それによって、単に遅く演奏するのでは得られない、どよーんとした……。

志保 **酩酊(めいてい)感に近いものが生まれる**という。

宇多丸 なぜ、その酩酊感が好まれたかというと……はい、これはしょうがないです。言うしかないですね……**そういうドラッグが流行っていた！**

いわゆる風邪薬に含まれる、コデインという薬品がありますけども。そういうドラッグが……今まではあえて言ってきませんでしたけど、**アメリカのヒップホップのいろいろなモードの変化というのは、実はそのときそのときに流行っているドラッグの変化**、これもね……。

69. スリム・サグ テキサス州ヒューストンのラッパー（80年〜）。ネプチューンズのレーベル、スター・トラックと契約して、2005年にメジャーデビューアルバム『Already Platinum』をリリース。

70. ポール・ウォール テキサス州ヒューストン出身のラッパー（81年〜）。2004年にファーストソロアルバム『The Chick Magnet』をリリース。翌年のメジャーデビューアルバム『The Peoples Champ』が全米1位となる大ヒット。

71. マイク・ジョーンズ テキサス州ヒューストンのラッパー（81年〜）。2005年に「Still Tippin'」収録のファーストアルバム『Who Is Mike Jones?』をリリース。

志保　**多少ね。**

宇多丸　多少はね、関係してくるっていう。だから、（チョップド&スクリュードでは）どよーんと……。

高橋　ドラッグでもたらされるトリップ感や陶酔感に寄り添った音楽ですよね。

宇多丸　それを音楽的に表現してみたというか。

高橋　これはヒューストンの**DJスクリュー**[72]が編み出した手法です。彼もすでに亡くなっていますが。

宇多丸　で、まさにその手法を使って、映画『ムーンライト』は、普通のクラシカルな劇伴にもチョップド&スクリュードを使っていて。

志保　**バリー・ジェンキンス**[73]監督が、子どものころからチョップド&スクリュードのサウンドに親しんできたということで、作曲家にそういうオーダーをして映画のスコアを作ったという話だそうですね。

宇多丸　テーマ曲が（チョップド&スクリュードで）どよーんとなることで、主人公の心が壊れていく様、みたいなものを表現していて。見事でございました。『ムーンライト』、すばらしい映画なのでぜひ見てください。

高橋　では、ヒューストン勢が大躍進した、2000年代前半の曲を聴いてみましょうか。

志保　私も、彼らの大きなブレイクはとてもびっくりしたんですけども。そのチョップド&スクリュードをすごく効果的に使ったヒット曲がありますので聴いてください。マイク・ジョーンズで「Still Tippin'」。2004年です。

『Who Is Mike Jones?』
Mike Jones
（2005/Swishahouse, Asylum Records, Warner Bros. Records）

72. DJスクリュー　テキサス州スミスビル出身のDJ、プロデューサー（71〜2000年）。90年代初頭に、ヒューストンでヒップホップクルー、スクリュード・アップ・クリックを結成。95年にリミックスアルバム『All Screwed Up』をリリース。曲のピッチを極端に下げるチョップド&スクリュードという手法を編み出した。00年に、29歳の若さで他界。

73. バリー・ジェンキンス　フロリダ州マイアミ出身の映画監督。2016年の『ムーンライト』で高い評価を受ける。最新作に18年のジェームズ・ボールドウィン原作『If Beale Street Could Talk』。

▶Mike Jones - Still Tippin' feat. Slim Thug & Paul Wall

宇多丸　並べて聴くと、やっぱりサウンドの変遷の中にちゃんと、「1本の線があるな」という感じがしますよね。さあ、といったあたりで……。

「キング」T.I.がトラップのルーツ

高橋　先ほど、このパートに入るときに宇多丸さんが「ヒップホップの首都もいよいよニューヨークから南部に遷都か?」なんて話をしていました。

宇多丸　そんなことを言うと、ニューヨークの人が怒っちゃいますけども（笑）。

高橋　でもこの時期、いよいよそれが現実味を帯びてきます。

宇多丸　やっぱりアトランタということですか?

高橋　まさに。このころからアトランタはシーンの中心を担っていくことになります。アウトキャストをはじめ、**リュダクリス**[74]、**ヤング・ジージー**[75]、**グッチ・メイン**[76]……。

志保　おおっ!

高橋　「トラップ」というキーワードが登場するのもこの時期ですね。**クランク**[77]や**スナップ**[78]などのダンスビートで一世を風靡した**リル・ジョン**[79]もアトランタの隆盛に大きな貢献を果たしていますが、誰かひとりをピックアップするとなったら、やはりこの男、**T.I.**[80]でしょう。

志保　T.I.!

宇多丸　キング。

高橋　はい。彼はみずから**「キング・オブ・サウス」を名乗っていました。**

宇多丸　いまだにね、活躍していますからね。

志保　本当。ずっと第一線で。

高橋　T.I.は2003年に、その名も『Trap Muzik』なんてアルバムを出しているんですよ。

74．リュダクリス　イリノイ州シャンペーン出身のラッパー（77年〜）。2000年にデフ・ジャム・サウスより『Back for the First Time』をリリース。01年のセカンドアルバム『Word of Mouf』がキャリア最大のヒットに。

75．ヤング・ジージー　ジョージア州アトランタ出身のラッパー（77年〜）。2004年、バッドボーイと契約し、同レーベルのボーイズ・ン・ダ・フッドというグループに加入。同年、グループのデビューアルバム『Boyz n da Hood』が注目を集める。05年、デフ・ジャム・サウスからリリースしたソロデビューアルバム『Let's Get It: Thug Motivation 101』が大ヒット。

76．グッチ・メイン　アラバマ州バーミングハム出身のラッパー（80年〜）。アトランタで育ち、2005年にデビューアルバム『Trap House』をリリース。同アルバムからのシングルカットで、ヤング・ジージーを客演に迎えた「Icy」

宇多丸　じゃあ、今に至る、めっちゃ早いトレンドセッターだ。

志保　そうそう。**トラップミュージックは、彼が作り出したみたいに言う人も多い**ですね。

宇多丸　早っ！　２００３年って15年前なんですけど！

高橋　「トラップ」という言葉自体は１９９５年のグッディ・モブ「Thought Process」や１９９８年のアウトキャスト「SpottieOttieDopaliscious」などの曲で使われていますけどね。ただ、それを初めて大々的に打ち出したのがＴ．Ｉ．。

志保　**リアルにトラップ生活**をしている……そういうお仕事、トラップなお仕事をしてらっしゃる……。

宇多丸　**「トラップなお仕事」ってどういうことですか？**

志保　**……まあ薬局というか**（笑）。

宇多丸　いいよ、もう！（笑）。**ドラッグディーラー！　さっきから「ドラッグディーラー」って普通に言ってたから！**（笑）。

志保　アウトキャストも本職はそっちじゃないわけですよ。ただ、Ｔ．Ｉ．さんに関してはかつて実際にそういうお仕事を本職としていた。で、そのドラッグディーラーとしての毎日を歌った音楽がトラップミュージックですよということで、それを２００３年ぐらいからずっと続けてらっしゃった。

宇多丸　音楽的なトレンドとして本格的にトラップが流行ってきて、という話はのちほど第5章でお聞きしますが。では、そのアトランタのキング、Ｔ．Ｉ．。何をかけましょうか？

高橋　Ｔ．Ｉ．がサウスの王からヒップホップの王になる足がかりとなった大ヒット曲です。「What You Know」。

▶ T.I. - What You Know

宇多丸　はい。２００６年の曲でございます。でも、すでに今のグループ感が……。

志保　ありますよね。

がヒットしたが、同曲の権利を巡って両者の間でビーフが発生。

77．クランク　ヒップホップのサブジャンルのひとつ。電子音と重たいベースラインの効いたトラックに、シャウトのような激しいラップを乗せるのが特徴。リル・ジョンが先駆者のひとり。代表的な楽曲にリル・ジョンプロデュース、アッシャーの「Yeah!」。

78．スナップ　スナップ（指パッチン）をトラックや振付に取り入れたスタイル。代表曲にリル・ジョン「Snap Yo Fingers」。

79．リル・ジョン　ジョージア州アトランタのプロデューサー、ラッパー（71年〜）。97年に、リル・ジョン&イースト・サイド・ボーイズ名義のアルバム『Get Crunk, Who U Wit: Da Album』でデビュー。クランクやスナップのオリジネイターとして知られる。プロデューサーとしての代表的な楽曲に、アッシャー「Yeah!」、

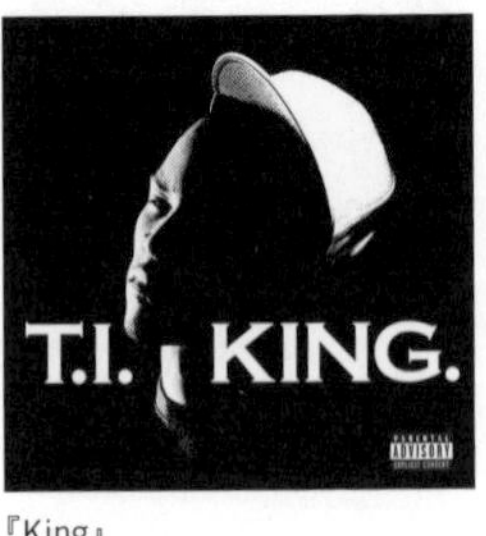

『King』
T.I.
（2006/Grand Hustle, Atlantic）

高橋　T.I.は非常にバランス感覚に長けていて。アトランタの**DJトゥーンプ**[81]というお抱えのプロデューサーをメインで起用しながら、スウィズ・ビーツ、ネプチューンズ、**ジャスト・ブレイズ**[82]といった南部以外のプロデューサー、ニューヨークのプロデューサーも積極的に使っていましたね。

宇多丸　ある意味、**ジェイ・Zの逆アプローチ**というか。

高橋　そうですね。全国制覇を視野に入れたプロデューサーのキャスティングというか。

ヤナタケ　自らキングを名乗ったってのもあるけど、**ジェイ・Zが「次のキングはお前だ」って名指しした**ことも大きかった。

高橋　うんうん。ちょうどジェイ・Zが一時引退したタイミングでしたね。

宇多丸　それなら、**もう王冠が移っちゃっているわけだから、遷都じゃねえかやっぱり**（笑）。ということで、バンバンいきましょう。

高橋　このころになるとアトランタがシーンのトレンドを形成していくようになります。先ほど話した、クランクやスナップがそうですね。

インターネットがストリート

高橋　そして、このあたりからインターネットをうまく活用するアーティストが現れてきます。

宇多丸　「ヒップホップはネットワーク文化」というようなことを言いましたけど、**インターネットと相性がいいんですよね**。

高橋　**次第にインターネットが現場になって**

シアラ「Goodies」など。

80. T.I.　ジョージア州アトランタ出身のラッパー（80年〜）。2001年に『I'm Serious』でメジャーデビュー。03年の『Trap Muzik』、04年の『Urban Legend』と立て続けにヒットアルバムを制作。ジェイ・Zに「次はお前だ」と言わしめるビッグアーティストに成長。その後、06年に『King』を発表。08年には、キャリア最大のヒット作『Paper Trail』を発表している。

81. DJトゥーンプ　ジョージア州アトランタ出身のプロデューサー（69年〜）。T.I.の多くの楽曲のトラックを担当する。代表曲にT.I.「What You Know」、カニエ・ウェスト「Can't Tell Me Nothing」など。

82. ジャスト・ブレイズ　ニュージャージー州パターソン出身のプロデューサー、DJ（78年〜）。ロッカフェラのアーティストのトラックを手がけたことで名前を上げた。代

いきます。今で言うバイラルヒット（SNSなどネットの口コミによって生まれるヒット曲）のような現象もすでに出てきてますね。その代表的なヒット曲が、**ソウルジャ・ボーイ・テレム**[83]が2007年にリリースした「Crank That」。**Myspace**[84]**を通じて口コミで広まって生まれたヒット曲です**。

志保　彼の登場も非常にたまげましたけどね。

宇多丸　新世代って感じですね。

高橋　では聴いてみましょう。ソウルジャ・ボーイ・テレムで「Crank That」。

▶Soulja Boy Tell'em - Crank That (Soulja Boy)

高橋　この曲には振付があって、いわゆる「踊ってみた」的なビデオがヒットを後押ししたところもあります。

志保　私も当時ネットで見ながら、**めっちゃ踊ってみてました**（笑）。彼が斬新だったのは、ビートを作ってそれに自分でラップを吹き込み、自分でダンスの振付を考えて、ビデオまで撮って流す――その一連の作業が全部パソコン一台でできちゃうことを証明したところです。**「ネットさえつながっていれば、それで世界中に発信できまっせ!」**。しかも、それが実際に世界中に広まって大ヒットした。今ではみんな、その手法を用いているわけですが、その先駆けがまさにソウルジャ・ボーイのこの曲だったんですね。

宇多丸　非常に今の感じというかね。だけど2007年なんですね。

志保　もう11年前……。

『Souljaboytellem.com』
Soulja Boy Tell'em
（2007/Interscope Records）

表曲にキャムロン「Oh, Boy」やビーニー・シーゲル「Rock the Mic」など。ジェイ・Zも頻繁に起用するトッププロデューサーのひとり。

83. ソウルジャ・ボーイ・テレム　イリノイ州シカゴ出身のラッパー（90年〜）。アトランタで育ち、2007年、17歳のときにリリースしたシングル「Crank That (Soulja Boy)」が大ヒット。Myspaceをプロモーションに効果的に活用し、同年のデビューアルバム『Souljaboytellem. com』をヒットさせた。

84. Myspace　2003年にスタートした、音楽特化型のSNS。Facebookが登場する前は、最もよく使われていたSNSだった。

宇多丸　マジかよ……ダメダメダメ、この感じ。**2007年が最近の感じ、ダメダメ！**　はい！

高橋　もはや**インターネットがストリートになってきた**感じですよね。

志保　そうなんです。**2006年、2007年に、ドレイク**[85]**やJ・コール**[86]**とかもどんどんミックステープを出し始めた時期**ですし。今も大きな力を持っている動画メディアのプラットフォームや、ネットで音楽を落とす（ダウンロードする）リスナーのためのサイトなどがたくさん出来上がってきたタイミングだったと思いますね。

高橋　**老舗ミックステープサイトのDatPiffが立ち上げられたのが2005年**ですね。

宇多丸　インターネット上に無料で聴けちゃう音源がたくさん出てきた、というあたり。

リル・ウェイン
——ミックステープで期待を煽って爆発

高橋　こうしたインターネットの時代、**ミックステープの時代に勝ち上がってきたのがリル・ウェイン**です。彼はこのころ「Greatest Rapper Alive（現存する最高のラッパー）」を名乗っていて、一時期は毎日のようにインターネット上に音源をリークしていました。

志保　リル・ウェインは、先ほども話に出た、ストリートCDのような形もあれば、ネットに転がっているだけの作品もたくさんあって。ファンも追いきれないぐらいの楽曲を信じられないペースで発表していたんです。

自分で非正規のミックスCDのシリーズをいくつも作って、DJとタッグを組んでどんどんバラまくという。その手法は新しかったし、当時すごく刺激的でしたね。

宇多丸　普通に考えたら、「音源をそんな勢いでバラまいたら、アルバムが売れないんじゃ

85．ドレイク　カナダ・トロント出身のラッパー（86年〜）。2009年に、無料配信を行ったミックステープ『So Far Gone』が話題を呼ぶ。ヤング・マネーと契約を交わし、同年、メジャーシングル「Best I Ever Had」をリリース。翌年のファーストアルバム『Thank Me Later』が全米1位を記録。11年のセカンドアルバム『Take Care』から18年の最新作『Scorpion』まですべてのアルバムで全米1位を記録。また、18年8月時点で全米1位を獲得したシングルの数が6曲となり、ラッパーとしては歴代単独首位となっている。

86．J・コール　ノースカロライナ州ファイエットビル出身のラッパー（85年〜）。2007年、ミックステープ『The Come Up』を発表し注目を集める。09年にジェイ・Zのレーベル、ロック・ネイションの第一弾アーティストとして契約。10年にデビューシングル「Who Dat」を、翌年にデビューアルバム『Cole World: The Sideline Story』をリリー

ないか?」って考えるじゃないですか。

高橋　でも、そうはならなかったんですよね。むしろ「こいつはヤバい!」という評判がストリートレベルでどんどん高まっていって、その期待が膨張しきったところで公式のアルバムをリリースしたら大爆発したという。

宇多丸　実際、彼の6枚目のアルバム『Tha Carter III』(2008年)が300万枚を超えるセールスを記録した、と。

志保　初週の売り上げも100万枚を超えたというね。

高橋　当時の『Tha Carter III』に対する期待感はすごかったもんね。

宇多丸　理想的な流れを作ったわけだ。ということで新時代のというか、今に至る流れの先駆けでございます。じゃあ、リル・ウェインは、曲は何を?

志保　リル・ウェイン「A Milli」を聴いてください。

▶ Lil Wayne - A Milli

宇多丸　リル・ウェイン「A Milli」……「アミリ、アミリ……♪」を聴いていただきました。

高橋　この有名な「A Milli、A Milli……」というフレーズを引っ張ってきたところがめちゃくちゃ渋くて。実は**ア・トライブ・コールド・クエスト「I Left My Wallet In El Segundo」のノーマン・クック[87]によるリミックスからのサンプリング**なんですよ。

宇多丸　アハハハハ!　UK盤のみに入っている、みたいな。そういうやつかな?

ヤナタケ　レゲエっぽいやつですね。

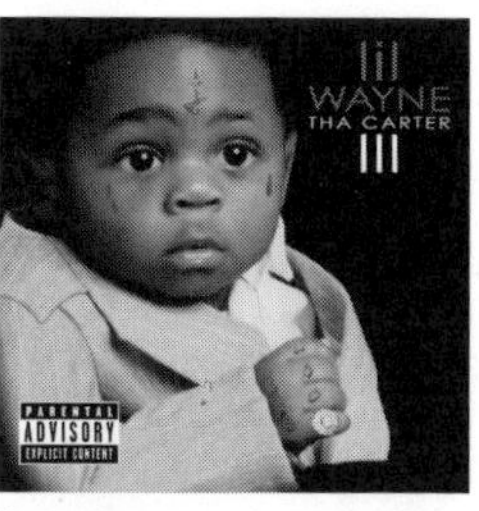

『Tha Carter III』
Lil Wayne
(2008/Cash Money Records, Universal Motown)

ス。その後も、13年の『Born Sinner』などヒットアルバムを制作。

87. ノーマン・クック　イギリス・ブライトンのDJ、ミュージシャン(63年〜)。80年代後期にダンスミュージック・バンド、ビーツ・インターナショナルを結成。96年、ファットボーイ・スリム名義でのデビューアルバム『Better Living Through Chemistry』をリリース。ネタ感の強いブレイクビーツが特徴のテクノのサブジャンル、ビッグ・ビートのオリジネイターのひとり。

88. バングラデシュ　アイオワ州デモイン出身のプロデューサー(78年〜)。2000年のリュダクリスのシングル「What's Your Fantasy」で注目を集める。08年、プロデュースしたリル・ウェインのシングル「A Milli」が大ヒット。

高橋　そうですね。この「A Milli」を手がけたプロデューサーは**バングラデシュ**[88]。一時期は彼が「A Milli」で打ち出したサウンドを模倣した曲が結構作られました。

宇多丸　あぁー、すごい！　**みなさん、どうですか？　まったく流用できない豆知識！**

高橋・ヤナタケ・志保　アハハハハ！

志保　今日から使える豆知識（笑）。

マイアミ勢の台頭とオートチューン

宇多丸　ということで、2000年代。2010年手前ぐらいまで行こうと思いますが。もうひとつくらい、重要曲を。

高橋　この時期、アトランタとともにフロリダ州マイアミのシーンが盛り上がってきました。その立役者と言えるのが**リック・ロス**[89]。

宇多丸　リック・ロス！

高橋　マイアミ勢の台頭にはどんな背景があるんでしょう？

志保　先ほど話題に出たアトランタとも近い距離ですし、それこそ映画『ムーンライト』はマイアミとジョージア州アトランタを行き来する話でした。なので、アトランタ勢の興隆とともに、マイアミのシーンもより活性化していったという流れはあったかと思います。あと、このころのマイアミと言うと、ラテン系の血を引く**ピットブル**[90]がブレイクして。

宇多丸　本当にウェイウェイな曲ばっかりですからね。

志保　そうそう。**今やウェイウェイ・インターナショナルおじさんですけど**。でも、最初はスリー・6・マフィアとかともバンバン共演していたハードコア路線でしたからね。

高橋　オートチューンで一時代を築いた**T・ペイン**[91]もフロリダ出身ですよね。

志保　T・ペインはフロリダのタラハシーというところの生まれです。かつ、フロリダはもともと、80年代後半からマイアミ・ベース

89. リック・ロス　フロリダ州マイアミのラッパー（76年〜）。2006年にスリップ・ン・スライド・レコードと契約し、ファーストアルバム『Port of Miami』をリリース。代表作に10年の『Teflon Don』。09年には、自身のレーベル、メイバック・ミュージック・グループを設立している。同レーベルの所属アーティストに、オマリオン、フレンチ・モンタナ、ミーク・ミル、ワーレイなど。

90. ピットブル　フロリダ州マイアミ出身のラッパー、シンガー（81年〜）。2004年に『M.I.A.M.I.』でデビュー。ラップだけでなく、レゲトンを取り入れたダンスポップなども制作している。

91. T・ペイン　フロリダ州タラハシー出身のシンガー、ラッパー（85年〜）。2005年にシングル「I'm Sprung」「I'm N Luv (Wit A Stripper)」を立て続けにヒットさせ、ファーストアルバム『Rappa Ternt Sanga』をリリース。オ

の流れもあったエリアですし、**トリック・ダディ**[92]とか**トリーナ**[93]とかがいた**スリップ・ン・スライド・レコード**[94]という老舗のヒップホップレーベルもちゃんとあった。なので、リック・ロスらのブレイク以前にも、大きなシーンは存在していたと思いますね。

宇多丸　シーン自体は脈々とあったということですね。

高橋　T・ペインによるオートチューンブームもフロリダ／マイアミシーンの活性化に一役買っていたのではないかと。

宇多丸　**オートチューンっていうのは、声を機械的に加工して、「ウェーン」ってなるような**（ソフト）。いまだに使われていますけど、それが大流行りしたという。では、そんなフロリダ、マイアミから来たリック・ロス。

高橋　リック・ロスのデビューヒットで「Hustlin'」です。

▶ Rick Ross - Hustlin'

宇多丸　リック・ロスさんは、いろいろとドラッグディーリングの偉そうな話をいっぱいしていたんだけど、実は全然そういう人じゃなくて……？

志保　そうなんですよ。「リック・ロス」っていう芸名に関しても、ある大物ディーラーからの借り物だったりするんですけど。実は、彼はもともと刑務所の看守の仕事をしていて。なので、**悪いヤツをしょっぴく側の人間**だったんですよね。

宇多丸　ここで言っておきたいのは、もちろん50セントみたいに本当にドラッグディーラーで……って人もいっぱいいるけど、**ラップっ**

『Port of Miami』
Rick Ross
（2006/Def Jam Recordings, Slip-N-Slide Records）

ートチューンという加工ソフトを活用した、ロボットのような歌声が特徴。カニエ・ウエストやマライア・キャリーをはじめとして多くのアーティストの作品に客演で参加し、オートチューン旋風を巻き起こした。

92. トリック・ダディ　フロリダ州マイアミ出身のラッパー（74年〜）。97年にトリック・ダディ・ダラーズ名義でファーストアルバム『Based on a True Story』をリリース。トリック・ダディと改名後、2001年のシングル「I'm a Thug」とアルバム『Thugs Are Us』のヒットでスターダムに。

93. トリーナ　フロリダ州マイアミ出身の女性ラッパー（78年〜）。トリック・ダディの98年のヒット曲「Nan Nigga」への参加を経て、2000年にファーストアルバム『Da Baddest BITCH』をリリース。

94. スリップ・ン・スライド・レコード　94年に設立された、フロリダ州マイアミのレコー

ていうのは、基本的にはエンターテインメント。アイス・キューブもそうだけど。大学出で怖い話を書いて……。

志保　怖い話をネタにね。

宇多丸　エンターテインメントにする。やっぱりエンターテインメントですから。で、リック・ロスは、全部嘘っぱちだってことがわかっても、別に人気がなくなったわけではなく……。

志保　そうそう。今も第一線でやってらっしゃいますから。

宇多丸　やっぱりそこはエンターテインメントということで。「**決して悪い人じゃなきゃダメ、ということではない**」とは強調しておきたいと思います。

　ということで、2000年代のアメリカ、ラスト！

カニエ・ウェストがもたらした変革

高橋　**2000年代最後は、当時すでにシーンを引っ張っていたカニエ・ウェスト**[95]。

志保　おっ、カニエ・ウェスト！

高橋　彼は2004年にアルバム『The College Dropout』でデビューしています。

志保　もともと、ジェイ・Zらを手がけてきたプロデューサーとして台頭してきてね。

高橋　やっぱりカニエ・ウェストがヒップホップに持ち込んだものはすごく大きいんですよね。それは音楽的なところからファッションまでさまざまな部分に及んでいて。

宇多丸　**何度かトレンドセットしてますよ、彼は！**

志保　そうそうそう。**早回しのサンプリング技術であったり、ナードっぽいファッションだったりとか。**

高橋　**細身のファッションがアリになったの**

ドレーベル。所属（していた）アーティストにトリック・ダディ、トリーナ、リック・ロスなど。

95．カニエ・ウェスト　ジョージア州アトランタ出身のラッパー、プロデューサー（77年～）。2000年にロッカフェラとプロデューサーとして契約。ジェイ・Zのアルバム『The Blueprint』に参加し、一躍その名を知られる存在に。04年にアルバム『The College Dropout』でラッパーデビュー。08年にリリースした『808s & Heartbreak』は、TR-808を大々的に使用したサウンドと、オートチューンを駆使したボーカルがシーンに衝撃を与えた。10年には、最高傑作とも評される『My Beautiful Dark Twisted Fantasy』を発表。アパレルメーカーとのコラボにも積極的で、ファッションアイコンとしても注目されている。

96．『Ray』　2004年のアメリカ映画。同年に亡くなったソウルシンガー、レイ・

はカニエのおかげかもしれない。叩かれたこともあったけど、今までの価値観ではありえなかったピンクのポロシャツとか着てたからね。

志保　そこに、細身のデニムを合わせて。

宇多丸　ついに細身が認められた。

志保　ダボダボじゃないんだっていうね。

高橋　では、このころのカニエ・ウェストのヒット曲を1曲。この曲では映画『**Ray**』[96]を踏まえて**ジェイミー・フォックス**[97]に**レイ・チャールズ**[98]の物真似を披露してもらっています。

宇多丸　後でも出てくるかもしれないけど、とりあえず。

高橋　カニエ・ウェストで「Gold Digger」です。

▶ Kanye West - Gold Digger feat. Jamie Foxx

高橋　2005年、この曲が入ったアルバム『Late Registration』のリリース時には**ロサンゼルスでカニエ・ウェストのインタビューをやらせてもらいまして**。

宇多丸　**出ました！　直接インタビュー！**

志保　うらやましいですー！

高橋　いやー、もう**噂どおりの大変な人**でした（笑）。

宇多丸　あれだっけ？　すっぽかされたんじゃなくて、待たされた挙句……？

高橋　すっぽかされてはいないんだけど、とにかく不機嫌で。**前日はめちゃくちゃ上機嫌でスタジオでシャンパンとか振る舞ってくれ**たんですけどね。

志保　**なるほど、よくあるパターンです**。

宇多丸　不機嫌なっていう。といったあたりで、2000年代のアメリカのラップは終了です。

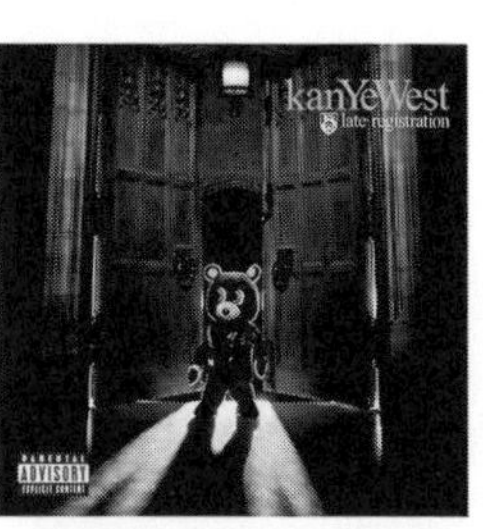

『Late Registration』
Kanye West
（2005/Roc-A-Fella Records）

チャールズの伝記映画。テイラー・ハックフォード監督。レイ・チャールズを演じたジェイミー・フォックスがアカデミー主演男優賞受賞。

97．ジェイミー・フォックス　テキサス州テレル出身の俳優、ミュージシャン（67年〜）。自身の作品の他にも、カニエ・ウェスト、トゥイスタ、50セント、T.I.、ザ・ゲーム、リュダクリスなどの楽曲に参加。映画出演多数。

98．レイ・チャールズ　ジョージア州オールバニ出身のソウルシンガー、ピアニスト。少年期に失明し、ハンディキャップを背負うことになるも、その力強くハスキーな歌声でソウルミュージックを確立した。代表曲に60年の「Georgia on My Mind」や、62年の「I Can't Stop Loving You」など。サザンオールスターズの「いとしのエリー」をカバーしたことでも知られる。

［そのとき、日本は？］

忘れてはいけない バトルDJの存在

宇多丸　ヒップホップ／ラップに重要な要素、それはDJ！　景気付けのために、**DJ IZOH**[99]のデモンストレーションプレイからスタートします。

ヤナタケ　世界チャンピオン！

宇多丸　**ヒップホップの世界では、掛け値なしで日本人がトップになれるのがDJ。**ブレイクダンスもすごいんだけど。

志保　そうですねー。

宇多丸　ということで世界一のプレイを聴け！　DJ IZOH、DJミックス、カモン！

▶DJ IZOH - デモンストレーションプレイ

一同　（歓声と拍手）Hooo!!

宇多丸　**DMC**[100]2012・ワールドチャンピオン！　ナンバーワン！　世界一！　DJ IZOHのデモンストレーションをお送りしました！　IZOHくん、ありがとう。

　ライムスターの曲や**TARO SOUL**[101]と一緒にやっている曲、IZOHくんが作った**ANARCHY**[102]の曲を使ったミックスでした。

DJ IZOH　ありがとうございました。

宇多丸　しゃべるのは苦手そう。

DJ IZOH　しゃべるのはちょっと……。

宇多丸　ラジオだからわからないんだけど、プレイ中の動きがね……。

ヤナタケ　全然手を抜かないですよね。ラジオだと見えないけど、ボディトリックもすごい。

宇多丸　くるっと回ったり。

ヤナタケ　そして、**ヒップホップの5番目の要素とも言われる、フェイシングが！**（笑）。

宇多丸　**顔が。**「決まったー！」という顔をするわけですよ！

DJ IZOH　（フェイシングは）**今日は控えめにし**

99．**DJ IZOH**　日本のDJ（81年〜）。中学生のときにDJ活動を始め、2012年には世界最大のDJバトルイベント、DMCのシングル部門でチャンピオンに輝く。同年には、盟友のTARO SOULとともにSUPER SONICSを結成。

100．**DMC**　イギリスの音楽レーベル。85年から主催するDMC World DJ Championshipは、世界各国の予選を勝ち抜いたDJが腕を競い合う大会として著名。シングル部門ではこれまでDJ KENTARO、DJ IZOH、DJ Yuto、DJ RENAの4人の日本人DJが優勝している。

101．**TARO SOUL**　日本のラッパー（81年〜）。2008年、大学の同級生でもあるKEN THE 390とともにミニアルバム『BIG SOUL』でメジャーデビュー。

102．**ANARCHY**　日本のラッパー（81年〜）。2005年にシングル「GHETTO KING」

DJ IZOHも、タイトな「三昧」スペシャル日本語ラップミックスを披露

たんですけど。

宇多丸　ラジオですからねー。ありがとうございました。DJ IZOHさんでしたー！

DJ IZOH　ありがとうございました。

宇多丸　バトルDJの世界も、歴史があるわけですよね。これだけで「三昧」出来ちゃいますよ。あとダンスシーンとかさ、そこまでいったらまた大変なことになっちゃいますよ。

日本語ラップのメジャー化がピークに

宇多丸　本国アメリカでは、ヒップホップ／ラップがどんどんメインストリームになっていく時代だった2000年代以降ですけど、実は2000年代初頭は日本でも、さんピンCAMP以降の流れを受けて、ラップのメジャー化が顕著になりました。

たとえばメジャーのレコード会社と契約しているアーティストがいちばん多かったのは

でデビュー。京都・向島の団地に育ち、暴走族の総長にもなった境遇をラップにし、広く人気を集めた。4枚のアルバムをリリースしたのち、14年には『NEW YANKEE』でメジャーデビューを果たす。

おそらく2000年代じゃないでしょうか。

志保　そういう印象がありますね。

ヤナタケ　それで言ったら、やっぱりデフ・ジャム・ジャパン[103]。2000年にちょうど出来ました。

これまでの話にも出てきていますが、アメリカのデフ・ジャム・レーベル。その日本支部。**ヒップホップのナンバーワンレーベルの日本支部が出来た**ということで。最初は僕も働いていたんですけども（笑）。

宇多丸　ああ、そうかそうか。デフ・ジャム・ジャパンの話が出たので、早速、そこからアルバムを出したアーティストの話をいたしましょう。

前章で紹介したマイクロフォン・ペイジャーから始まって、ある意味で、マイクロフォン・ペイジャー・チルドレンである雷があって。しかし、さらにその下の世代、東京新世代が登場する。まあ、かっこよかった！

ヤナタケ　ショッキングでしたよね。

宇多丸　ということで、お聴きください。ニトロ・マイクロフォン・アンダーグラウンド[104]で「NITRO MICROPHONE UNDERGROUND」。

▶ NITRO MICROPHONE UNDERGROUND
- NITRO MICROPHONE UNDERGROUND

宇多丸　かっこいいなー！

志保　かっこいいですね！

ヤナタケ　**今かかってるSUIKENのバースのところ、ビデオを僕の部屋で撮ったんですよね**（笑）。

宇多丸　そうなんだ（笑）。「1ラッパー、1シチュエーション」みたいな感じでどんどんロケーションが変わっていくビデオでしたよね。本当に腕利きの若手たちが集まって、なんていうか、**「新世代！」**っていう感じしたよね。

ヤナタケ　全員がちゃんとキャラクターの立ったMCでね。

志保　佇まいもクールでね。

103．デフ・ジャム・ジャパン　2000年、アメリカ名門レーベルの日本支社として設立。インディーズでヒットしていた『NITRO MICROPHONE UNDERGROUND』の再発を機に始動した。01年にソロアーティスト第一弾として、DABO『PLATINUM TONGUE』をリリース。一時は休止状態にあったが、現在は復活を果たし、AK-69や防弾少年団らが所属する。

104．ニトロ・マイクロフォン・アンダーグラウンド　日本のラップグループ。メンバーはDABO、SUIKEN、S-WORD、XBS、MACKA-CHIN、BIGZAM、DELI、GORE-TEX。98年に結成し、2000年にアルバム『NITRO MICROPHONE UNDERGROUND』を発表。巧みなマイクリレーでシーンの話題をさらった。

宇多丸　またファッショナブルなんだよね、おしゃれなんだよねー！

　ニトロ・マイクロフォン・アンダーグラウンドという名前だけど堂々たるメジャーデビューを果たして……。で、実際に売れたりなんかして。

ヤナタケ　そうですね。インディーズで2万枚完売して、その後にすぐデフ・ジャム・ジャパンが出来て、そこからの再発という形ではあったんですが、なんと**15万枚以上のセールスを記録**しました。

志保　すごーい！

宇多丸　**キャー！**

『NITRO MICROPHONE UNDERGROUND』
NITRO MICROPHONE UNDERGROUND
（2000/Reality Records, Def Jam Japan）

ヤナタケ　今だと、トータルセールスは20万近くまでいってるんじゃないですかね。

宇多丸　景気のいい時代でございます（笑）。ニトロのアルバムは2000年ですけど、たとえば、99年。僕らの『リスペクト』というアルバムがあったり、のちほど紹介しますけど、**ザ・ブルーハーブ**[105]が登場したり。あと、「**Grateful Days**」[106]。あれも99年ですね。

ヤナタケ　そうですね。

高橋　**ドラゴンアッシュ**[107]とZeebraさんのコラボ。オリコンで1位になってるんですよね。

宇多丸　さっき、ジブさんにその話をするのを忘れちゃいましたけど。**なんだかんだで「俺は東京生まれ／ヒップホップ育ち」が**……。

志保　名パンチラインです！

宇多丸　誰もが知っているパンチライン。

志保　ヒップホップリスナー以外の方でも知っているくらいのね。

宇多丸　……からの、同じくドラゴンアッシュが**ラッパ我リヤ**[108]という——今日はなかなか言

105・ザ・ブルーハーブ　日本のラップグループ。メンバーは、ラッパーのBOSS THE MC、トラックメイカーのO.N.O、ライブDJのDJ DYE。97年に北海道札幌市で結成し、98年にはアルバム『STILLING, STILL DREAMING』を発表。東京中心のシーンに異を唱える地方ラッパーの雄として注目を集めた。

106・「Grateful Days」　99年の楽曲。ドラゴンアッシュが、ZeebraとシンガーのACOを迎えて制作。90万枚を超えるヒットとなり、ラップがポップミュージックに浸透する一因となった。

107・ドラゴンアッシュ　日本のミクスチャーバンド。96年に降谷健志、櫻井誠、馬場育三の3名で結成。97年にアルバム『The Day dragged on』でメジャーデビュー。次第に楽曲のヒップホップ色を強め、Zeebraやラッパ我リヤとも共作。99年のアルバム『Viva La Revolution』はミリオンセラーを記録。その後、メンバーの

及する機会がなかったけど——、これまたスキルフルなグループとやった「Deep Impact」。これが普通に……**ラッパ我リヤが普通にテレビに**（笑）。

高橋 すごい時代になってきた！

宇多丸 **「いいとも！」に出ていたからね。**

志保 私も民放の歌番組で拝見した覚えがあります。

「楽しくやろうぜ」だけで売れた「マルシェ」

宇多丸 非常に景気がいい時代でございました。そんな中、2001年に、我々ライムスター、イーストエンド、メローイエローで始めたファンキーグラマーユニットから、リップスライム、そして**キック・ザ・カン・クルー**[109]というグループがメジャーデビューを果たしました。

活動休止していたキックも2017年に復活を果たして。実際いまだに売れていますし、ヒップホップの浸透にさらなる貢献をすることになると思います。

ぜひここはキック・ザ・カン・クルーの曲を聴いておきましょう。あ、2002年なんだ。この曲の何がすごいって、3人MCがいるじゃないですか。**KREVA**[110]**、LITTLE**[111]**、MCU。こんなに難しい掛け合いはないです。**

ヤナタケ[112] （ライムスターで）カバーしましたもんね。

宇多丸 そう。自分たちでカバーしてみてわかったけど、めちゃめちゃ難しいです。

しかもこの曲って、何も言っていないんですよ（笑）。とにかくパーティー……第1章で繰り返し話していますが、**ヒップホップが生まれた瞬間、基本はパーティーですから。「楽しくやろうぜ」ってこと以外なくて。（キックも）うまいラップの誇示しかしていない。それで、ここまで売れる。**いわゆるいいことを歌っているわけでもないし。

志保 メッセージ性がどうとかってこととは違う。

死去や加入を経て、現在は7人体制で活動する。最新作は2017年の『MAJESTIC』。

108. ラッパ我リヤ 日本のラップグループ。メンバーはQ、山田マン、DJ TOSHI。ヒップホップクルー走馬党における中心的存在で、押韻重視のスタイルで知られる。98年にアルバム『SUPER HARD』を発表。2000年にドラゴンアッシュのシングル「Deep Impact」で客演し、大きな話題を集め、同年、『ラッパ我リヤ伝説』でメジャーデビュー。一時は活動休止状態にあったが、17年に『ULTRA HARD』を発表し、古くからのファンを沸かせた。

109. キック・ザ・カン・クルー 日本のラップグループ。メンバーはKREVA、LITTLE、MCU。2001年にシングル「スーパーオリジナル」でメジャーデビューし、三者三様のラップでたちまち人気を博す。02年にはアルバム『VITALIZER』を発表し、年末のNHK紅白歌合戦にも

宇多丸　**なんなら無意味ですから。だから「マルシェ」なんて適当なタイトルを付けて。**「当時の某食品ＣＭに出てくる感じのループだから」。それが曲名の理由だっていうんですから（笑）。

ということで、２００２年の大ヒット曲、この３ＭＣの掛け合いの高度さにびっくりしていただきたいと思います。キック・ザ・カン・クルーで「マルシェ」。

▶ KICK THE CAN CREW - マルシェ

宇多丸　90年代後半から２０００年代の頭にかけて、たとえばｍ－ｆｌｏが普通に売れて。ちなみにｍ－ｆｌｏの**VERBAL**[113]**のラップって、めちゃめちゃ難しい**。それこそ、カンパニー・フロウの影響を受けたラップだったりして。

で、さっきも言ったように、わりとみんな軒並み……我々もメジャーデビューして、普通に売れていたりしていたじゃないですか。

そこで、この時代のもうひとつ重要な動きを補足しておきたいと思います。キック・ザ・カン・クルーのトラックも作っているＫＲＥＶＡ。今でも活躍しているヒップホップアーティスト、言わずと知れたスーパースターですが、そのＫＲＥＶＡが優勝したことで有名な**Ｂ ＢＯＹ ＰＡＲＫ**[114]のＭＣバトル。「フリースタイルダンジョン」をはじめとしたＭＣバトルブームのルーツと言えると思います。僕の知るかぎり、**大会形式で行われたのは、１９９９年のＢ ＢＯＹ ＰＡＲＫでのＭＣバトルがたぶん最初**です。

『VITALIZER』
KICK THE CAN CREW
（2002/East West Japan Inc.）

出場した。04年に活動休止を宣言すると、各々が精力的にソロ活動を展開。17年に「千％」を発表して復活を果たす。

110．ＫＲＥＶＡ　日本のラッパー、トラックメイカー（76年～）。バイ・ファー・ザ・ドーペストやキック・ザ・カン・クルーでの活動を経て、２００４年に「音色」でソロメジャーデビュー。同年にはアルバム『新人クレバ』を発表し、ソロのラップアーティストとしては前例のない成功を収める。また、ＭＣバトルにおいても無類の強さを誇り、99年から２００１年のＢ ＢＯＹ ＰＡＲＫで三連覇を果たしている。最新作は18年のＥＰ『存在感』。

111．ＬＩＴＴＬＥ　日本のラッパー（76年～）。キック・ザ・カン・クルーの一員として活動する傍ら、98年にミニアルバム『いいの』でソロデビュー。２００１年にはアルバム『Mr. COMPACT』をリリースした。

志保　おおーっ、なるほど。

宇多丸　その前は、実は試合形式のバトルってほぼなくて。おそらく、1994年とかの、**MC SHIRO（宇多丸）vs MCジョー[115]のMCバトルが、日本最初の公式戦。**

ヤナタケ　ああーっ、それですね。

宇多丸　なかなかMCバトルをイベントとしてやるのは面倒なんで、やらなかったんだけど、99年にやりました。私が司会をやって、ルール作りとかいろいろ大変だったんですけど。で、そのB BOY PARKで**KREVAが三連覇する**、という流れがあって。

　B BOY PARKのMCバトルそのものはいろいろあって一度頓挫もするんだけど、そこからバトンがつながれて、フリースタイルシーンというか、即興バトルのシーンはずっと残って、今に至る。そのための土壌が、99年にはすでに用意されていたという。

志保　うんうん。

東京へのカウンター、ザ・ブルーハーブ

宇多丸　そしてやっぱり99年、忘れちゃいけないというか、大きな動きと言えば、ザ・ブルーハーブ。北海道・札幌をベースに活動しているグループですね。

　もちろん、BOSS THE MCという人はその前からいろいろと活動していたんだけど、98年から99年にかけて、彼らの完全自主制作の『STILLING, STILL DREAMING』というアルバムがシーンに衝撃を与えました。

　非常にアンダーグラウンドかつシリアス、そしてリリカル……。ある意味で、**東京のヒップホップシーンというものに対する、一種のカウンターとして登場**しました。本当にスキルもただごとじゃないんで、BOSS THE MCのラップは。瞬く間に支持を拡げて、めちゃくちゃ売れたわけですね。で、それ以降の**東京以外のシーンの活性化**の先駆けとも

112. **MCU**　日本のラッパー、俳優（73年〜）。キック・ザ・カン・クルーの活動休止後、本格的にソロ活動を開始し、2005年にアルバム『A Peacetime MCU』を発表。

113. **VERBAL**　日本のラッパー（75年〜）。アメリカの大学で学んだ後、日本に帰国し、99年にm-floの一員としてメジャーデビュー。m-floとしての代表曲のひとつに、2001年の「come again」など。04年にはTERIYAKI BOYZを、17年にはHONEST BOYZを結成するなど、精力的に活動を続ける。

114. **B BOY PARK**　東京・代々木公園で開催されていた、日本最大級のヒップホップ・イベント。ダンサーのCRAZY-Aが発起人・実行委員長となり、DJバトル、ダンスバトル、MCバトルなどが行われた。97年に第1回が開催され、2017年の第20回大会をもって幕を下ろした。

言えますし。あと、ラップのスタイルも進化させた……やっぱり「BOSS THE MC以降」みたいなスタイルが確実に生まれたと思うんですよね。
　ではザ・ブルーハーブから1曲。何をかけようかなと思ったんですが、アルバムの次に出したシングルです。
　ザ・ブルーハーブで「アンダーグラウンドvsアマチュア」。

THA BLUE HERB
- アンダーグラウンド vs アマチュア

宇多丸　はい。まあ、**BOSSくんはバースが長い**というね。2000年の曲を聴いていただきました。

「アンダーグラウンド vs アマチュア」
THA BLUE HERB
（2002/Straight Up Records）

Interview with 漢
――「オリジナルでいくって決めちゃった」

宇多丸　といったあたりで、ザ・ブルーハーブの登場を機に――直接的じゃなくても――、シーンの空気感が変わった、ということがありまして。そのあたりのことや、MCバトルについてのエピソードも含めて、この方をゲストに迎えてお話を伺いたいと思います。
　漢a.k.a.GAMIさんです。いらっしゃいませー！

漢a.k.a.GAMI（以下、漢）　はい、こんばんは。

宇多丸　NHKですよ。どうですか？

115.　MCジョー　日本のラッパー。日本のヒップホップ最初期より活動していたMCのひとり。代表曲に92年の「PREMIUM JUNGLE」。

漢　**NHKで、みなさまの目も、お疲れになっているようで……。**

宇多丸　いやいやいや（笑）。目が覚めるような、ピリッとした話をお願いします。ということで漢くん。僕が漢くんの存在を初めて知ったのは2000年かな？

漢　2000年ですね。

宇多丸　2000年。2回目のB BOY PARKのMCバトルに出場してもらいました。漢くんのフリースタイルを初めて見たときに、**「何だ、この人？　聴いたこともないスタイルだし。なにしろ怖え」**と思って。

すでにMSC[116]（MS CRU）として活動をしてましたよね。で、会場の前のところでCDを配っていて……あれ、売ってたんですか？

漢　500円で売ってたんですね。

宇多丸　そうかそうか。それで僕は買ったのかな？　もらったのかな？　わかんないけど。

漢　**有名な人には渡してますね。**

宇多丸　ハハハ。すみません。もらっちゃったのかもしれないけど。で、これはまたすごい新世代が出ちゃったなと。**「大変やりづらくなってきた」**と感じましたけども。

ということで、漢くんにいろいろと質問をしたいんですが、まず、ヒップホップ／ラップを最初に好きになったというか、「マイ・ファースト・ヒップホップ」ってどんな感じですか？

漢　**ラップに触れたのはおそらく、MCハマーですね。**しかも、（「U Can't Touch This」ではなく）「It's All Good」（1993年）。

ヤナタケ　ああー、はいはいはい。

漢　**あれをゲーセンの100円で聴けるジュークボックスで聴いてて。**中学生くらいのときにたぶん少しハマって、ゲーセンに行くとよくかけていたんですね。で、それから（ヒップホップとの）接点はまったくなくて。高校に上がったとき、同級生に誘われて、日本のヒップホップシーンを知っていくっていう感じでしたね。

116. MSC　日本のラップグループ。2000年、漢、TABOO1、PRIMAL、O2、GOを中心に結成。東京都新宿区に拠点を置き、ストリートのリアルを追求したリリックで絶大な支持を得る。02年にEP『帝都崩壊』を、翌年にはアルバム『MATADOR』をリリース。

宇多丸　漢くんのラップって、何から影響を受けたのかがすごくわかりづらいところがあって。特別何かに影響を受けたってある？

漢　本当はなくはないんですけども。昔からひとつのものに集中することがあまりないんですね。つまり、ファンになるというようなことが。

　高校のころに**唯一ハマったのが、部活のアメフト。**そのアメフトも、特定のチームのファンになることはなかったし。自分が興味のあることをやっていても、憧れる特定の人っていうのはいないんですよね。なんで、ところどころで刺激をもらうというか。「ああ、こんなことをやるやつがいるんだ」みたいな。

　ラップに関しては当時、**いちばん嫌だったのが「○○知ってる？」って質問。**英語の歌詞は知らないし、グループ名もわからない。**レコードを買わない人間がグループ名を覚えるの、大変なんで。**

宇多丸　うんうん。

漢　そう思ったときに、（グランドマスター・フラッシュ＆ザ・フューリアス・ファイブの）「The Message」を知って。「こいつらがラップっていうものを初めに形にしていった」ってイメージで聴きましたね。とんでもねえところから——ロックだったりいろいろなところから——影響があったんだと学んで。

　「じゃあ、俺は日本のこいつらでいいや」的な考えで。いちばん最初に作ったやつの気分で。「知識なんて、いいや。オリジナルでいく」って決めちゃったんです。

宇多丸　ああー。それで……漢くんにいちばん聞きたかったのは、なんでそのスタイルなのかってこと。前から本当に不思議で。あえて言えば、「ザ・ブルーハーブの影響はあるのかな？」って思ったんだけど。どうですか、そのへんは？

漢　ザ・ブルーハーブは今となっては、ふたりともあいさつしたり、しゃべれる仲にもなったんですけど。つい最近。さっき、「アンダーグラウンド vs アマチュア」をかけてたじゃないですか。初めてちゃんと聴いたんですけども。なので、あんまりそこもチェックはしていなかったんですよ。

宇多丸 ああ、そう？　すごいね、やっぱり漢くんは。

ヤナタケ オリジナルなんだ。

漢 そうですね。**開き直ってしまったというか。**「初めてラップをやったやつって、じゃあどうしたの？」っていうか。誰の影響を……とか、ないじゃないですか。(それまでは) ラップそのものがないんで。

宇多丸 なるほど。

漢 なので、**「日本で初めにラップをやったやつのつもりになればいいかな」**と考え方を切り替えました。

宇多丸 すごいね！　むしろ、いとうせいこうさんとかがしそうな考え方だな。すごいな。

この番組でアメリカのヒップホップと日本のヒップホップを並行して紹介しているのは、仮説として「アメリカのヒップホップのトレンドやあり方を日本語ラップに再解釈していくときに、進化の原動力が起こりえる」としているからで……というか、現実にそれはあると思うんだけど。漢くんに関しては、そうじゃないってことなんですね？

漢 **唯一言えるとしたら、ウータン・クランですね。ハマっていた……というか、最初は毛嫌いしてた**んですけど。ある時期にそのかっこよさに気づいてからは、ウータン・クランは最もチェックしていたグループですね。

宇多丸 キャラが立っているラッパーが大勢いて……みたいなことだったり？

漢 音楽性とかキャラとか、トータル面で見てだと思いますね。

宇多丸 なるほど。

ヤナタケ 他にラップを始めた当時、聴いていた音楽はあったんですか？

漢 ありますよ。**でも、自分の周りで本当に身近な距離には、知識を持っている人間がい**

ないんで。テレビで稀に映ったりとか、コアなヒップホップに触れることもあるんだけど、メモする時間もなかったりして。

なんで、地元のCD屋に行くんですよ。でも、**タワレコでもないし、ムトウっていう音楽楽器屋**だったりするんですよ。そこで手に入れられたCDが、アイス・Tのやっていたハードコアパンクバンドのボディ・カウント。あとウータン・クランの**RZA**[117]がやっていたグループ、**グレイヴディガーズ**[118]。その二枚だったんですよ。

ヤナタケ　ああー。でもなんとなく、共通のカラーがありますね。

漢　でも実際に聴いて、**すごく毛嫌いしたんですよ。「何だよ、これ?」って。イメージが違いすぎて。**

宇多丸　アハハハハッ!　グレイヴディガーズはちょっとホラーコアというか。ギミック感があるからね。

漢　**ホラーでしたね。**なんで、そこらへんは一回スルーしてしまったんですよね。で、ウエッサイ（西海岸サウンド）もちょっと毛嫌いしてしまって。あのシンセの音が苦手で。

宇多丸　ああ、そうか。確かに漢くんはMSのころから、わりとスモーキーなサンプルサウンドって感じだもんね。

漢　日本のヒップホップに出会ってからは、日本語のラップに集中はするんですけど、一応ところどころで、アメリカの作品をチェックしていくっていう。なんで、いまだに現行作品はチェックしているんですけど。

宇多丸　うんうん。

ヤナタケ　確かに、**9SARI cafe**[119]に行くといつも新しいヒップホップがかかっていますね。

宇多丸が衝撃を受けた、日本語の使い方

宇多丸　USの新譜に触れてはいるんだけど、

117. **RZA**　ニューヨーク・ブルックリン出身のプロデューサー、ラッパー（69年～）。91年にプリンス・ラキーム名義でシングル「Oh, I Love You Rakeem」をリリース。その後、ウータン・クランを結成し、リーダーとしてグループを成功に導く。

118. **グレイヴディガーズ**　ニューヨークのラップグループ。92年にRZA、プリンス・ポール、フルート・クワン、ポエティックらによって結成。94年にファーストアルバム『6 Feet Deep』をリリース。90年代に流行したホラーコアを代表するグループ。

119. **9SARI cafe**　漢が代表を務める鎖グループの直営カフェ。2014年、東京都新宿区にオープンした。

分析的に接したりはしないというところが漢くん流ってことなのかな？

漢　そうですね。**僕は精神性の面から解釈しようとしてしまう**ので。だから、ラップの歌い方だったり、動き方だったりも含め、「日本流でやる」って途中から決めちゃいましたね。

宇多丸　でも、だからオリジナルなんだよな。最初に見たときから、「**何、この人？　この日本語の使い方、何？**」って思ったから。

漢　ちょっと強引なスタイルなんですよね。**強引ではあるけど、一応自分らでルールだったり理由だったりは必ず作っておく**。裏付け的なものは自分らでしっくりきていないと嫌だったんで。クルーのメンバーで何かしら思想は共有して、みんなで同じものを見てはいましたね。

宇多丸　僕はバトルで漢くんを見て普通にファンになってしまい、ＭＳＣのインストアライブを見に行ったことがあって。ステージングの仕方とかが面白いんだよね。俺らと180度違うっていうか。

漢くんがＤＪに「適当に出しちゃって」って言って曲を始めたとき、衝撃を受けて。「そんな曲の出し方、ある?!」って（笑）。「適当に出しちゃって」。その言語感覚にやられちゃいました。

漢　いまだにやってますね。

宇多丸　漢さんへのメッセージも来ています。38歳男性。大分県の方。

（メールを読む）「ＭＣ漢さん、ＭＳＣがきっかけで日本語ラップを再度聴き始めました。自分の周りはほとんどそうです。最近は出世されて**ゾンビみたいなヘイター**が増えているかと思いますが……」。「ヘイター」っていうのは文句ばっかり言う人のことですね。

「……私はＭＣ漢さんがどんな仕事をされても、それは漢さんがやることに面白みがあると思って拝見しております。とにかく心に染みるリリックをありがとうございます。感謝

漢（右から２番目）と宇多丸。実は滅多にない組み合わせ

します」という。アツすぎる！

漢　アツいですねー。

宇多丸　**暑苦しすぎるメッセージが**。

漢　はい。これを自分で言うのは恥ずかしいんですけど、日本語ラップを諦めた同世代の同業者だったり、リスナーだったり、**離れた人間たちがラップに戻るきっかけになっているらしい**んですよ。昔、よく言われまくったんで。「また始めた」とか。

その中には**RUMI**[120]だったり**KEMUI**[121]っていうやつだったり、同世代で有名になっているやつからなっていないやつまで、いろいろいるんですけども。

「また聴くようになった」と言ってくれたリスナーも、自分らの曲きっかけという人がすごく多かったんですね。

宇多丸　僕も確かに、**「MSC以降」という流れ**はあると思っていて……だからMSCが出てきたときに、**「これはもう、完全に新世代が来た。潮目が変わったぞ。……やりづれえ！」**

120. **RUMI**　日本のラッパー（78年〜）。高校在学時にYOSHI（後の般若）、DJ BAKUとともに般若を結成。女性ラッパーの第一人者として知られ、現在までに4枚のアルバムをリリース。最新作は2015年の『甘い魔者』。

121. **KEMUI**　日本のラッパー。96年にラップグループ、OBOROを結成、その活動の傍ら、さまざまなアーティストの楽曲に客演。2007年には初のアルバム『BLUE SCREEN』をリリースした。

00's

みたいに思ったんだけど。何だと思いますか、その前の世代と自分たちの世代との違いは？

漢　ひとつはやっぱり反発心というか。最初に日本語ラップシーンのコアな部分を知ったときは、グループとしてはスチャダラパーしか認識していなかったので。

次に、ライムスターやキングギドラ、その周辺を知ったときの衝撃はすごくデカくて。初めて聴いたときは、日本語にも聴こえなくて。俺の地元のやつもそうだったんですけど、**「これ、日本語？」って言ってたんで。**そのくらいたぶんハマっているスタイルをみなさんは完成させていて。

宇多丸　うんうん。

漢　**俺もユウ・ザ・ロック★が天井からぶら下がって中止になったインストアライブ[122]……あの現場にいるんですよ。**

宇多丸　アハハハハッ！

人が言う「ストリート」と俺たちの考える「ストリート」は違う

漢　さんピンCAMPには行っていないんですけど。それでも、日本語ラップのシーンに触れには行っているんで、衝撃もあったし、いい、やられたし。

自分らで実際にやろうとしたときに、（先行するアーティストに対して）自分たちができないものを否定してしまうという若さゆえの部分があるんですけど。それだけだと理由としてしっくりこなかったので、**矛盾点を探したんですよね、日本語ラップの。**

宇多丸　ああ、それまでのアーティストや作品の。

漢　雑誌を開くと、みんな「ストリートだ！」とか言っているんですよ。で、ラップを聴いてみると、**「何を言ってるんだろうな？」**みたいな。ワードプレイ、言葉遊び的な部分が強くて。音楽性は高くてもですね。

122・インストアライブ　ECDとユウ・ザ・ロック★がレコード店のインストアライブにおいて「マス対コア」を披露。オーディエンスの盛り上がりを危惧して、スタッフがPAの電源を落とした。その模様はさんピンCAMPのDVDに収録。

僕がヒップホップに出会ったとき、街には、チーマーだったり、ヤンチャな子たちだったりいっぱいいたんで。そいつらがヒップホップだと思った――アメリカのヒップホップを覗くと、変な見方かもしれないですけど、貧困をテーマに、**文字もロクに書けないようなやつがラップでカマして儲けちゃっている。**（アメリカのラップの）ドキュメンタリーを見たりしたときに、**こっち（日本）で言う「ストリート」と向こう（アメリカ）が言っている「ストリート」は違うんじゃないか、**と。

宇多丸　ああー、確かに。90年代ヒップホップ。僕らの世代もそうだけど、宇田川町を中心とした、なんて言うの？　**「仮想ストリート」**というか、そういう感じはあったかもね。

漢　そういうものも作らないと、ヒップホップってものに入れなかっただろうし。ただ、僕らの時代のときには、「日本でもこういう問題あるじゃん。身近にこういうやつ、いっぱいいるしな」って思ったんで、そっちに無理やりはめ込んで。

音楽性だったり、ラップの完成度だったりよりもまずは内容をやってみようと試みたのがきっかけですね。

宇多丸　うんうん。漢くんがさっき言ったように精神性のところから入るというわけだ。

（ＭＳＣのデビュー当時）ちょうど日本社会が傾きかけて、**「お先真っ暗なんじゃないの感」が出てきて。僕らが始めたときの「バブル真っ盛り感」とは空気感の違いも、当然ある**わけだけど。

漢　そうっすね。バブルって時代は知っているんですけど、実際に〝お小遣い〟を手にしたり、その金を使って人が動いたりしている姿はリアルに見てはいないんですよね。当時はガキンチョですから。

で、目の前でバブルが弾けて。自分ちもそうですけど、それが中学に入る前くらい。日本全体でもいろいろな理由で貧乏になっちゃうやつが出てきた。

そうなってくると、自分の生きてきた時代と社会背景をリンクさせて考えるようになる。**「俺たちみたいのが生まれて最近増えたのはこういう理由なんじゃねえか？」っていうのをまず、クルーのやつらと話し出す**んですね。

宇多丸 おおーっ！ へー！

漢 なんで、その時代は事務所っちゅうか、**アジトでは、テレビも禁止**にしてしまったし。

宇多丸 すごい！ 禁止。

漢 **ゲーム機もあるけど、禁止**みたいな。

宇多丸 自分たちの世界にいったん浸りきるため、というか。

漢 **バイトも辞めろ、と。**

宇多丸 すごいね！ 退路を断たせて。

漢 **「仮想でもいいから、まず俺と近いところまで来い」**みたいな感じで。「文句を言う前にまず一緒にこの気分を味わえ」的な感じだったんですけど、俺は。

宇多丸 うんうん。MSCのまとっていた独特の空気はそうやって出来たんだ。ある意味、**漢くんが強制的にまとわせた**ものでもあったんだ。

漢 そうですね（笑）。はい。

宇多丸 すごいね！ じゃあちょっと一発、MSCの当時の曲を聴いてみましょうか。2003年の曲です。MSCで「宿（じゅく）ノ斜塔」。

▶MSC - 宿ノ斜塔

宇多丸 この曲がかかっている間もね、ずーっと興味深い話が続いていたんだけど。渡辺志保さんも、漢くんが登場したころ、時代の変化みたいなものを感じました？

志保 そうですね。私もそのくらいの時期に広島から上京してきて、東京で遊ぶようになったんですけども。**2003〜4年くらいからシーンが分断されていくと同時に、リスナーの間も分断されたというか。**やっぱりライムスターさんのようなヒップホップが好きな人はそういったものを聴くし。
　遊び場に関しても、新宿にしか遊びに行かないヒップホップリスナーとか、渋谷でしか遊ばないリスナーとか。だんだん、リスナー同士も分断されていったような気がするんですよね。
宇多丸　そうだよね。昔のようにひとつのヒップホップ像を目指してコンペティションするというよりは、それぞれに別のスタイルが出来てきたし。
　世代が少し違えば――この番組を最初から聴いていただいているとわかると思うけど――、もうヒップホップとかラップとか言っても一口では……。
志保　語れないというか。
宇多丸　だからさ、**「〝ロック〟三昧」って言ったときに「ロックって！」**とかさ。
志保　フフフ。そうね、大きすぎて。
宇多丸　大きすぎだからっていう。まあ、それくらいのものにヒップホップ／ラップもなったという。で、日本でもそうだということだと思うんだけど。
漢　そのころは、たぶんヒップホップの４大要素（ラップ、DJ、ブレイクダンス、グラフィティ）がバラバラだったんですよ。一体化しようとしないで。
　ダンサーがやっていると、僕らラッパーは後ろに行っちゃうし。僕らが日本語ラップをやるとダンサーは下がっちゃうし。グラフィティやっているやつらは無鉄砲で勝手にやるし。**ＤＪはＤＪで「日本語ラップはかけないぜ！」**みたいな。
　そういう時代がしばらくあって……それがまた何周したかわからないけど、今はすごくいい時代だと思います。
宇多丸　もう一回、また……。
漢　みんなまとまってきているし。かつて４大要素が調和していたように。細分化されていたリスナーが同じようにラップを共有するようになったなと今は思います。

宇多丸　あ、本当？

漢　「こっちも聴けば、あっちも聴くんだ」みたいな。**今の子たちは結構、幅広いかもしれないです。**

宇多丸　そうね。まあ全部手軽に聴けるという環境もあるかな。俺らが思っているよりはフラットに聴いている世代が出てきているのかもしれないね。

漢　手軽感はありますよね。

漢がMCバトルを主催し、今も続けている理由

宇多丸　漢くんと言えば、そのB BOY PARKで僕は出会って。で、2002年に漢くんは優勝しているわけですけど、その後の細かい経緯は省きますが、B BOY PARKのMCバトルはちょっと、あんまりな感じになり。

そこから、漢くんたちはMCバトルの大会を主催していくじゃないですか。それはどういう気持ちでやっていったんですか？

漢　最初は「お黙り！　ラップ道場」っていう名前で、2004年に始めました。**UMB**[123]（ULTIMATE MC BATTLE）の前に、実はそのイベントがあって。それを始めた経緯というのは、B BOY PARKがああいう形に一度なったので。

宇多丸　モメて終わっちゃったという。

漢　で、「今年はやらないっぽい」っていう情報を知ったとき、だったら俺、優勝したばかりだし、主催しようかと。

俺が優勝する前に、すでにKREVAが優勝していて。KREVAの二連覇を聞いて、「**だったら俺、優勝できるな**」って思って、B BOY PARKに行ったんですね。まあ、その前年は本戦で負けてますけども。

当時、自分は「俺はフリースタイルバトルはうんぬん……」とかって言い訳しているやつにすげームカついちゃってて。言い訳して

123 UMB　2005年に始まったMCバトル大会。全国各地の予選を勝ち抜いたMCが一堂に会し、年に一度、日本最強のMCを決める。最多優勝はCreepy nutsのR-指定で、12年から3年連続で全国制覇を果たした。

出ない。「B BOY PARKだから出ない」って言うんですよ。

宇多丸　ああ、なるほど、なるほど。

漢　「あれは違う」みたいな。で、「いやいや、違くはないじゃん？」って考えて、「俺は一回、出てみよう」って。それでKREVAに負けて、悔しかったし。

宇多丸　まあ、スタイルが対照的だからね。比べるのも正直難しいけどね。

漢　そうなんですよ。KREVAスタイルが確立されて、みんな、ベースにしていたってこともあって、それを言い訳にする人間が僕の周りにはいたんですよ。

宇多丸　なるほど。**「俺はKREVAスタイルじゃないから、どうせあそこでは勝てない」**みたいなこととか。

漢　で、「あれはヒップホップじゃない。うんぬん……」。同じラップという技法で勝負して勝ち負けを決めてるのに、負けたときにそんな言い訳はねえよなって。今度は自分が優勝して、そいつらを引きずり出してやろうと思ったんですよ。

宇多丸　違うスタイルでも勝てたぞというね。

漢　**「俺が言えばみんな言い訳せずに出てくるしかねえだろ」**っていうか。

俺が優勝できたから、それを知って「俺にもできる！」と思っているやつもいるだろうと踏んで、「自分の名前で人を集めてみたらどれくらい来るかな？」と考えたのがきっかけでしたね。

宇多丸　でも、そこからずっと継続してやっているわけじゃない？　まあ、はっきり言って僕も関わったことがあるからわかるけど、**こんな面倒くさいことはないじゃん？　MCバトルの主催って**。だから、「なんでそこまで大変なことをずっとやり続けたのかな？」って思って。

漢　今の時代って――「なんちゃって」って言ったら失礼かもしれないけど――、**なんちゃってプロだらけ**なんですよ。

宇多丸　ほうほう。

漢　なんでかって言ったら、**自分らで発信しているじゃないですか**。

宇多丸　CDは自分で作れちゃうし。

漢　**で、自分で着飾るし**。情報も自分から出すわけで、何を言ってもいいわけで。ただ、僕らが憧れていた時代は雑誌「blast」だったり、専門誌だったりに載らないとまずプロじゃないっていう。プロの……。

宇多丸　ハードルが高かった。

漢　そうです。「**どこからがプロなんだ?**」っていう。「**自分らで言わなくても人が注目して、人が勝手に情報をほしがったらだろう**」というところで線を引いていたんで。

そういう面では、アメリカのMCバトルはなかなかな文化だなと思って。英語がわからなくても面白いし。この文化をツールとして手段として使えないか、と。

「**エミネムも何回も優勝して勝ち抜いて有名になった」とか、そういうストーリーが日本にはないなと思って**。まあ、KREVAはそうだったんですけど。

僕らのいたアンダーグラウンドだったり、インディーズのコアな部分だったりでラップをやっているやつらに、**日本でもそれができるってことを証明したくて**。

宇多丸　うんうん。

漢　自分はMCバトルに出て優勝した年に、(MSCの)アルバム『Matador』を出したり、その前の年にデビューEPだったりと、ちょうど重なっていたんで。なので、自分的にはバトルの優勝が、CDのセールスや知名度を上げることにすごくプラスになっていたなと思って。

宇多丸　ああ、ちょっと前だとさ、MCバトルで勝っているような人はなかなか音源では成功できないっていう、ジンクスがあったというか――アメリカだってそうだったよね――、でも同時にそれを果たしてっていうことだよね。

漢　そうですね。そのレールがないといけない。で、ＭＣバトルで、（親に）**マッサージしたお小遣いでもいいし、誰かのパシリでもいいし、とりあえず１０００円、２０００円ぐらいのエントリー料を払えば……**。

あ、なんで、最初にイベントをやったときにエントリー料を取ったかというと、イベントとしては潰せないからです。50人、「出たい」っていうやつがいたら、ひとり２０００円払えば、10万で箱代は赤字にならないんで。それを念頭にＭＣバトルに出るやつからも（お金を）取っていたんですね。

宇多丸　うんうん。

漢　で、**その２０００円の片道切符っていうのは平等にみんな、手にできる**わけじゃないですか。どんな金でも２０００円で。**あとはそいつが持っている自信だけなんで**。そこで優勝したら、**「お前ももしかしたらこんな道に行けるぜ」っていうレールを作りたかった**。ヒップホップドリームのひとつとして。

で、ストイックにやったり、ハングリーにやったり、いろいろなスタイルでみんなやっているんだろうけど、**僕の中でヒップホップのひとつのかっこよさとしてあるのが、「適当」**。

宇多丸　ねえ。「適当に出しちゃって」っていう、俺が衝撃を受けたライブ運び。うん。

漢　そのサラッとやるかっこよさがほしくて。で、僕はＭＣバトルという道を作っておきたかったんですよ。あと、日本語でもできるなって思っていて。

宇多丸　うんうんうん。「適当」って言うけど、なんかすごく親切ですよね。シーン全体に対して。**やる気ゼロみたいな顔をしながら、めちゃくちゃ親切にシーンに貢献している**なって思って。

漢　なるべく共有した方が楽しいじゃないですか。自分が経験したり、自分ができることだったりって。

宇多丸　いやー、さすが！　さっきのような暑苦しいメールが来るだけのことはあるってことだと思います。

それでは、漢くんにはこのまま付き合っていただいて、2000年代の日本のヒップホップシーンを総まくりしていきたいと思います。

ライムスターとTOKONA-X、知られざるエピソード

宇多丸 いろいろな人がいるんだけど、**TOKONA-X**[124]をかけましょうか。TOKONA-Xという人は名古屋の……**イルマリアッチ**[125]というグループでさんピンCAMPにも出ていたりしましたけど。

ヤナタケ そうですね。はい。

宇多丸 で、2004年11月に亡くなってしまった。急逝してしまったんだけど。漢くんはトコナと会ったことはありますか?

漢 生前はないんですよね。(イルマリアッチの)**DJ刃頭**(はず)[126]さんと交流できていたし、湘南乃風の**若旦那**(わかだんな)[127]とも僕は距離が近かったんで、ふたりも(TOKONA-Xを)紹介する約束をしてくれて楽しみにしていたんですけども。ハーレムで彼のライブを一回、僕が一方的に見ていますね。

宇多丸 TOKONA-X。本当に強烈なキャラクターを持っていて。それこそさっきね、志保さんが方言の話をしていたけど……ってネリーじゃないけどさ。

志保 ローカル魂みたいなものを背負って、かつ、ビッグヒットになるというお手本かなと思うんですけども。

ヤナタケ 宇多丸さんは、接点はあったんですか?

宇多丸 なにしろイルマリアッチのときからさ。**さんピンCAMPの打ち上げ**って、当時渋谷にあったCAVEというクラブでやったんですけど。俺らは真面目だから行くよ。でも、予想してたの。「ぜってー誰も来ねえだろ、

124. **TOKONA-X** 日本のラッパー(78~2004年)。愛知県常滑市で活動を始め、DJ刃頭とイルマリアッチを結成。名古屋弁を駆使した独特のラップで人気を博す。ラップグループ、M.O.S.A.D.の一員としても活動。04年には、デフ・ジャム・ジャパンからソロアルバム『トウカイXテイオー』を発表。より一層の飛躍が期待されたが、同年11月に急逝する。享年26。

125. **イルマリアッチ** 日本のラップグループ。メンバーはTOKONA-X、DJ刃頭。両者が96年のさんピンCAMPに出演した後、正式に結成された。97年のデビューアルバム『THA MASTA BLUSTA』が高い評価を受ける。

126. **DJ刃頭** 日本のDJ、トラックメイカー。名古屋のシーンにおける中心的人物で、TWIGY、TOKONA-X、BOSS THE MCらと共作。

127. **若旦那** 日本のレゲエミ

これ?」って。で、**案の定、俺らとイルマリアッチしかいない**んですよ（笑）。

しょうがないから、一緒に飲んでいるじゃん? そうすると、**トコナって横浜出身だったりして意外と接点があって。だからすごく仲は良かったよ。**

ヤナタケ　なるほど、なるほど。

宇多丸　あとは**僕がDJ OASIS[128]とかと作った「キ・キ・チ・ガ・イ」[129]や「社会の窓」[130]を気に入ってくれているとは聞いていて……**とかですね。

じゃあ、TOKONA-X。その名古屋弁に加え、強烈なキャラクターとスキルを打ち出したラッパーでございます。TOKONA-Xで「知らざあ言って聞かせやSHOW」。2004年です。

▶TOKONA-X - 知らざあ言って聞かせやSHOW

宇多丸　この曲に関してはリクエストがすごくいっぱい来ています。

（メールを読む）「『知らざあ言って聞かせやSHOW』、あまりヒップホップにくわしくはないですが、地方のヒップホップを語るにはこの人をおいて他にないでしょう。ぜひ」とかね。

（メールを読む）「偉大だった名古屋のOne Micはもうこちらの世界にはいませんが、今も多くのアーティストがこの曲でバトルをして、踊って、歌っています。日本のラップシーンに残るレジェンドのこの曲をぜひ！」とかね。

（メールを読む）「名古屋弁を駆使し、反東京精神を露骨に出したラップはいつ聴いても震え

「知らざあ言って聞かせやSHOW」
TOKONA-X
（2004/Def Jam Japan）

ユージシャン、俳優（76年〜）。RED RICE、SHOCK EYE、HAN-KUNとともに、湘南乃風の一員として活動。

128. DJ OASIS　日本のDJ、トラックメイカー、ラッパー（72年〜）。93年、Kダブシャイン、Zeebraとともにキングギドラを結成。2001年にはアルバム『東京砂漠』を発表。

129. 「キ・キ・チ・ガ・イ」　2000年の楽曲。DJ OASISが、宇多丸とKダブシャインを客演に迎えて制作。暗喩や同音異義語を巧みに駆使したリリックが、「聞き違い」によりダブルミーニングとなるギミックを持つ。その内容の過激さから、CDは自主回収となった。

130. 「社会の窓」　2000年の楽曲。「キ・キ・チ・ガ・イ」が自主回収となったことを受けて、DJ OASISと宇多丸の2名で制作された。「キ・キ・チ・ガ・イ PARTⅡ」

上がります」とかね。

（メールを読む）「**とにかくかっこいい。この曲と出会ってから毎日聴いています**」とかね。

志保　おおっ、すごい！

宇多丸　さあ、といったあたりで今、合間に聞いていた漢くんの**川上音二郎の「オッペケペー節」[131]の話……**。

漢　はい。

宇多丸　**もうダメだ。漢くんは話が面白い！**面白すぎる。今度、うち（TBS）の番組に来て、いっぱい話してください。

SEEDA、ANARCHY、PSG

宇多丸　で、ですね、だんだん時間がなくなってきちゃって。

たとえば、**SEEDA**[132]という、それこそずっとインディー魂というか、DIYで、自分でキャリアを築いてきたアーティスト。**『花と雨』なんて名盤からも曲を聴かせたかった**ですし。

あと、**ANARCHYという、京都をベースに活動して、日本のリアリティーラップのスタイルを完全に確立したアーティスト**。しかも、華もあるというね。ANARCHY、さっきからちょっとかかっていたりしますけども。ANARCHYもくわしく紹介したかったんですが……。

最後、このパートは、2017年に『MODERN TIMES』という大傑作を出してしまった**PUNPEE**[133]が属している、**PSG**[134]で締めたいと思います。**PSGの登場でまたまたフェイズがちょっと変わる**というか。

志保　そうですね。はい。

宇多丸　それこそ、脱力しているのに、なんかめちゃめちゃおしゃれでかっこいいし。おまけにさ、PUNPEEはあんな感じなのに、バトルに出て強かったりするわけじゃないですか。

とも題される。

131.「**オッペケペー節**」 明治中期の流行歌。壮士芝居の川上音二郎が歌い、後に全国へと拡がった。自由や民権の理念を説く文句を、風刺を交えながら朗読調に歌ったもの。

132. **SEEDA** 日本のラッパー（80年〜）。2003年ごろ、A-THUGやBESらとともにSCARSを結成。在英経験を活かしたスキルフルなバイリンガルラップが特徴で、とりわけ06年のソロアルバム『花と雨』は日本語ラップ史に残るクラシックと名高い。

133. **PUNPEE** 日本のラッパー、トラックメイカー。2007年、PSGを結成。プロデューサーとしても活動し、ヒップホップ内外のアーティストからオファーが絶えない。17年には初のソロアルバム『MODERN TIMES』をリリース。

134. **PSG** 日本のラップグ

漢　細かいスキルフルなラップもできますしね。
宇多丸　**非常に困ったことになっている**というね（笑）。あ、ちなみに漢くんから見たPSG、PUNPEEはどうですか？
漢　僕は、PUNPEEはバトルシーンで活躍していたころから知っているんで。彼は成功例のひとつなんじゃないですかね。
バトルで自分の名前を売って、売れたらスイッチを切り替えて本業の、自分の自信のある音楽性を広める。**なかなかの最短距離で、バトルを有効利用した**と思うんですよね。
宇多丸　今となっては、ヒップホップヘッズ以外にも、っていうか他ジャンルで人気抜群だから。
志保　プロデュース業といい、ラッパー活動といい。
ヤナタケ　**フジロック**[135]で、PUNPEEのステージは大雨だったにもかかわらず、入場規制があったらしいですからね。
宇多丸　ねえ。**早く1000円くれないでしょうか？**
志保　アハハハハ！
宇多丸　あと、バトルシーンで活躍していたアーティストということだと、同じ世代って言っていいのかな？　**サイプレス上野**[136]とかもそうだし。TARO SOUL、**KEN THE 390**[137]。あと**COMA-CHI**[138]とかね。
志保　そうですね。**ダメレコ**[139]**系のアーティストが**。
宇多丸　日本を代表するフィメールラッパー・COMA-CHIとかもバトル出身だったりして、さまざまな人がいるわけですが。
新世代の始まりということで象徴的なこの曲をお聴きください。PSGで「かみさま」。2009年です。

▶PSG - かみさま

宇多丸　PSGは、PUNPEEだけじゃなくて、**5lack**[140]という、弟さん。超絶うまい

ループ。メンバーはPUNPEE、GAPPER、5lackの3人。2007年、東京都板橋区を拠点に結成し、09年のデビューアルバム『David』は高い評価を獲得した。

135．フジロック　97年より開催されているロックフェスティバル。PUNPEEは2017年に、2日目のホワイトステージに登場した。

136．サイプレス上野　日本のラッパー（80年〜）。2000年、DJのロベルト吉野とともに「サイプレス上野とロベルト吉野」を結成し、04年に『ヨコハマジョーカーEP』でデビュー。MCバトルにも精力的に参加し、15年に放送が始まった「フリースタイルダンジョン」では、初代モンスターを務めた。

137．KEN THE 390　日本のラッパー（81年〜）。早稲田大学在学中の2005年、TARO SOULとともにアルバム『JAAAM!!!』を発表。06年にはソロアルバム『プロ

『David』
PSG
（2009/File Records）

ラッパーがいたりとか。もう、嫌ですねー。

志保　嫌ですねー（笑）。

宇多丸　**嫌な世の中、嫌な時代になったものです**（笑）。そろそろこのパートは終わりなんですけども。漢くんはニューアルバムが？

漢　今月1月に、これまで自分のやったフィーチャリング曲だったりを集めたミックスCD（『ON THE WAY mixed by DJ GATTEM』、2018年1月発売）と、来月にはアルバム『ヒップホップ・ドリーム』（2018年2月発売）が出る予定です。

宇多丸　またビッグなボムが落とされてしまうわけですね。

漢　がんばります。

宇多丸　ということで、漢くん、最高でした。聞きたい話をいろいろと聞けたんで。またぜひ、よろしくお願いします。

漢　よろしくお願いします。

宇多丸　ということで、漢a.k.a.GAMIさんでした！

漢　ありがとうございました。

ローグ』をリリースした。かねてからMCバトルを得意とし、「フリースタイルダンジョン」では審査員を務める。

138. COMA-CHI　日本のラッパー（84年〜）。2005年のB BOY PARK MC Battleにて準優勝など、女性ラッパー随一の実績を残す。09年にはアルバム『RED NAKED』でメジャーデビューを果たす。

139. ダメレコ　日本の音楽レーベル「Da.Me.Records」の略称。2004年、ダースレイダー、METEOR、環ROYを中心に設立された。1枚1000円という低価格でアルバムを次々に発売し、日本語ラップの多様性を拡げた。

140. 5lack　日本のラッパー、トラックメイカー（87年〜）。PUNPEEの実弟。PSGの一員として活動する傍ら、2009年にソロアルバム『My Space』を発表し、確固たる評価を獲得する。最新作は15年の『夢から覚め。』。

SHIHO'S DICTIONARY OF HIP-HOP SLANG

渡辺志保のヒップホップ・スラング辞典④

車にまつわるスラング

最後に紹介するスラングは「skrrt（スカーッ）」です。この「skrrt」は、なかなかトリッキーなスラングで、もともと車が急ブレーキを踏む音に由来しています。日本語で言えば、「キキーッ！」ですね。英語だと、「skrrt」という擬音語になるというわけです。

このskrrt。ヒップホップの曲の中で使われたときは、高級車を乗りこなしている様子や車で走ること自体を意味するようになりました。イコール、勢いがいい、調子がいい、ということですね。最近のヒット曲では、曲中で「skrrt, skrrt」と連呼されるなど、登場頻度の高いスラングとなっています。

また、ヒップホップ文化には車の存在自体が欠かせないものなので、車にまつわるスラングが多いことも特徴です。例えば、オープンカーの屋根を開けて走ることを「drop top（ドロップトップ）」と言って、自分たちのスタイルに箔を付ける目的で使うことがあります。あとは、もとの言葉を略して使うのも、ヒップホップ特有ですね。たとえば、フェラーリのことを「Rari（ラリ）」、BMWのことを「Beamer（ビーマー）」、キャデラックのことは「'lac（ラック）」と呼ぶことも。

BMWの「X6」というモデルで、白と黒の二色で塗装している車を正面から見ると、まるでパンダのように見える。そのことをラップしたデザイナー（Desiigner）というラッパーの「Panda」（2015年）という曲が大ヒットしたこともあります。

ラッパーたちは、財力自慢に欠かせないツールである車をお題として、自分の存在を誇示するために、さまざまな言い回しを日夜開発しているということでございます。

放送開始から 8 時間が経過。いよいよ最終章、2010年代へ……

5 10's

［第5章］

2010年代

ネット・政治・トラップ

［そのとき、日本は？］

ヒップホップの未来へ

流れを変えた カニエ・ウェストの超問題作

宇多丸 さあ、再びアメリカに戻ります。2010年から現在！ ついにここまで来ました！

志保 やっと！

宇多丸 1973年からね。少しずつやってまいりまして。

志保 長かったですね！

宇多丸 長かったけど、超特急ですよ！ かなりのスピードで1年が過ぎていく感じでした！ ちなみに音源は、ヤナタケさん本人が出しているので、（出演者の中で）いちばん気の抜けない男です。さっきから顔に疲労が色濃く出ております（笑）。**5歳くらい歳を取った気がします。**

志保 老けてきている（笑）。

ヤナタケ はい（笑）。はい、いきましょう（笑）。

宇多丸 それにしても、漢くんが話面白いから。

ヤナタケ 今日は真面目に話してらっしゃいましたけど、日本のヒップホップ界でいちばんギャグセンが高いのは、漢くんですから。

宇多丸 面白いよねー。ということで、さあ、現在進行形に至るラップの話を伺いましょう。

高橋 このパートは2008年から。**2008年というと合衆国初の黒人大統領、バラク・オバマ大統領が誕生したタイミング**ですね。

もうこの時期にもなるとインターネットで音楽を聴く環境がばっちり整備されてきて。たとえば**SoundCloud**[1]**やBandcamp**[2]**がすでにサービスを開始していたり、Spotify**[3]**がヨーロッパで立ち上がったのもこの2008年**。

宇多丸 ああ、そうなんだ！

1. **SoundCloud** 2007年にスタートした、ストリーミング配信のプラットフォーム。ミュージシャンが自身の楽曲を配布・公開できる。
2. **Bandcamp** 2008年にスタートした、ストリーミング配信・販売のプラットフォーム。アーティストが自ら音源を販売できるのが特徴。
3. **Spotify** 2008年にスタートした、サブスクリプション型ストリーミング配信サービス。有料サービスを利用すると、登録された楽曲が高音質かつ広告なしで聴き放題となる。

高橋　アメリカに上陸したのは２０１１年になるんですけどね。

宇多丸　インターネットでどうやって音楽を流通させるかについては、揺れ動いた時期もあったけど、そのあたりでだいぶ固まってきたと。

高橋　そんな時代の最初にかけたいのは、カニエ・ウェスト。第4章でも「Gold Digger」を紹介しましたが、彼は基本的にどのアルバムでも大きな爪痕(つめあと)を残しているので。

宇多丸　常にトレンドセッターですね。

高橋　ここではカニエの『808s & Heartbreak』というアルバムを紹介したいと思います。リリース当初は賛否両論、むしろ「否」の声のほうが多かったかもしれない。

志保　私はわりと、**「えっ？　どこがいいのかちょっとわからない！」みたいな反応だった**ことを覚えています。

高橋　全編オートチューン加工されたボーカルで、しかもラップではなくほぼ歌っているという。

志保　ラップをしていない。

高橋　多くのリスナーが戸惑いを覚えたアルバムだったんですけど、今から振り返ると間違いなく、ここ10年で最も影響力のあるアルバムと言っていいと思います。

宇多丸　**たとえば、オートチューンでラップと歌の境界を行き交うようなボーカルスタイル。**

高橋　はい。それから**エモーショナルで内省的な歌詞世界**。

志保　自身の母親の死と、そのときに付き合っていたフィアンセとの別れ。このふたつがアルバム制作の動機になっているんですよ。なので、とにかく暗くてエモーショナルなんですね。

高橋　なんというか、しみったれた感じね（笑）。

志保　そう！　でもそれに影響されて、後々に**キッド・カディ**[4]のようなラッパーも出てくるわけなので。そういうエモっぽいラップの

4．キッド・カディ　オハイオ州クリーブランド出身のラッパー（84年〜）。２００９年に、カニエ・ウェストが主宰するレーベル、G.O.O.D.からデビュー。同年のファーストアルバム『Man on the Moon: The End of Day』がヒット。内省的なリリックが特徴。

原型かもしれないですね。

高橋　あとは、今やすっかり定着しきっている**空間を活かしたアンビエントなサウンド・プロダクションの走り**としても重要なアルバムです。

宇多丸　はいはい。アンビエントっぽい感じはまさに今のトレンドのひとつですしね。

高橋　ヒップホップにとどまらず、他のジャンルにも絶大な影響を及ぼしています。R&Bでは**ザ・ウィークエンド**[5]や**フランク・オーシャン**[6]。インディー・ロックでは**ボン・イヴェール**[7]や**ジェイムス・ブレイク**[8]。

志保　確かに、ボン・イヴェールもいち早くカニエが使っていましたからね。

『808s & Heartbreak』
Kanye West
（2008/Roc-A-Fella Records）

宇多丸　それでは、カニエ・ウェスト『808s & Heartbreak』から何を？

高橋　アルバムのオープニング曲ですね。まさにこのビートの感覚だと思います。カニエ・ウェストの2008年作で「Say You Will」。

▶ Kanye West - Say You Will

志保　**「暗い！」**っていう感じがしますね。

宇多丸　暗いし、今日は一応、「〝RAP〟三昧」なんだけど、**もはやラップではない**。

高橋　フフフフ、確かにね。

志保　メロディが全編についている。

宇多丸　ということなんですよね。でもやっぱり今聴くと、以降の音楽像を……。

高橋　うん、完全に決定づけた感があります。

宇多丸　「っぽい」。**いろいろなところが、「っぽい」**。

5. ザ・ウィークエンド　カナダ・スカーバロー出身のR&Bシンガー（90年〜）。2011年に3つのミックステープを発表し高い評価を受けた後、その翌年にそれらの音源に新曲を加えて3枚組のアルバム『Trilogy』として発表。15年のアルバム『Beauty Behind the Madness』が全米1位を記録。アンビエントやダブステップからの影響を感じさせるサウンドと、メランコリックなメロディが特徴。

6. フランク・オーシャン　ルイジアナ州ニューオーリンズ出身のR&Bシンガー（87年〜）。2010年に、タイラー・ザ・クリエイター率いる、オッド・フューチャーに加入。11年には、ミックステープ『Nostalgia, Ultra』をリリースし、その退廃的な世界観が高い評価を受けた。12年、デビューアルバム『Channel Orange』をリリース。同年に、初恋の相手が男性だったことを告白し、事実上のカミングアウトを行っている。

志保　**2018年に聴いても「っぽい」**。

宇多丸　そういう感じがありますよね。さすがカニエというかね。

ドレイク――無料配信曲が全米2位に

高橋　そして、このカニエ・ウェスト『808s & Heartbreak』の流れを汲んで出てきたのがカナダはトロントのドレイクです。

宇多丸　来ました！　ドレイクはまた「ドレイク以降」という流れを作り出しましたよね。ドレイクってどういう人ですか？　わかりやすく言うと。

高橋　芸能界入りは早くて、もともと子役出身だったんです。

志保　そうなんですよ。「デグラッシ」[9]という学園ドラマで、車椅子に乗っている男の子の役を演じていた。なので、もともとエンタメ業界にいた人なんですよね。

高橋　その後、2009年にミックステープ『So Far Gone』で一躍ブレイクを果たしました。それまでのミックステープは比較的コンピレーション的というか、新曲やビートジャックが雑然と詰め込まれているような感じだったんですけど、『So Far Gone』は非常にコンセプチュアルな構成になっていた。

宇多丸　作品として完成されていた。

高橋　そして何が衝撃だったかって、この『So Far Gone』はそれまでのミックステープと同じようにインターネットで無料で入手できるんですよ。そこから「Best I Ever Had」という、全米チャートで2位にランクインする大ヒット曲が生まれてる。

宇多丸　無料で手に入れられる曲が！

高橋　そうそう。

志保　**売ってないのに**。

宇多丸　要するに、配信のみですよね。

志保　それもタダで聴けるという。

高橋　だから、**CDショップに行って「ドレイクの『Best I Ever Had』をください」**

7．ボン・イヴェール　ウィスコンシン州オークレア出身のシンガーであるジャスティン・ヴァーノンのソロプロジェクト。フォークを基調に、R&B、ポストロック、エレクトロニカを取り入れた音楽性が特徴。2008年にリリースしたEP『Blood Bank』が高い評価を受けている。カニエ・ウェストが「Lost in the World」の中で、同EPの収録曲「Woods」のフレーズをそのままサンプリングした。

8．ジェイムス・ブレイク　イギリス・ロンドン出身のシンガー、プロデューサー（88年～）。ダブステップをベースとしてアンビエントなどの要素を取り入れたサウンドが特徴。2011年、デビューアルバム『James Blake』をリリース。16年のビヨンセのアルバム『Lemonade』収録の「Forward」にゲストボーカルで参加している。

9．「デグラッシ」　2001年から放送されたカナダの学園ドラマ。ティーンエイジャ

と言っても売ってない。家で各自勝手にダウンロードしてください、という。これはなかなか画期的ですよ。
宇多丸　だから、なんて言うの？　**「チャートってなんだ？」**っていうか。
志保　アメリカのチャートは非常に複合的ですから、ラジオのエアプレイとかでポイントを稼いでチャート上位に上がったという。
宇多丸　**売上チャートだったらまったく……。**
志保　**ゼロです。はい。**
宇多丸　**恐ろしいキャリアの。**
志保　本当に衝撃的でした。
宇多丸　でも、音楽をタダで公開している人なんかいくらでもいるわけだから、それほどのものだった、っていうことですよね？
ヤナタケ　当時、アメリカのニュースサイトでは、発表された瞬間にすごく話題になったんです。まだ、日本ではミックステープに対してどう反応すればいいのかいまいちわからないぐらいのときだったと思うんですけど。でも、KREVAがね、すぐさま激推ししていたんですよ。
高橋　ブログで紹介していたの、覚えてる。KREVAくんは早かったよね。
宇多丸　KREVAという男は本当にすごい男で。MCバトルをやらせれば、（B BOY PARKで）三連覇。普通にポップグループとして売れてしまう。
　そして、オートチューン混じりの、ほぼほぼ歌の内省的なヒップホップチューン……はっきり言って**「カニエよりも早くやってますけど？」**っていうことでもあったりして。まあ、恐ろしい男・KREVA。「〝KREVA〟三昧」も楽しみにしていただきたい。
　あと、[10]**「1人武道館」とか完全にどうかしているとしか思えないことをやるなど、大変な男です。1000円くれないかといまだに思っていますけどもね。**
ヤナタケ　フフフ。
高橋　そして先ほど紹介した『808s &

ーの悩みや葛藤をリアルに描く。ドレイクはシーズン1〜7に出演。

10．「1人武道館」　2014年9月7日と8日、KREVAのソロデビュー10周年を記念して日本武道館で「908 FESTIVAL 2014」を開催。7日の公演は「KREVA〜完全1人武道館〜」と銘打たれ、バックバンドやDJを設けず、ひとりで機材を操りライブを行った。

Heartbreak』のカニエ・ウェスト同様、**ドレイクもやっぱり歌とラップの二刀流**なんですよ。例の歌とラップの境界を行き交うスタイル。

ヤナタケ　ひょっとしたら、**日本語ラップしか聴いてないという人にとっては洋楽の聴きやすい入り口になるかもしれない**ですね。

志保　以前は、50セントだったりリック・ロスだったり、マッチョで悪そうなラッパーが第一線だったんですけど。

宇多丸　結局、それが主流だったんだよね。

志保　でもドレイクの登場や、カニエ・ウェストのブレイクによって、悪そうでなくてもいいんだ、みたいな。それこそPSG、PUNPEEくんたちが出てきたような感じですね。アメリカも同じような転換期にあったんじゃないかと。

宇多丸　**デ・ラ・ソウルのときの解放感が再び、**ということですかね。

高橋　そう、まさに大ヒットした「Best I Ever Had」は**ヒップホップのマッチョなパブリックイメージから距離を置いためちゃくちゃ女の子に優しい歌**なんですよ。

志保　そうなんですよ。めっちゃ優しいんですよ。これもう、（平板なアクセントで）**アコガレの世界ですよ**。本当に。

宇多丸　あ、女性としては？

志保　はい。アコガレの世界。

高橋　だって「**髪を結んですっぴんにスウェットパンツでリラックスしている普段の君こそがいちばんかわいい**（Sweatpants, hair tied, chillin' with no make-up on / That's when you're the prettiest）」とか言っちゃうんですよ。

志保　あと、「**君の家に行くから、鍵はドアマットの下に入れておいてくれ**（Put the key under the mat and you know I be over there）」とか。

高橋　**甘酸っぺー！**

志保　甘酸っぺー！　**鍵、マットの下に入れたい！**（笑）。

宇多丸・高橋　アハハハハ！

高橋　やっぱりヒップホップの世界は女性蔑視やミソジニー（女性嫌悪）が根強くあるじゃないですか。

志保　そうそう。**ハードコアでナンボ**、みたいな。

宇多丸　これまでのヒップホップの女性の描き方のノリを、すみません、**NHK-FMらしからぬ表現で言うと、「おい、しゃぶれ！」みたいな感じだったわけです**。

志保　そうですね。

宇多丸　それが……。

高橋　「**すっぴんの君が素敵だよ**」ですからね。

宇多丸　「**鍵、入れておいて**」ですよ。

志保　そう。それに、ドレイクは見る人が見たらすごく甘いマスクなので。

宇多丸　なんで微妙な言い方するの？（笑）。

志保　**いやいや、彼をイケメンとするか、しないかは結構……**（笑）。

宇多丸　論争があるわけね。

志保　そうそう。眉毛がセクシーなので。そういう、いわゆる女性票もバーッと獲得して大きなポップヒットにつながるっていうのは、それこそ今では当たり前の流れですけども、ドレイクはそこにおいても先駆者であったかなと。

宇多丸　内容もそうだけど、売れ方もそうだしっていうことですよね。じゃあ、ちゃんと聴きましょうか。

高橋　ドレイクの最初の大きなヒット曲ですね。「Best I Ever Had」です。

▶ Drake - Best I Ever Had

志保　聴いていただきました、**アコガレ甘酸っぱチューン**。ちなみにドレイクは音楽的なバックボーンもしっかりあって。お母さんはトロント出身で、お父さんは**デニス・グラハム**[11]というメンフィス出身のミュージシャン。かつ、おじさんがあの**ラリー・グラハム**[12]なんですよね。

11. デニス・グラハム　テネシー州メンフィス出身のドラマー。メンフィスのロイヤル・スタジオなどでミュージシャンを務めた。２０１６年に、60歳を過ぎてデビュー曲「Kinda Crazy」を発表。

12. ラリー・グラハム　テキサス州ボーモント出身のベーシスト、シンガー。67年にスライ&ザ・ファミリー・ストーンにベーシストとして加入。自身のファンクバンド、グラハム・セントラル・ステーションを経て、ソロ活動を開始。80年のシングル「One in a Million You」がヒット。

宇多丸　あ、マジで?!

志保　CDのクレジットとかを見るとちゃんと載っているんですけど、本名はグラハムさんなんですね。

宇多丸　結構サラブレッドではあるんだ。

志保　そうなんです、そうなんです。なるべくしてなったという感じがします。

　このころ、リル・ウェイン率いるヤング・マネーというレーベルが台頭していったんですけど。リル・ウェインも自分と同じ毛色のラッパーを集めるのではなくて、ドレイクとか、ニッキー・ミナージュ[13]とか、**自分とはまったく異なるタイプのMCを引き入れてヤング・マネー帝国を作った**ことでも注目を集めました。

『So Far Gone』
Drake
（2009/October's Very Own）

高橋　ヤング・マネーは出身地バラバラなんだよね。リル・ウェインはニューオーリンズ、ドレイクはトロント、ニッキー・ミナージュはニューヨーク。

ミックステープが生み出したスターたち

宇多丸　インターネットが要因なのかわからないけれど、**ヒップホップというものが地域性からも解き放たれて……**。

高橋　ヤング・マネーなんかは**各地からドラフトで優れたラッパーをピックアップ**していったような感じですよね。従来のヒップホップクルーのあり方とちょっと違う。

志保　クロスオーバー化っていう感じがしますね。

宇多丸　そしてインターネットを通じて、さら

13．ニッキー・ミナージュ
トリニダード・トバゴ出身の女性ラッパー（82年〜）。5歳のときにニューヨーク・クイーンズに移住。2009年にヤング・マネーと契約を交わし、10年のデビューアルバム『Pink Friday』は全米1位に。続く12年のセカンドアルバム『Pink Friday：Roman Reloaded』も世界的に大ヒット。奇抜なファッションや髪型、セクシーなイメージは女性ファンからも大きな支持を受けた。

に多くのものが盛り上がっていくんですね。

高橋　インターネットのミックステープシーンから続々とスターが誕生します。まずはロサンゼルスのヒップホップクルー、**オッド・フューチャー**[14]の中心メンバーになる**タイラー・ザ・クリエイター**[15]。彼が2009年にミックステープ『Bastard』を発表します。

宇多丸　彼は、2009年になるんだ。

高橋　そして2010年には**ウィズ・カリファ**[16]『Kush and OJ』、2011年には**エイサップ・ロッキー**[17]『Live. Love. A$AP』、あとこれはR&Bになりますが、フランク・オーシャンの『Nostalgia, Ultra』も2011年。

宇多丸　フランク・オーシャンはのちほど話しますけど、デカいですね。フランク・オーシャンはね……非常に大きい話です。

高橋　当時疑問だったのが「**この人たちはタダでミックステープをばらまいて、果たして生計が立てられるのだろうか?**」ということなんです。

宇多丸　本当ですよ。「**1000円くれ」とか言いながらね……。そういう私のような生計の立て方をしているのか?**

高橋　この世代のアーティストの考えとしては、**売れることももちろん大事なんだけど100%のクリエイティブ・コントロールが自分の手にあることの方がもっと重要**だったりするんですよね。成功のフォーミュラがちょっと変わってきた。

宇多丸　「必要以上の金を持っててもしょうがない」くらいの感じかな? ひょっとしたらね。

志保　かつ、**ネットを媒介にすれば自分たちで瞬時にプロモーションができますから。**

宇多丸　**音源や著作権料でナントカっていうよりは、ライブやマーチャンダイズでトータルで儲けられる**というか。そこで算段がつくような感じになっているのかな?

高橋　タイラー・ザ・クリエイター率いるオッド・フューチャーはマーチャンダイズに力

14．オッド・フューチャー　2007年にタイラー・ザ・クリエイターをリーダーとして結成されたクルー。別名OFWGKTA。所属するアーティストに、アール・スウェットシャツ、フランク・オーシャン、シド・ザ・キッドなど。11年には、自分たちのレーベル、オッド・フューチャー・レコードを設立。

15．タイラー・ザ・クリエイター　カリフォルニア州ラデーラハイツ出身のラッパー、プロデューサー（91年〜）。2007年に、自らのクルーであるオッド・フューチャーを結成。09年のミックステープ『Bastard』で注目を集めた後、11年、ファーストアルバム『Goblin』をリリース。ローファイでダークなサウンドが特徴。破天荒なキャラクターで物議を醸す発言が多い。

16．ウィズ・カリファ　ペンシルベニア州ピッツバーグ出身のラッパー（87年〜）。2006年にデビューアルバム『Show and Prove』をリリー

入れてますよね。実際めちゃくちゃ売れてるみたいだし。

志保　ねえ、当時。今でも人気ですけどね。うんうん。

高橋　その収益で十分にやっていけたのではないかと。

宇多丸　っていうか今の音楽家、音楽を生業（なりわい）にする人の収入サイクルは、ほぼほぼそういうようなことですよ、やっぱり。**音源というよりは……**っていうね。

志保　ツアーでグッズを売って……とかね。

宇多丸　という感じだと思うけどね。

高橋　あと、先ほど紹介したウィズ・カリファは一度ワーナー・ブラザースとメジャー契約しているんですけど、結局ヒットに恵まれなくてドロップされているんですよ。

そのあとでミックステープの『Kush and OJ』を出して、それで大ブレイクしてアトランティック（レコード会社）と再びメジャー契約にこぎつけてる。そして、いきなり「Black and Yellow」の全米ナンバーワンヒットをかっ飛ばすという。

宇多丸　はー！

高橋　当時、海外の音楽誌がウィズ・カリファのこの成り上がりぶりを「From Zero To Hero」と評していて。

宇多丸　「From Zero To Hero」。

高橋　ミックステープシーンから次々と新しいヒーローが生まれてきたことによって、**誰にでも平等にチャンスが開かれている、そういう状況になってきた**。実際にはなんらかの政治が働くときもあるのかもしれないけど、受け取る側としてはもうどこからスターが生まれてもおかしくないという意識になりますよね。

宇多丸　でも少なくとも、中身が良くないと絶対に成功するわけがないんだから。もちろんそれは実力ですよね。いや、すごいですね。ウィズ・カリファ、そうかそうか。

っていうかさ、再成功組が意外とヒップホ

スするも、セールスはふるわなかった。10年の「Black and Yellow」の大ヒットおよび、翌年のメジャーデビューアルバム『Rolling Papers』によって人気ラッパーに。

17. エイサップ・ロッキー
ニューヨーク・ハーレム出身のラッパー（88年〜）。2011年のミックステープ『Live. Love. A$AP』と、シングルカットされた「Peso」の大ヒットで注目を集める。13年にはデビューアルバム『Long. Live. A$AP』をリリース。

ップ、多くない？　実は。この時代に限らず。インターネット普及の前だって、ウータン・クランのリーダーのＲＺＡも一度プリンス・ラキームとして苦いデビューを果たしたわけだし。

高橋　ウータン・クランはＧＺＡもそうですね。

宇多丸　50セントだってそうだしさ。

高橋　ＤＭＸもそう。

宇多丸　だからわりと……。

志保　チャンスをいくらでもつかみ取れる状況に持っていきやすいと言えるのかな。

宇多丸　**再チャンス組に優しいヒップホップ、**ということもあるかもしれない。まあ、かっこよければいいんだってことだからね。

サウスのマナーを取り入れたNYのエイサップ・ロッキー

高橋　ミックステープシーンから現れた新しいラッパーのなかで、もうひとり紹介しておきたいのがエイサップ・ロッキー。ニューヨークはハーレムの出身なんだけど、サウスのラップのマナーを積極的に取り入れて。

宇多丸　サウスの音楽性については先ほどから取り上げていますが、要は、**ニューヨークの非常に洗練されたアーバンな感じから、いきなり南部のドロッと。で、陽気な連中がチキチキしたアレで。**

志保　**チキチキして方言丸出しで。**

宇多丸　もしくは、コデインかなんか飲んでね……。

志保　わかんないけどね（笑）。

宇多丸　そういう感じを、ニューヨーク流に昇華したというか。

志保　当時、私が衝撃的だと思ったのは、これまで**ニューヨークのラッパーがニューヨーク以外のエリアのサウンドを真似るって、ある意味タブー**っていうか……。

宇多丸　ジェイ・Ｚがうまくそのへんをやっていたぐらいで。

志保　そうそう。ジェイ・Zぐらいだったら選べる立場にいるけど、ニューヨークの若い子がサウスのネタを引っ張ってきて、それでブレイクするっていうのは当時、衝撃的でしたね。今はすごく普通ですけどね。

宇多丸　だからまたここで、歴史が少し変わった。……と同時に、ニューヨークのラッパーがやるとこんなにもかっこいいものになるのか、って気もしましたけどね。じゃあ、エイサップ・ロッキー。これはブレイク作かな？

志保　じゃあ、聴いてください。エイサップ・ロッキーで「Peso」。

▶ A$AP Rocky - Peso

宇多丸　これは、2011年の曲ですね。渡辺志保さん、「Peso」。これは何のことを歌っているんですか？

志保　そうですね。南米のコロンビアなどで使われる通貨の単位が「ペソ」でして……。

宇多丸　アハハハハ！　また金か！

志保　**結局、カネ**なんですが。ちなみに、エイサップ・ロッキーはこの曲でも、「俺はプリティー・マザーファッカーだ」と言っていて、他の曲でも自分のことを「Pretty Flacko」と言っている。「Flacko」ってスペイン語で「痩せた男」っていう意味なんですよ。なので「**俺はイケてる痩せた男だぜ**」と。これも当時、衝撃的で。それまで、あまり男性のラッパーが「プリティー」とか、「痩せててかっこいい」とか、言ってみれば、〝女々しい〟表現で自分を形容することってあまりなかったんですよね。

『Live.Love.A$AP』
A$AP Rocky
（2011）

宇多丸　うんうん。

志保　ヒップホップって**ガチムチ一派が正義**とされていたんですけども、ドレイクが出てきて、エイサップ・ロッキーが出てきて、だんだん変わってきた。ダボダボの服も誰も着なくなっちゃって。タイトなシルエットの服や、**リック・オウエンス**[18]とか**アレキサンダー・ワン**[19]とか、ハイブランドの服も着るという流れになって。

　このころからより一段とトランスフォームが進んでいった印象がすごくありますね。

高橋　エイサップ・ロッキーは普通に「VOGUE」や「GQ」のグラビアを飾ってますからね。

志保　そうなんですよ。彼女も超一流のモデルちゃんだったりもするので。

宇多丸　「イケてる像」の改革もあったということですね。みんなが想像する「**ヒップホップってこういうのがかっこいいと思っているんでしょ?」っていうイメージもとっくに変化している**、ということですよね。

　はい、エイサップ・ロッキー「Peso」をお聴きいただきました。さあ、どんどんいきましょう。

ストリーミング時代のヒーロー、チャンス・ザ・ラッパー

高橋　無料のミックステープを足がかりにして成功するラッパーが続々と生まれるなか、ついに**自分の作品を「売らない」ラッパーが登場**します。

宇多丸　一度も売らない?

高橋　はい。それが2013年にミックステープ『Acid Rap』でブレイクしたシカゴの**チャンス・ザ・ラッパー**[20]。

宇多丸　チャンス・ザ・ラッパー。ねえ。

高橋　彼はいまだに**無料ダウンロードやストリーミング配信だけで自分の作品をリリース**し続けているんです。従来の音楽ビジネスに

18．リック・オウエンス　97年にスタートした、アメリカのアパレルブランド。体のラインを強調したシルエットと、黒を中心としたシンプルな色使いが特徴。

19．アレキサンダー・ワン　2007年に、女性向けコレクションをスタートした、アメリカのアパレルブランド。既存の女性らしさによらないシルエットが特徴。黒が好んで使われる。

20．チャンス・ザ・ラッパー　イリノイ州シカゴ出身のラッパー（93年〜）。サンプリングを活かしたソウルフルなサウンドとポジティブなリリックが特徴。2013年のミックステープ『Acid Rap』で注目を集め、高い評価を受ける。16年のミックステープ『Coloring Book』は発表当初、音楽ストリーミングサービスApple Musicのみで公開された。「音源を売らない」という従来の音楽ビジネスと一線を画したスタイルで活動を続ける。

とらわれないまったく新しいスタイルを完全に作ってしまった。

宇多丸　昔の定義で言ったら、**「それってアマチュアじゃないの？」**みたいなさ。

高橋　うんうん。確かにね。

ヤナタケ　２０１７年９月ごろの記録ですけど、「いちばん稼いだラッパーランキング（フォーブスオンライン『Hip-Hop Cash Kings 2017』）」で５位に入っているくらい。それは**アップルとの独占契約の契約金とか、企業のＣＭの契約金が大きな要因で**。

宇多丸　やっぱり、音源一枚売ってナンボとか、そういうことではなく。

ヤナタケ　**バズッて**（口コミで話題になって）**人気が出さえすれば、企業が寄ってくる**みたいな。

宇多丸　なるほど。新しい感じの成功モデルですね。

志保　チャンス・ザ・ラッパーはチャリティ活動にも熱心で。地元の学校や教育機関にもよく寄付していますし。新しいタイプのロールモデルという感じがしますよね。

高橋　**彼はグラミー賞の規程をも変えちゃったんですよ**。

志保　そうそう。２０１７年ね。

宇多丸　グラミーの、それまでの規程は？

高橋　今まではアメリカにおいて一般的な流通形態で商業的にリリースされたもの、つまり有料で売り出されている作品しか賞の対象にならなかった。

宇多丸　ある意味当然だけどね。

高橋　そこでチャンス・ザ・ラッパーはなんとビルボード誌に広告を打ってグラミー側にアピールしたんです。「Hey, Why Not Me?（なぜ僕は対象にならないの？）」って。

宇多丸　「これは有料だ！　ある意味！」っていう。

高橋　フフフ。

宇多丸　**音楽の流通の仕方なんて、時代によって変わるわけじゃない？　「音源を購入する」ってこと自体が、音楽の歴史全体から見たら**

ものすごく特殊なことかもしれないし。見直すのは、当然アリだと思いますけどね。ということで、グラミーで最優秀新人賞を受賞してしまいました。

高橋　そうですね。**チャンスはストリーミング時代のヒーロー**でしょう。ヒップホップというジャンルを越えてさまざまなアーティストに勇気を与えたと思います。

宇多丸　ちなみにさ、**チャンスくんって、いくつなの？**

志保　1993年生まれで、まだ25歳になってないですね（2018年1月時点）。

宇多丸　おおー、さすが新世代。

高橋　お父さんがオバマの上院議員時代の代理人だったんだよね。

志保　そうそう。地元のシカゴでね。

宇多丸　ぬーなー！　24歳で、ねえ。……**1000円くれないかな？**

高橋・志保　アハハハハ！

宇多丸　**合間合間でこれが入ってきますけども。だいぶ疲れてきた証拠でございます**。

『Coloring Book』
Chance The Rapper
（2016）

高橋　では、そのチャンス・ザ・ラッパーの曲を。時代は少し飛びますが、2016年のミックステープ『Coloring Book』から「No Problem」です。

Chance The Rapper
- No Problem feat. 2 Chainz & Lil Wayne

宇多丸　チャンス・ザ・ラッパー。アガりますね。やっぱり。

ヤナタケ　これ、1年以上クラブでかかり続けています。**かかったらみんな大合唱**、いまだにね。

志保　爆発してますね。

高橋　チャンスの曲は聴いていて笑顔になるよね。ミュージシャンにとっていろいろと活動が難しい時代にあって、彼はものすごく軽やかに立ち回ってる。

志保　楽しい、そしてハッピーで。

宇多丸　ノリやすいよ。アガりますよ。アップリフティングですよ。はい。チャンス・ザ・ラッパー。**名前がすごいね。チャンス・ザ・ラッパーって……**。なんちゅう名前だよ！（笑）。

ラッパーはLGBTをどう歌うのか？

宇多丸　どんどん、「かっこいい」のあり方が変わってきているという。別にヒップホップ、ラップに限らず、意識の変化が社会全体に起きていますよね。

ちょっと前だったらなんとなく、なあなあで許されてきたことが「もうなしよ」って。ワインスタイン・ショックとかもそうだけど、変わってきている。それがヒップホップにも反映しているというか。

高橋　そうですね。ヒップホップの価値観やルールが大きく変わってきたことを実感するのが、**ここ数年でLGBTを容認する気運が急速に高まってきている**んですよね。

宇多丸　これは、かつてはまったく褒められたもんじゃなかった……繰り返し言っているように、ヒップホップと言えば、ザ・マッチョ、**ザ・マチズモ文化ですよ。女性蔑視的なリリック**とかも、もうある種、必要悪として……。

志保　容認されてきたというか。

宇多丸　そして、**ホモフォビア**。「ホモみたいな○○」って言い方をしたり。これはひとつのポーズというかスタイルとしてずっとあったものですね。「そうじゃないと、こっちがいじめられちゃう」みたいな。誰とは言いませんがある日本のラッパーと僕はよく、その件でケンカになっていたので。

「そんなこと、言うものじゃないよ！　まともな常識人が言ったらバカだと思われるよ？」

そんなケンカをしていたんですけども。そういう人は、さあ、この時代の変化に何を感じるのか?!

一同　アハハハハ！

志保　聞いてみたいところですよね。

宇多丸　要は、ＬＧＢＴを容認するというか、そういうことを意識高く歌うアーティストが増えてきた、ということです。

高橋　２０１２年にオバマ大統領がアメリカの大統領として初めて同性婚への支持を表明したことを受けて、Ｒ＆Ｂシンガーのフランク・オーシャンがカミングアウトしたんです。これをビヨンセやジェイ・Ｚがサポートして、いよいよヒップホップの世界でもＬＧＢＴを認めていこうというムードになってきた。

志保　むしろ、それが普通になっていった感じですよね。

高橋　カニエ・ウェストやエイサップ・ロッキーみたいなファッション業界に食い込んでるラッパーからすれば、もうホモフォビアなんて言ってられないわけですよ。

宇多丸　特にファッション業界はね。

高橋　ジェイ・Ｚのようなビジネスマンもそうですよね。もう社交界に出入りできなくなりますよね。つまみ出されますよ。

宇多丸　で、それを象徴するようなアーティスト、楽曲が登場した、と。

高橋　ワシントン州シアトルの白人ヒップホップデュオ、**マックルモア＆ライアン・ルイス**[21]の「Same Love」です。

宇多丸　これはグラミーでも？

高橋　主要部門の最優秀楽曲賞にノミネートされました。惜しくも受賞は逃したんですけどね。

宇多丸　土地がまずもう、すごい。**「シアトルか！」**っていう。

21．マックルモア＆ライアン・ルイス　ワシントン州シアトルのラップグループ。2012年に、デビューアルバム『The Heist』を発表。シングルカットされた「Can't Hold Us」「Same Love」「Thrift Shop」がいずれもヒット。同性婚支持を歌った「Same Love」をはじめとしてＬＧＢＴの権利をサポートしながら活動を行っている。

高橋　ＬＧＢＴへの理解を求めるメッセージソングです。マックルモア＆ライアン・ルイスの「Same Love」。

Macklemore & Ryan Lewis - Same Love feat. Mary Lambert

高橋　グラミー賞でパフォーマンスしたときは会場に34組の同性カップルを招いて、彼らの合同結婚式を祝福するウエディングソングとして「Same Love」が披露されました。最後にはサプライズでマドンナが「Open Your Heart」を歌って花を添えて。グラミー賞の歴史に残る感動的なステージでしたね。

『The Heist』
Macklemore & Ryan Lewis
（2012/Macklemore）

志保　そうですね。あと、クイーン・ラティファもこのときに出てきて。

高橋　この「Same Love」でどんなことが歌われているのか、ほんの一部分ですが紹介しますね。

「もし俺がゲイだったら、ヒップホップに嫌われていただろう。YouTubeのコメント欄には毎日のように『なんだよ、ゲイみてえだな』なんて書き込まれる。ヒップホップは抑圧から生まれた文化のはずなのに、俺たちは同性愛者を受け入れようとしない。みんなは相手を罵倒（ばとう）するとき、『ホモ野郎』なんて言うけど、ヒップホップの世界ではそんな最低な言葉を使っても誰も気に留めやしない」

これはなかなか勇気のいる歌詞だったと思います。

宇多丸　まさにさっき僕が言ったとおり、今までの**ヒップホップの体質を真正面から批判**して。しかもそれがきっちり評価される時代になったということだと思いますけども。

高橋 ＬＧＢＴの話題でいくと、フランク・オーシャンと同じオッド・フューチャーに所属するシド。ジ・インターネットのメンバーですね。

志保 ああ、**シド・ザ・キッド**[22]。

高橋 彼女もレズビアンであることを公表しています。最近ではタイラー・ザ・クリエイターも15歳のときに男の子に恋をしていたことがあったと曲中で告白していて。

志保 ２０１７年のアルバム『Flower Boy』の中でそういうリリックがありましたね。

高橋 そうそう。だからオッド・フューチャーはすごく多様性のあるクルーなんですよ。

宇多丸 本当だね。

志保 あと、**ヤング・M.A**[23]。彼女は、ニューヨーク出身のラッパーです。身体は女。だけれども、男性の心を持っているというラッパーですね。

宇多丸 ああ、なるほど。

志保 でも、そういうアーティストたちが普通に活動するようなシーンになりました。チャンス・ザ・ラッパーも弟が同性愛者だということをカミングアウトしていて。

宇多丸 非常に健全な形になりましたよね。と同時に、長年アメリカのヒップホップを見てきた者としては、アーティストの作品や音楽全体のスタイルの変化もさることながら、「**ここまでシーン全体がちゃんと進化したか！」っていう感慨が**。

そこについてはかなり根深くて、あまりにも根深くて、「難しいのかな」と思っていたら……いやいや、もう全然！　**大したもんですね**。

志保 **受容しながら変化・進化するのがヒップホップの強み**かなって思いますね。

宇多丸 すばらしいことだと思います。映画『ムーンライト』も、そういう時代の変化みたいなものを反映した作品だという感じがしましたね。さあ、そして？

22. シド・ザ・キッド カリフォルニア州ロサンゼルス出身の女性シンガー（92年〜）。オッド・フューチャー所属。2011年にボーカルを務めるバンド、ジ・インターネットのアルバム『Purple Naked Ladies』がリリース。同バンドは15年のアルバム『Ego Death』も高い評価を受けた。同性愛者であることを公にしている。

23. ヤング・M.A ニューヨーク・ブルックリン出身の女性ラッパー（92年〜）。2016年の公式デビューシングル「Ooouuu」が大ヒット。男性ラッパー顔負けのハードコアなスタイルが特徴。同性愛者であることを公言している。

「Black Lives Matter」とケンドリック・ラマー

高橋　社会情勢を反映しているという意味では、２０１４年夏にミズーリ州ファーガソンで発生したマイケル・ブラウン射殺事件、白人警官が丸腰の黒人少年を射殺した事件が発端となって全米規模で大きな抗議運動が巻き起こります。こういう黒人に対する白人警官の蛮行はずっと問題になっていたことではあるんですが。

宇多丸　そうですよね。触れる時間がなかったけど、92年には**ロサンゼルス暴動**[24]が起きていますす。そのきっかけのひとつが、**ロドニー・キング殴打事件**[25]。まさに「ブルータル・ポリス」と言うか。そうした問題はあったわけだから。

高橋　マイケル・ブラウン射殺事件をはじめ、白人警官による無抵抗の黒人への暴行・殺害事件が多発していたんですよね。そうしたなかで新しい公民権運動とも呼ばれた**差別撤廃運動「Black Lives Matter（黒人の命だって大切だ）」**が全米各地で勃発します。そして、ヒップホップシーンからこのムーブメントを後押しするメッセージソングが続々とリリースされて。

志保　はい。

宇多丸　久々にヒップホップが、政治的なというか、意識が高いというか、コンシャスなモードに入ってきた。パブリック・エナミーの時代以降、廃れていたとも言えると思うんですが。わりと「ワルでひどいことを歌う」っていう感じが流行っていたんだけど、**再びコンシャス・ラップの時代になってきた**。

高橋　その「Black Lives Matter」のデモのシュプレヒコールに使われたのが、コンプトンから出てきた、ケンドリック・ラマーの「Alright」です。

宇多丸　コンプトン。まさに元祖ギャングス

24．ロサンゼルス暴動　92年にロサンゼルスで起きた大規模な暴動。ロドニー・キング殴打事件における白人警察官への無罪評決を直接的なきっかけのひとつとして発生。多数の死傷者を出し、アメリカ社会における人種間の軋轢が顕在化した。

25．ロドニー・キング殴打事件　91年に発生した、ロサンゼルス警察の白人警官によるアフリカ系アメリカ人の男性への暴行事件。近隣住民が撮影した映像がテレビのニュースで取り上げられ、全米を震撼させた。

タ・ラップのN.W.A.は、コンプトンの出身でした。**「意識高いとか知ったことか!」**っていうようなグループが輩出した街から来た……ちなみに映画『ストレイト・アウタ・コンプトン』で描かれるN.W.A.像は、第3章でも触れたとおり、微妙に現在のポリス・ハラスメントの時代に合わせて、コンシャスなグループだったかのように、ちょっとだけ味付けされて描かれている。そのあたりも、面白いですよね。

高橋 ケンドリックもN.W.A.のホームタウンであるコンプトンのイメージをうまく使いましたよね。なんと言っても、彼のメジャーデビューアルバムタイトルは**『Good Kid, M.A.A.D City（イカれた街の優等生）』**ですから。

宇多丸 そして、その「Alright」が収録されているアルバムが**『To Pimp a Butterfly』という、これはもうとてつもない……。**

高橋 **破格の傑作**でしょう。**「Black Lives Matter」の時代に呼応するサウンドトラック**と言ってもいいのでは。

志保 それこそ**ロバート・グラスパー**[26]とか**サンダーキャット**[27]とかそういう西海岸の新たなジャズシーンも巻き込んで。サウンド的にもすごくクロスオーバーしていますし、作り込み方も半端ないという。

宇多丸 内省的というか、テーマを自分の中で突き詰めて、アルバムの最後にそれが昇華されていくところも含めて、構成が非常に見事で。

志保 演劇的というか、一人芝居を聴いているような感じもあったり。

宇多丸 あとは、**2パックとの仮想共演**。

志保 アルバムのいちばん最後にね。

宇多丸 「そういうこと、やるかね?」ってことまでやっていて、面白いですよね。

ヤナタケ あと、日本でもダウンロード販売では1位になったんで。

志保 それだけ多くの方に聴かれたと。

宇多丸 このケンドリック・ラマーのアルバム

26. ロバート・グラスパー テキサス州ヒューストン出身のジャズピアニスト（78年〜）。ヒップホップやR&Bを意識した現代的なジャズを模索。2004年に初のリーダーアルバム『Mood』をリリース。J・ディラやケンドリック・ラマーとも共作を行う。

27. サンダーキャット カリフォルニア州ロサンゼルス出身のベーシスト、プロデューサー（84年〜）。ヒップホップ、R&B、ソウルなどさまざまなブラックミュージックをベースとした独自の音楽性が特徴。2017年のアルバム『Drunk』にはケンドリック・ラマーも参加。

は、日本人にも音楽的に聴きやすいところがある、豊かな作品なので。

高橋　**黒人音楽史を俯瞰するような視点もありますからね。**

志保　ファンクの要素であったり、ジャズだったり。

宇多丸　じゃあ、聴きますか。

高橋　ケンドリック・ラマーが2015年にリリースした傑作コンセプトアルバム『To Pimp a Butterfly』から「Alright」です。

▶ Kendrick Lamar - Alright

宇多丸　サビは、「We gon' be alright（俺たちは大丈夫）」という歌詞で、**一見明るい感じなんだけど、バースでは「全然大丈夫じゃねえよ！」ってことを言っていて。**

志保　**「警察は俺らが道でのたれ死ぬのを見たいんだろ？**（Nigga, and we hate po-po / Wanna kill us dead in the street fo sho'）」とも言っている。あと、サビの部分の「gon' be」は「going to be」で未来のことを表していますから。

宇多丸　**「いつかきっと大丈夫になる」**ってことですね。

志保　そうそう。逆説的に「今は大丈夫じゃない」ということをケンドリックは歌っているんですよね。

宇多丸　実はとても重層的というか。すごく複雑に構築されています。アルバム全体の構造に特に顕著ですが。めちゃくちゃ知的な作品ですよね。あんまりヒップホップに慣れていない、「ヒップホップをこれから聴こう」という人は、今なら『To Pimp a Butterfly』が……。

『To Pimp a Butterfly』
Kendrick Lamar
(2015/Top Dawg Entertainment,
Aftermath Entertainment,
Interscope Records)

10's

高橋 おすすめですね。

志保 あと番組の初っ端に、「HUMBLE.」が流れましたが、その曲が収録されている2017年のアルバム『DAMN.』も傑作なので。もともと**ケンドリックは2パックにすごく影響を受けていて。で、その2パックはシェイクスピアにすごく大きな影響を受けたラッパーでもあるんですよね。**そんなところを注目しながら、重ねて聴くと面白い発見があるかなと思います。

高橋 あと「Alright」はファレル・ウィリアムスがプロデュースしているんですよね。

宇多丸 ああ、これファレルですか？ 参ったな、ファレルはいいんだよ。ファレルはいつもいいんですよ。

志保 「Superthug」を聴いていたのがはるか昔のようですね（笑）。

宇多丸 映画『ドリーム』の音楽もファレルが担当していて。**「Superthug」のプロデューサーのファレルがですよ、「こんな意識高い系アーティストになるのか！」**っていうね。

高橋 テディ・ライリーの弟子が、まさかこまでのアーティストになるとは。

志保 『ドリーム』は、舞台も自分（ファレル）の故郷であるバージニア州でしたからね。

宇多丸 すばらしい映画でございます。さあ、映画の話をしている場合ではございません。どんどん、いきましょう。

トラップの時代

高橋 すでに何度か話に出ているとおり、2000年代初頭からアトランタ・ヒップホップシーンのキーワードになっていたトラップ。これが一大トレンドへと発展します。

宇多丸 はい。今はもうトラップがね……。さあ、改めて**トラップとはなんぞや？**

志保 猫も杓子（しゃくし）もトラップですけども。第4章でも少し説明しましたが、「ドラッグディーラーがドラッグディールする」ことを、スラング的に「トラップ」と言うんですよね。なので、「トラップ」とか「トラッパー」って言うと、その職業や、それを生業としている人たちのことを表します。転じて、**日ごろお薬を売りさばいたりしているような人たちがラップをする。もしくは、そういった情景をラップする音楽のことを「トラップミュージック」と言います**。

サウンド面でのトラップミュージックの特徴的なところは「チキチキチキチキ……」っていう、**高速ハイハット。高音のドラムの鳴り、パーカッションの響き。すごく深いベースライン**。そういったところでしょうか。

宇多丸　今、一大トレンドということで。どういうものなのか、聴いてもらった方が早いでしょう。

志保　それでは、「トラップと言えば」という曲を紹介します。２０１６年、２０１７年にかけて大ヒットして。**２０１７年はクラブに行って、この曲を聴かない日はなかった**と言ってもいいほどですけども。アトランタ出身のトリオで、**ミーゴス**[28]。

宇多丸　グループも久しぶりの感じじゃない？

志保　そうかもしれないですね。そのミーゴスと、これまた今新しいラップの潮流を作り出している、**リル・ウージー・ヴァート**[29]という若いラッパーが放った２０１６年の特大シングル「Bad and Boujee」です。聴いてください。

▶ Migos - Bad and Boujee feat. Lil Uzi Vert

宇多丸　**メインでラップしている人より、後ろではしゃいでいる人の方が目立つね**。フフフ。

志保　アハハハハ！「よいしょ！」って。

宇多丸　**「よいしょ！　よっ！」**

志保　**「もう一丁！」**

宇多丸　**合いの手が決め手**。合いの手が注目されるという。

志保　合いの手ラップなんで。いいんですよ、

28．ミーゴス　ジョージア州アトランタのラップグループ。メンバーに、クウェボ、オフセット、テイクオフ。２０１３年にリリースしたデビューシングル「Versace」がヒット。17年のアルバム『The Culture』からのシングルで、リル・ウージー・ヴァートを迎えた「Bad and Boujee」がビルボード1位を記録。

29．リル・ウージー・ヴァート　ペンシルベニア州フィラデルフィア出身のラッパー（94年〜）。２０１６年のミックステープ『Lil Uzi Vert vs. The World』がヒット。ミーゴス「Bad and Boujee」への客演参加が大きな注目を集めた。

それで。

宇多丸 盛り上がりやすいですよね。

高橋 そして、このトラップ時代の最重要アーティストであり、**トラップの音楽像を決定づけた張本人と言えるのがフューチャー**。

志保 おおっ、すばらしい！ フューチャー！

高橋 第4章でも軽く触れたとおり、もともとはアウトキャストで知られるダンジョン・ファミリーのメンバーなんですよね。

志保 ダンジョン・ファミリーに**リコ・ウェイド**[30]っていう人がいるんですけど、その従兄弟なんですよね。だからフューチャーは、2000年代初期ぐらいから他のアトランタのラッパーのソングライティングに携わっていたりもしていて。そういう背景もあって、歌心がすごくあるんですよ。

宇多丸 ふんふん。じゃあ、フューチャー。曲を聴いてみましょうか。

高橋 フューチャーの2017年に放った大ヒット曲、「Mask Off」です。

『Culture』
Migos
(2017/Quality Control Music, 300 Entertainment)

▶ Future - Mask Off

宇多丸 ……さあ、ということで、ついにアメリカパートもいよいよ終盤です！

高橋 トラップの流行から「マンブルラップ(Mumble Rap)」なんて言葉が出てきました。

宇多丸 **「マンブル」って何？**

志保 **モゴモゴモゴモゴ。**

宇多丸 モゴモゴしゃべる。

高橋 それをベテランのラッパーたちがこぞって批判してるんですよ。**「モゴモゴやってないで、もっとはっきりラップせんかい！」**

30. **リコ・ウェイド** ジョージア州アトランタのプロデューサー(72年〜)。ダンジョン・ファミリーのプロダクションチームであるオーガナイズド・ノイズのメンバーのひとり。

って。

宇多丸　アハハハハ！

志保　そうそう。それが、プチ論争を呼びました。エミネムと一緒にフリースタイルバトルなどで台頭した**ジョー・バドゥン**[31]という切れ者ラッパーがいますけども。

　彼がこういったミーゴスら新世代のラッパーに対して、「お前ら、もっと内容のあることをラップせなアカンぞ！」とか「**お前ら、モゴモゴしすぎだ！**」と苦言を呈しました。

宇多丸　たとえばその昔、ＥＰＭＤ[32]というラップグループがいまして。本当に、「**もう少しで寝るのかな？」ってくらいのテンションで**。

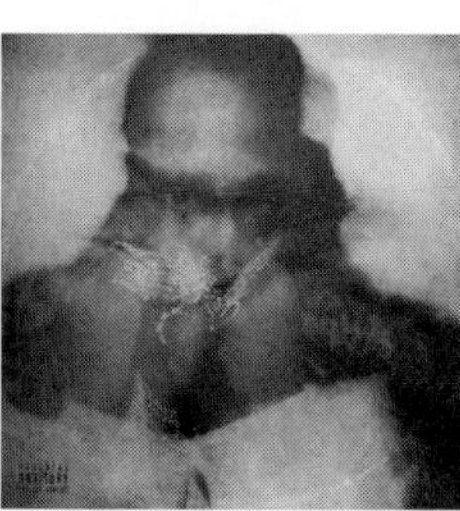

『Future』
Future
（2017/Freebandz Entertainment, Epic）

一同　アハハハハ！

宇多丸　で、それをパロッた曲が出たぐらいで。そのときもやっぱりね、「寝てるような声でやってんじゃねえよ！」って批判の声が出たり。まあ、ラキムも落ち着いた声でラップしたら、周りから「もっとはっきり言え」って言われたり。**そういうのは前からあるんですよ**。

高橋　アメリカの某音楽メディアはマンブルラップの代表格である**ヤング・サグ**[33]が何を言ってるのか当てるという、ちょっと意地の悪い記事を組んでいたりして。

志保　あ、そうそう。解説動画みたいなのもありましたし。

宇多丸　フフフ。

志保　で、最近はよろしくないことですが、そういう若手ラッパーがジョー・バドゥンに中指を突き立てるようなメッセージが描かれたお洋服をお召しになるようなこともあって。ちょっとね、ザワザワッとしているような状

31．ジョー・バドゥン　ニュージャージー州ジャージーシティ出身のラッパー（80年〜）。2003年にデビューアルバム『Joe Budden』をリリースした。スローターハウスというグループでも活躍。

32．ＥＰＭＤ　ニューヨーク・ブレントウッドのラップグループ。メンバーはエリック・サーモン、パリッシュ。88年にファーストアルバム『Strictly Business』をリリース。ロジャー「You Should Be Mine」を使った「Crossover」が代表的な1曲。

33．ヤング・サグ　ジョージア州アトランタ出身のラッパー（91年〜）。ミックステープがグッチ・メインの目にとまり、2014年に「Stoner」でメジャーデビュー。奇抜なファッションでも知られており、16年のアルバム『Jeffery』のジャケット写真では、女性用のドレスを着こなす姿を披露した。

況でございますが。

宇多丸 まあ、その旧世代との対決みたいなものは昔からありますし、どっちも面白い、ってことですから。**ヒップホップはスタイルウォーズだから、旧世代は旧世代で、うるさ型はうるさ型で、その調子でやってくださいよと**。まあまあ、いいんじゃないでしょうか。**元気でよろしい！**

高橋 あとはそのトラップやマンブルラップともリンクしてくるんですけど、**「エモラップ」と呼ばれるラッパーたちが台頭**してきます。

志保 そうですね。ちょっとグランジっぽかったり。

高橋 **カート・コバーンを崇拝するラッパーまで出てきますからね**。代表的なアーティストはXXXテンタシオン[34]やリル・ウージー・ヴァートなど。

宇多丸 これはすごいですね。ヒップホップ／ラップは、これまで自己破滅型みたいな音楽とはちょっと違う感じがありましたけども。やっぱり白人キッズとかに感覚が近づいてきたってことなのかしら？

志保 もしかしたら、何十年か前にビースティ・ボーイズがやったようなことを、今の若いラッパーたちがやっているのかもしれないですしね。

宇多丸 **何がかっこいいかの基準なんて当然、時代によって変わりますし**。特に最近また急激に変わっているんで。

っていうか今日ね、これまでずっと聴いてくれた方はわかると思いますけど。**「また変わるの?!　またガラッと変わるの?」**。**これがやっぱり楽しいわけですから**。

志保 確かにね。

宇多丸 だから逆に言えばマンブルだって、「てめえ、何モゴモゴ言ってるんだよ！」っていう若い世代が出てくるかもしれませんし。

志保 2、3年後はもうめちゃめちゃハキハキしゃべるラップがキテるかも。

宇多丸 メリー・メルみたいなラップが流行る

34．XXXテンタシオン フロリダ州プランテーション出身のラッパー（98～2018年）。エモラップを象徴するラッパーのひとり。17年にファーストアルバム『17』をリリース。翌18年にアルバム『?』を発表するも、同年、射殺体で発見される。享年20。

かもしんないよ（笑）。

高橋　**「やけにキビキビしてるなー！」**ってね（笑）。

宇多丸　**「滑舌、いいぞ！」**って（笑）。わからないから、そんなのは。

ヒップホップがロックを追い抜いた

高橋　そんな中で、**２０１７年はアメリカの音楽売上のシェアでヒップホップ／R＆Bがついにロックを上回ったん**ですよ。

志保　よいしょー！

宇多丸　よいしょー！

高橋　おめでとう！　すばらしい！

宇多丸　**ほーら！　言わんこっちゃない！**　いとうせいこうさんが86年の時点で「これからは、絶対に文化全体がヒップホップ中心になっていくんだ」と予言されていましたけど。**いとうさん、当たってました！　世界的に当たっていました。良かったですね、僕に恨まれなくて**（笑）。

高橋　そのニュースを伝えるフォーブス・ジャパンの記事（２０１８年1月7日）の見出しが、「米音楽業界はヒップホップが一人勝ち、ロックは衰退傾向」という。

宇多丸　うんうん。

高橋　記事によると「２０１７年にアメリカの音楽消費に占めるヒップホップの割合は24・5％と過去最高を記録。ヒップホップはストリーミングの利用率が高く、好きなアーティストの楽曲をノンストップで楽しんでいる」と。ロックは20・８％で2位になったそうです。

宇多丸　日本もこれに追いつく日が来るのかどうか？

志保　楽しみでございます。

宇多丸　さあ、じゃあアメリカ。ついにラストです。

さっき紹介されたのは、昨日（２０１８年1

月7日）の記事ですからね。**1973年8月11日から始まって、昨日の記事まで来ましたから！**

高橋　みなさん、覚えていますでしょうか？ヒップホップ発祥の地はニューヨークのブロンクスでしたよね？

宇多丸　はい。サウスブロンクスが中心地って言われていましたけど、住所は何だっけ？ウエストブロンクス。住所、もう一回言おうか？　フハハハハッ！

高橋　**こっちは特定しているんだ！**（笑）。

宇多丸　ヒップホップが生まれた住所、もう一回言いますよ。メモってください。

　1973年8月11日。ニューヨーク、ウエストブロンクス。モーリスハイツ地区セジウィック通り1520番地に位置するプロジェクト（公営住宅）の娯楽室でヒップホップは生まれました。

ヤナタケ　**僕、ヒップホップと同い年だ！**

志保　ヤバい！

カーディ・Bが示す新しい女性ラッパー像

宇多丸　さて、再びブロンクスに戻ってきました。

高橋　というわけで、最後はブロンクスのラッパーで締めたいと思います。

志保　今から紹介するのは、みなさん、もしかしたら聴いたことがないかもしれないですけど、**カーディ・B**[35]という名前の、非常におちゃめな女の子なんです。ブロンクス出身で、若いころからストリップバーで働いていました。そういうヤンチャな過去もあるんですけども。

　彼女がブレイクした理由のひとつが、Instagram。つまり、SNSですね。そこで**（ストリップバーの）「嫌な客あるある」みたいな形でひたすら動画配信していたんですよ。**

宇多丸　それはラップで？

志保　**普通の愚痴**。で、それがだんだんバイ

35. カーディ・B　ニューヨーク・ブロンクス出身の女性ラッパー（92年～）。2016年に発表したミックステープ「Gangsta Bitch Music Vol.1」が注目を集める。17年、シングル「Bodak Yellow」でデビュー。

ラルヒット、口コミで話題になっていきました。「この女の子、面白いよ」みたいな感じ。その後にリアリティショーに出演します。日本のテレビ番組にもありますけど……。

宇多丸　「テラスハウス」[36]とか。

志保　そうそう。役者さんは立てず、一般のオモロいお姉ちゃんを集めてその生活をドキュメンタリーチックに面白おかしく撮るみたいな番組で。

宇多丸　アメリカでは、リアリティショーは人気ありますからね。

志保　そこで頭角を現してから、ラップデビューしたと。

宇多丸　そういうことなんだ?!　じゃあ、ネット出身のテレビ有名人からの出発。はー！

志保　そうなんです。たとえばバラエティ番組で面白いことを言っているお姉ちゃんがラップをしてみたら当たっちゃったみたいな感じで。

宇多丸　**藤田ニコル[37]さんがめっちゃラップうまい、みたいな？**

志保　そういう感じ（笑）。しかも、彼女は南米からの移民なんですが、言葉の訛り（なま）もめちゃくちゃキツい。でも、それをそのままラップしてるんですよ。

あと、先ほど、今アメリカでいちばん売れているラップグループのミーゴスを紹介しましたけども、その中の花形メンバー、オフセットが婚約者なんですね。

去年、大きなアリーナ会場でやったライブの途中で、いきなりオフセットがひざまずいて、「Will You Marry Me?（結婚してくれますか？）」とデッカいダイヤの指輪を、何万人もが見ている中で贈ったという。

宇多丸　アハハハハッ！　なるほど。

志保　2017年に、カーディ・Bはビルボードのナンバーワンヒットを獲得――。メジャーのレコード会社と契約――。今いちばんイケてる男から婚約指輪をもらう――。**すべてが揃った、超爆裂シンデレラガールみたい**

36.**「テラスハウス」**　2012年からフジテレビ系列で放送されているテレビ番組。シェアハウスで共同生活を送る男女6人の様子を撮影する、日本のリアリティショー。

37.**藤田ニコル**　日本のファッションモデル、タレント（98年～）。ニュージーランド出身。第13回ニコラモデルオーディショングランプリ。ファッション誌『ViVi』専属モデル。

な存在です。

宇多丸　超爆裂シンデレラガール！　いいですねー。

高橋　ついには**ブルーノ・マーズ**[38]ともコラボしちゃってますからね。

志保　そう。2018年の年明け早々にブルーノ・マーズの「Finesse」という曲のリミックスにカーディ・Bが参加して。

　彼女はあまりスキルフルなラッパーじゃないんですよ。ラップがうまい人からしたら、「なんでこんなのが売れてるんだろう？」みたいなラップなんですけど。

　でも、そのブルーノ・マーズの曲ではしっかりブルーノの世界観に合わせたラップを披露していて、新たな引き出しをここで一気に開けることにもなりまして。これから、日本でも今以上にブレイクするんじゃないかなと。

宇多丸　これから日本でも名前を知られてくるかもしれない、カーディ・B。

志保　と、思います。さっき少し話しましたが、カーディ・Bはブロンクス出身で。今、ニューヨーク出身のラッパーがまた注目されるようになってきています。

　2017年に亡くなってしまった**リル・ピープ**[39]も、もともとペンシルベニア出身ですが、のちにニューヨークへ移っていまして。あともうひとり、彼もすごくヤンチャなんですけど、**テカシ69**[40]というラッパーがとても勢いがあって。

高橋　**彼は虹色のヘアスタイルとグリル**（**歯の上に付けるアクセサリー**）**という出で立ちからしてすごい**（笑）。

志保　ニューヨークの若手が、2017年ぐらいから結構ザワザワッとしていて、またヒップホップの遷都じゃないですが（笑）、ニューヨークがもう一度面白くなっていくんじゃないかなと思っています。

宇多丸　いいですね。じゃあ、そのカーディ・Bさんを聞いてみましょうか。

志保　では、2017年、カーディ・Bのナンバ

38．ブルーノ・マーズ　ハワイ州ホノルル出身のシンガー（85年〜）。ロック、ヒップホップ、R&Bなどの要素を取り入れたポップな音楽性が特徴。2010年、ファーストアルバム『Doo-Wops & Hooligans』をリリース。18年のグラミー賞でほぼすべての賞を独占。ケンドリック・ラマーを降し、最優秀レコード賞も獲得。

39．リル・ピープ　ニューヨーク・ロングアイランドのラッパー（96〜2017年）。SoundCloudで公開した音源で注目を浴びる。17年、ファーストアルバム『Come Over When You're Sober』をリリースするも、同年に21歳の若さで死去。薬物摂取・うつ病・自殺願望などを扱うダークな歌詞から、「ラップ界のカート・コバーン」とも呼ばれる。

40．テカシ69　ニューヨーク・ブルックリン出身のラッパー（96年〜）。別名シックスナイン（6ix9ine）。2017年のシングル「Gummo」がヒット。七色に染めたドレッド

ーワンヒットシングルです。「Bodak Yellow」。

▶ Cardi B - Bodak Yellow

高橋　そういえばカーディ・B、オフセットの誕生日にロールスロイスをプレゼントしていたよね？

志保　そうなんですよ。ロールスロイスに「レイス」という最高級の車種があるんですけど。それをラップのリリックの中に登場させて、そのあと、ちゃんと彼氏にプレゼントするという。

高橋　**甘酸っぱい！**

『Invasion of Privacy』
Cardi B
（2018/Atlantic, KSR）

志保　甘酸っぱい！　**私も旦那にロールスロイスをプレゼントする日が来ればいいんですけどね**（笑）。

宇多丸　そっち？（笑）。ということで、みなさん、アメリカのヒップホップ／ラップの歴史。１９７３年からずっとたどってきましたが、ついに！　一応現在にやってきて終わりでございます。いやー、こんなときが来るんですね！

さっきまでスクーリー・Dとか聴いていたのに、カーディ・Bまで来ちゃったから！

ありがとうございましたー！

ヘア、全身に入った「69」という数字のタトゥーなど奇抜な外見や、人騒がせな言動でも知られる。

［そのとき、日本は？］

ビートジャック・ブームが日本を席巻

宇多丸 最後は、「現在進行系の日本のラップとは？」という話題でございます。現在進行系、つまり2010年代以降ということです。日本のラップはそのときどうなっていたのか、そしてどうなっていくのか？

ヤナタケ 2010年代の話に入る前に補足しておきたいんですけども。第4章、2000年代でも紹介したかったアーティスト、いっぱいいたんです。後ろでかけたりしていたんですけども。SEEDAの『花と雨』の話はしましたが、**SCARS**[41]とかね。

宇多丸 SCARS！

ヤナタケ ANARCHYは出てきましたが、**NORIKIYO**[42]くんとか。

宇多丸 NORIKIYOね。**SD JUNKSTA**[43]周りもありますよ。

ヤナタケ **BES**[44]や**般若**[45]も、もちろんそうですね。あと、**妄走族**[46]とか、**DS455**[47]とかね。

宇多丸 ああ、DS455。**OZROSAURUS**[48]もありますからね。日本のウエストコーストスタイルな人たち、という流れ。MACCHOという、日本でもトップクラスのスーパーかっこいいラッパーがいるわけですから。

ヤナタケ いまだ現役バリバリで。で、2010年代。**日本もインターネットの時代に完全に突入**という感じになります。インターネット上もストリートになっていく。

この番組中、何度か話が出ていますが、特に「ビートジャック」が流行りました。これは、「**ひとつヒット曲が出たらその曲の替え歌合戦を全国みんなでやりましょうよ**」ということですね。

今、後ろで流れているのは、ANARCHY、**Rino LatinaⅡ**[49]、漢、MACCHOが共演した「24 Bars To Kill」（2010年）と

41. SCARS 日本のラップグループ。オリジナルメンバーはA-THUG、SEEDA、bay4k、BES、STICKY、MANNY、I-DeA、SAC。ストリートライフをラップに乗せ、絶大な人気を博した。2006年のファーストアルバム『THE ALBUM』は傑作と名高い。

42. NORIKIYO 日本のラッパー、トラックメイカー（79年〜）。SD JUNKSTAのリーダー。2007年に発表したソロアルバム『EXIT』が多くの支持を集め、これまでに6枚のアルバムをリリース。著書に『路傍に添える』がある。

43. SD JUNKSTA 日本のラップグループ。メンバーはNORIKIYO、BRON-K、TKC、KYN、WAX、OJIBAH、SITE、DEFLO、DJ ISSO。神奈川県相模原市を拠点に結成し、2009年に『Go Across Tha Gami River』

いう曲です。この曲は流行りましたねー。これを全国でみんながビートジャックして。結果として相乗効果が生まれて、この曲自体もさらに盛り上がるということになりましたし。

宇多丸　はい。

ヤナタケ　ライムスターもね、「Once Again」（2009年）が……。

宇多丸　一応私どももね、現役バリバリでやらせていただいて。（1年間の活動休止を経た）復活シングルの「Once Again」。みんなが各地で「Once Again」をビートジャックしてくれた、ということがありました。ありがとうございます。

ヤナタケ　それぞれがビートジャックした曲は動画配信サイトを中心に盛り上がって。曲が流行れば全国各地のみんなが応援してくれる形にもなるし。地方の人たちもそこにうまく乗っかって……みたいな構図で曲が盛り上がるようになります。

　ビートジャックしている曲自体は一般発売されているものではないんですよね。でも、**なんとかいい波に乗っかって、俺も一発当ててやろう**という。

宇多丸　**名前を売って、まず「こいつはヤバい、かっこいいラッパーだ」と知られるところから**。

志保　アテンション（注意）を集めるということですね。

宇多丸　そういう意味では、**サウンドも含めて最近のUSの動きとかなりシンクロしているし。雰囲気としては変わらない**よね。

ミックステープで名を上げたAKLO

ヤナタケ　もはや完全に同じだと思います。そして、アメリカ同様、日本でも無料のミックステープがたくさん配信されるようになります。無料なので、中身は比較的自由というか、お手軽・お気軽に作れるところもあると思う

をリリース。その後、グループとしての制作活動は事実上の休止状態にあったが、13年に『OVERDOSE NIPPON』を発表した。

44. BES　日本のラッパー（78年〜）。所属するグループ、SWANKY SWIPE名義でクラシック『Bunks Marmalade』を2006年にリリースし、卓越したラップスキルと並外れたフロウで注目を集める。09年にはソロアルバム『REBUILD』を発表。最新作は18年のEP『CONVECTION』。

45. 般若　日本のラッパー（78年〜）。2000年に妄走族の一員としてデビュー（14年に脱退）し、04年にはソロアルバム『おはよう日本』を発表。攻撃的で過激なリリックや社会問題に切り込む楽曲が持ち味。MCバトルを得意とし、UMB2008優勝など好成績を収める。テレビ番組「フリースタイルダンジョン」ではラスボスを務める。最新作は18年の『話半分』。

んですけど。
　そして、そのミックステープで名を上げるアーティストたちが登場します。

志保　ニュータイプですね。

ヤナタケ　やっぱりここで挙げられるのは**AKLO[50]、KLOOZ[51]。とにかく売れた曲のビートジャックを全部やっている**っていう感じでしたよね。で、そのへんを追いかけている、いわゆるヘッズが……。

宇多丸　ヘッズ。ヒップホップの熱心なファンのことですね。

ヤナタケ　熱心なファンたちがビートジャック物を追いかけていて、「ああ、この曲もやってるし、この曲もやっている。全部クオリティの高いやつがいるな」と思ったら、それがAKLOだったと。
　ビートジャックを続けるうちに注目されるようになって、さらにミックステープを出してさらなる話題を呼んで、インターネット上の有名人になるという。

宇多丸　実はその構造も昔とあまり変わらないんですよね。ペイジャーやキングギドラのデモテープは先に……音源化されるよりも先にシーンに出回っていた。それで、ものすごくプロップス（評判）が上がった状態でアルバムが出るとか。やっぱり、**ヒップホップのストリートプロモーションの流儀**というものがあるんですよね。

ヤナタケ　そのようにして、〝地固め〟の終わったところで、いよいよこのAKLOがデビューということになるわけなんですけども。そのデビューシングルが出たときは、大きいバズが起きましたし、宇多丸さんもアルバムが発売されたときには、かなり高く評価されていましたよね。

宇多丸　日本語ラップにとどまらず、**「日本語を西洋的なポップミュージックのビートに合わせる実験の、現状の最高峰だ」**って言いました。

ヤナタケ　といった曲をまず聴いていただいて

46．妄走族　日本のラップグループ。初期のメンバーに般若、DEN、K5R、MASARU、神、ZORRO、剣桃太郎、565、DJ TURBO、JACK HERER。東京都世田谷区を拠点に活動し、2000年にアルバム『君臨』を発表。他に例のない不良スタイルで人気を博したが、15年に解散した。

47．DS455　日本のラップグループ。89年、MCのKayzabroとDJ PMXによって結成。Gファンクに影響を受けたビートとメロディ、スムーズなフロウが特徴。横浜を拠点に「ウェッサイ」のシーンを牽引する。

48．OZROSAURUS　日本のラップグループ。96年、MACCHOとDJ TOMOのふたりで結成し、2001年に発表したアルバム『ROLLIN'045』で確かな評価を獲得する。04年にDJ TOMOが脱退するも、DJ SN-Zらの加入を経て、現在は計6人のバンド編成で活動

もよろしいでしょうか？　それでは、2012年に発表されたAKLOの正式なデビュー曲となります。「RED PILL」。聴いてください。

▶ AKLO - RED PILL

志保　進化っぷりが半端ないですね。

宇多丸　**ラップの聴こえが日本語離れした感じなのに100%聴き取れる**し、非常にスキルフルですばらしいと思います。

ヤナタケ　で、このAKLOの前に、同じ年に、SALU[52]というラッパーもデビューしていて。

『The Package』
AKLO
（2012/One Year War Music, Lexington）

宇多丸　SALUも、これまたすばらしい。天才的なラッパーですね。

ヤナタケ　このふたりは、ONE YEAR WAR MUSICという、プロデューサーのBACHLOGIC[53]が立ち上げたレーベルからデビューしました。

宇多丸　BACHLOGIC。我々も「Once Again」をはじめとして、何度も組んでいるプロデューサーですね。

志保　スーパープロデューサー。

ヤナタケ　**当時は「BL詐欺」っていうのがあったくらい流行っていて**。

宇多丸　BL詐欺？

ヤナタケ　（彼は）**顔を公表していないから、BACHLOGICの名を騙って（かた）ビートを売るってことがあったらしいんですよ**。

宇多丸　ええーっ？　そんな……でもビートのクオリティでバレるだろ、そんなの？

ヤナタケ　そうそう。バレるんですけど。でもやっぱりそれくらい……。

する。

49. Rino Latina II　日本のラッパー。ランプアイ、雷のメンバー。96年の伝説的な楽曲「証言」では、最初のバースを担当する。2001年にソロアルバム『Carnival of Rino』をリリース。

50. AKLO　日本のラッパー。インターネット上に公開したミックステープが話題を呼び、多くのラッパーたちの楽曲に客演する。2012年には、人気プロデューサーBACHLOGICの主宰レーベルから初のアルバム『THE PACKAGE』を発表。16年にはメジャー移籍第一弾となるアルバム『Outside the Frame』をリリースした。

51. KLOOZ　日本のラッパー。2010年に公開したミックステープ『No Gravity』が評判を集め、13年に初のアルバム『DECORATION』を発表。

52. SALU　日本のラッパ

志保　謎に包まれていながらも、クオリティが半端ないっていうね。

USのトレンドを知ると、KOHHの音楽の〝理由〟がわかる

ヤナタケ　SALUくんの登場もなかなかセンセーショナルでしたが、さらにまた新しい世代。いよいよ、日本におけるトラップの本格派と呼べるアーティストが出てきます。それがKOHH[54]くんですね。

宇多丸　宇多田ヒカルさんのアルバム『Fantôme』（2016年）に参加したことでご存じの方も多いんじゃないですかね。

ヤナタケ　彼は東京都北区王子の団地に生まれ育ったんですけども、**実は僕、同じ団地生まれ。**

宇多丸　ああ、マジで？

ヤナタケ　そうなんです。あと、Y's'[55]とMonyHorse[56]というふたりのラッパーも同じ団地で。**MonyHorseのおじいちゃんは僕の少年野球チームの監督さん**という。

宇多丸　へー！

ヤナタケ　僕からしてみると「あんなところからこんな子たちが出てくるんだ！」と非常にうれしくて、陰ながら応援しているんですけども。

宇多丸　（KOHHの楽曲の）「結局地元」の〝地元〟だったわけですね。

ヤナタケ　そうなんです。で、KOHHくん、今からかけるのは「JUNJI TAKADA」って曲です。**タレントの高田純次さん、みなさんご存じかと思いますが、彼をモチーフにした曲を作りました。**

自分を有名人にたとえて自分のすごさを表す。実は当時アメリカで、そういう手法が結構流行っていたんです。

宇多丸　なるほど。そのスタイルを置き換えたわけだ。

ヤナタケ　うまく日本に置き換えて。「えっ、

ー（88年〜）。BACHLOGICから高い評価を受け、2012年にアルバム『IN MY SHOES』をリリース。その後、メジャーデビューも果たし、現在までに4枚のアルバムを発表している。最新作は17年の『INDIGO』。また、無料のミックステープ「BIS」シリーズも、これまでに3作公開されている。

53. BACHLOGIC　日本の音楽プロデューサー、トラックメイカー、ラッパー（79年〜）。音楽レーベル、ONE YEAR WAR MUSIC主宰。ライムスターやSEEDAから、EXILEや西野カナまで、多くのアーティストと共作をしてきた人気プロデューサー。鋼田テフロン名義でシンガーとしても活動する。

54. KOHH　日本のラッパー（90年〜）。ミックステープ「YELLOW T△PE」シリーズで注目を集め、2014年にアルバム『MONOCHROME』をリリース。トラップに、素朴で聴き取りやすい歌詞を乗せ

高田純次？」となるんですけど、歌詞を聴いていると、これまた面白いという。

宇多丸　この曲は、高田純次さんご本人のお耳にも届いたんですかね？

ヤナタケ　高田純次さんのラジオでもオンエアされたということで（笑）。

宇多丸　フフフ。いや、でもKOHHはさらに日本語ラップのやり方に新しい地平、新次元をもたらしたと言いますか。

志保　更新したってことですね。

ヤナタケ　どうでした？　最初にKOHHくんを聴いたとき。

宇多丸　いやいや、衝撃でした。「**ああ、こんなやり方があるのか！　これ、アリなのか！**」っていう。非常に平易な言葉で……ただ、**このラップの乗せ方をするというのは、実は考え抜かれている**と思う。何も考えていない乗せ方をしているように見えて、すごく考え抜かれている。**USのやり方を深く研究してトレースした結果、逆にドメスティックな表現としてものすごく自然なものになっている**というか。

志保　それこそ、シンプルな言葉遣いで聴き取れるんですよね、KOHHくんのラップは。

宇多丸　日本語ラップとして自然なものになっているし、USのモードとも合っているし。俺にはすごく勇気がいるタイプのラップなのね。だから、**ゴイスーです。1000円ください**。

志保　出ました（笑）。

ヤナタケ　今は、ヨーロッパツアーをしたりアメリカでライブしたりして満員になるくらい。世界的に人気があるアーティストに成長しました。

宇多丸　うんうん。

ヤナタケ　今後さらに新しい動きがあるみたいなんで、非常に楽しみに待っております。というわけで、KOHHの2013年に発表された曲になります。「JUNJI TAKADA」。

るスタイルが評判を呼ぶ。韓国のラッパー、キース・エイプの「It G Ma」（15年）への客演を機に、海外からも注目を集め、アメリカ、アジア、ヨーロッパ各国でもライブを行う。最新作は16年の『DIRT II』。

55. Y's　日本のラッパー（83年〜）。2007年にアルバム『YELLOW BLACK』を発表。その後、数々のラッパーたちの客演で注目を浴び、14年に『Love Hate Power』をリリースした。

56. MonyHorse　日本のラッパー。KOHHとの出会いがきっかけでラップを始め、『YELLOW T△PE』への客演でシーンに登場する。現在はヒップホップクルー、YENTOWNの一員として活動。2017年、グループMONYPETZJNKMNでアルバム『磊』をリリース。

宇多丸　でも、ちょっと前の曲だからね。ＫＯＨＨくんはその後もモードをどんどん更新してますよね。

志保　進化を遂げて。

ヤナタケ　最近もどんどんかっこよくなっていますから。

宇多丸　ＵＳのラップの歴史と日本のラップの歴史を並行して紹介してきましたけど、**アメリカのラップをそんなに聴いていない人だと、なぜ急にＫＯＨＨくんのこのスタイルが出てくるのかわからない**じゃないですか。

ＵＳの曲と並べて聴いていくことで、なぜこういう表現になるのか、わかっていただけたんじゃないでしょうか。

志保　そうですね。

ヤナタケ　**アメリカも日本も一緒に楽しんだ方が、ラップは絶対面白く聴けます。**

「フリースタイルダンジョン」と「Cho Wavy De Gomenne」

ヤナタケ　で、最後。２０１７年の話になってきます。「フリースタイルダンジョン」が盛り上がって、ＭＣバトルブームがあって。

宇多丸　「フリースタイルダンジョン」は２０１５年に放送スタート。放送が始まってずいぶん経つんだね。

ヤナタケ　第４章で「バトルＭＣから、なかなかヒットが生まれない」という話がありましたが、**ダンジョン・モンスターズ**[57]という「フ

『梔子』
KOHH
（2015/GUNSMITH PRODUCTION）

57. ダンジョン・モンスターズ　日本のラップグループ。メンバーは般若、漢、サイプレス上野、T-Pablow、R-指定、CHICO CARLITO、DOTAMAの7名で、いずれも「フリースタイルダンジョン」の初代モンスター。2017年にシングル「MONSTER VISION」を発表した。

リースタイルダンジョン」に出演するモンスターたち、**MCバトルが強い人のアベンジャーズ**[58]みたいな……。

宇多丸　漢くんの他に、サイプレス上野とかいろいろといて。

ヤナタケ　彼らが「MONSTER VISION」という曲を出して、某配信ダウンロードサイトの総合1位。軒並みJ-POPの強いやつらよりもバーンと上に行って。**某テレビ局の……**。

宇多丸　いいだろ、別に？（笑）。**「ミュージックステーション」だよ！**

ヤナタケ　に、出演するという。とてもリマーカブルな出来事が起きました。こちらも2017年の日本語ラップの代表曲としてかけさせてください。ダンジョン・モンスターズで「MONSTER VISION」。

▶ Dungeon Monsters - MONSTER VISION

ヤナタケ　最近の日本語ラップでもうひとつ大きな出来事と言えば、**JP THE WAVY**[59]くん。彗星（すいせい）のように現れて。

志保　2017年の出来事ですね。

ヤナタケ　「Cho Wavy De Gomenne」という曲で、インターネットを使ってバズを巻き起こしました。

宇多丸　バイラルヒット。

ヤナタケ　ですね。ビデオの中で真似したくなるようなダンスを披露していて、一気に広まりました。いわゆる「踊ってみた」的な動画も後に続きましたし、ビートジャックも結構出ましたね。

　自然発生的にうまく大きなムーブメントに

「MONSTER VISION」
Dungeon Monsters
（2017/GRAND MASTER INC.）

58．アベンジャーズ　マーベルより発売されている各コミックシリーズのヒーローが集結したチーム。メンバーに、アイアンマン、キャプテン・アメリカ、スパイダーマン、ブラックパンサーほか。映画作品としての初出は、2012年の『アベンジャーズ』。

59．JP THE WAVY　日本のラッパー、ダンサー（93年〜）。2017年、「Cho Wavy De Gomenne」が話題を呼び、一躍脚光を浴びる。ダンスクルー、Do The Right Incの一員としても活動。

なって、結果それが全国を巻き込んでの大ヒットになった。バイラルヒットということでは、最初に形になった例と言えるんじゃないでしょうか。

宇多丸 まさに2017年を代表する1曲。

ヤナタケ はい。ナンバーワンソングのひとつと言っていいんじゃないですかね。こちらを近年の日本語ラップの……おっ、最後の曲だ!

宇多丸 ああ、そうだ。これを日本語ラップシーンの……この後にBAD HOPのスタジオライブがありますが。日本語ラップパートで最後に我々がかける曲とさせていただきたいと思います。

ヤナタケ **いとうせいこうさんからここまで来ました!**

宇多丸 **スネークマンショーからここまで来ました!**

ヤナタケ Awich[60]とかいろいろとかけたかったんですけども。

志保 本当ね。

ヤナタケ 今日、ここではJP THE WAVYをかけさせていただきたいと思います。JP THE WAVYで「Cho Wavy De Gomenne」。これは、今知っておかないとヤバいぜ!

▶JP THE WAVY - Cho Wavy De Gomenne

宇多丸 「超○○でごめんね」っていう言い回し、ネット上で見ますよね。

ヤナタケ そういう使い方ですね。

宇多丸 直接会ったことはないんですけども。JP THE WAVYさん、もともとはダンサーで、ダンスの振付もしっかりしていて、しかも真似しやすいってこともあったり。

ヤナタケ 踊れるラッパーというのも珍しい。

志保 彼はファッション・アイコン的な人気もあって、すごくおしゃれなんですよ。本当にすべてを兼ね備えたスターラッパーという感じがしますね。

60．Awich 日本のラッパー、シンガー(86年〜)。2017年に初のアルバム『8』を発表し、新世代の女性ラッパーとして注目を集める。ヒップホップクルー、YENTOWNの一員。

宇多丸　はい。ということでございます。さあ……。

ヤナタケ　おおっ、ここまで来た～！（笑）。

宇多丸　ということで、日本のラップの歴史。「Rapper's Delight」に即座にかつ、直で影響を受けた「咲坂と桃内のごきげんいかが１・２・３」から、ＪＰ ＴＨＥ ＷＡＶＹの「Cho Wavy De Gomenne」まで一気に駆け抜けてまいりました～！

BAD HOP
――日本のヒップホップの未来を担う

宇多丸　１９７３年8月11日のヒップホップの誕生日から昨日のフォーブスの記事まで駆け抜けてきましたが、ここから先は、わが日本のラップの現在進行形、未来を担うアーティストにどかんと盛り上げていただいて！

細かい話はもうなしです。私はもう疲れましたので、彼らに任せたいと思います。神奈川県川崎発のヒップホップクルー、ＢＡＤ ＨＯＰのみなさんです。よいしょー！

YZERR　よろしくお願いします！

宇多丸　とりあえず、ＹＺＥＲＲくん、代表で話してください。ＮＨＫのスタジオにＢＡＤ ＨＯＰってなかなかレアな……。

YZERR　**来ちゃって大丈夫なのかな**って感じです。

宇多丸　画期的です！　40年のラップの歴史をたどってきて、最後をＢＡＤ ＨＯＰで締めることができたら、いちばん美しいんじゃないかと。

YZERR　ありがとうございます！

宇多丸　ＢＡＤ ＨＯＰにメールも来ていて、17歳の女の子からです。リクエストで「Asian Doll」。（メールを読む）「私はＢＡＤ ＨＯＰのこの曲が大好きです。本当に楽しかったです！　去年はライブに行くことができて、本当に楽しかったです！　今年もライブに行く予定なので期待しています！」

こちらも女性ですね。（メールを読む）「ＹＺＥ

ＲＲくんとＶｉｎｇｏくんの新曲『Diamond』。めちゃくちゃいいので、ぜひ聴きたいです」などなどメッセージをいただいております。

ＹＺＥＲＲ ありがとうございます！

宇多丸 ここから先、ばっこりＢＡＤ ＨＯＰにマイクを渡しますので、盛り上げてください！ よろしくお願いします！

（スタジオライブ）

▶ BAD HOP - Handz Up / Gucci Scarf / Ocean View

ＹＺＥＲＲ （ライブ終了）俺らが、ＢＡＤ ＨＯＰ。ＤＪはＹＡＮＡＴＡＫＥさん……。

志保 Skrrt, skrrt!

宇多丸 ありがとう！ ＮＨＫのこの独特かつ巨大なスタジオの中でのＢＡＤ ＨＯＰのライブはグッとくるものがありましたね！ やりづらかったと思いますけど。**オーディエンスが俺たちしかいないんで……**。

一同 アハハハハ！

宇多丸 みなさん、まだまだ若いんだよね？

ＹＺＥＲＲ 22ですね（２０１８年1月時点）。

宇多丸 **めちゃくちゃヒップホップの未来だと思います**。ＢＡＤ ＨＯＰ、今後の活動の予定とかは？

ＹＺＥＲＲ 4月6日にＺＥＰＰ東京でワンマンライブをやります。

宇多丸 ＺＥＰＰ⁉ ＺＥＰＰでやる⁉

ＹＺＥＲＲ やらせてもらいます！

宇多丸 キタねー！（ＢＡＤ ＨＯＰのライブには）めちゃめちゃお客さんが入るんだもんねー！ いやー、本当におめでとうございます！ ということで……あざーっした（笑）！

『Mobb Life』
BAD HOP
（2017/BAD HOP, KSR Corp.）

とにかくBAD HOPで締めくくることができて、僕は感無量でございます！

川崎という、なかなかハードな環境の中で、ラップという手段がなかったら、違う道に進んでいたかもしれないみなさんが、自分たちの手で道を切り拓いている。

BAD HOP。しかも**USの最新のヒップホップを消化して、日本のラップの最先端として見事に結実させている**ということだと思います。

高橋　ヒップホップ誕生からの40年の流れを踏まえて聴いていたら本当に感動しちゃった。

宇多丸　BAD HOPを最後に持ってきた意味もご理解いただけると思います。

NHKでBAD HOPのスタジオライブ。奇跡の、そして最高のフィナーレ！

おわりに

２０１８年１月８日、ＮＨＫ-ＦＭにて午後０時15分から午後10時45分にかけて放送された「今日は一日〝ＲＡＰ〟三昧」。アメリカと日本のヒップホップ／ラップ史を10時間かけて総括するなんて企画はラジオの歴史においても前代未聞、これから先もそう滅多にあることではないと思いますが、このタイミングでこうした番組が放送できたこと、そしてそれが１冊の本としてまとめられたことには、とても大きな手応えを感じています。

というのも、後年になって振り返ったとき、この２０１８年がヒップホップ／ラップにとって非常に重要な年として記憶されている可能性が高いからです。２０１８年は新年を迎えて早々、２０１７年のアメリカの音楽売り上げでヒップホップ／Ｒ＆Ｂが初めてロックを上回るという従来のポップミュージックの価値観を大きく揺さぶるデータが発表されましたが、４月にはそんなヒップホップ躍進の最大の功労者であるケンドリック・ラマーのピュリツァー賞受賞という、これまた超弩級のビッグニュースが飛び込んできました。

OUTRO

既報のとおり、ピュリツァー賞の音楽部門におけるクラシックやジャズ以外のジャンルからの選出は今回のケースが初めてになるわけですが、この快挙が今後のヒップホップに対する認識に大きな影響を及ぼすのはもちろん、ヒップホップ／ラップのひとつの到達点を示す出来事として後世に語り継がれていくことになるのは間違いないでしょう。

そのケンドリック・ラマーはピュリツァー賞受賞直後の8月、日本最大規模のロックフェス「FUJI ROCK FESTIVAL '18」のヘッドライナー出演のため二度目の来日を果たしましたが、それに合わせて応じたNHKの独占インタビューにおいて、彼は日本でラップをする若者たちに伝えたいこととして次のようなコメントを残しています。これは、本書のコンセプトにも大いに関係してくる話です。

「僕たちがアメリカやヒップホップ・コミュニティで培ってきたインスピレーションを受け取ってほしい。そして、それを自分のものへと昇華させていってください。ヒップホップは常に進化しています。僕のストーリーが、普通の小さな男の子のストーリーになったように、それが日本の若い男の子や女の子のストーリーになる。僕の野心やインスピレーションを受け取って、そこから自分のストーリーを作り上げていってほしい。別に、ケンドリック・ラマーやアメリカの他のラッパーのように聞こえなくてもいいんです。自分のものを作り上げる。そして、一度それが実現できたら、きっとたくさんの扉が開くはずです。あなたのコミュニティや日本だけではなく、きっと世界の人々も、（あなたを）もっとリスペクトするでしょう」

ロックを凌(しの)いでアメリカで最も売れる人気ジャンルにのし上がっても、ピュリツァー賞受賞者を輩出するほどの音楽的成熟を獲得しても、まったく変わることのないヒップホップの本質を、ケンドリック・ラマーは完璧に言い切っています。同じインタビュー中、ケンドリックは自分が生まれ育ったロサンゼルスのコミュニティに向けて作った音楽が遠く離れたロンドンの少年たちにも届いたことに感動し、その体験が世界中の人々と通じ合っていくうえでの新たな創造力を生み出すことにつながったと話していますが、「〝RAP〟三昧」や本書を通じて最終的に浮き彫りにしたかったのは、つまるところこういったことなのだと考えています。

「〝RAP〟三昧」の放送の大団円、1973年8月11日のヒップホップ誕生からその歴史をたどってきたうえで聴くBAD HOP「Ocean View」に覚えたあの感慨。それを見事に言語化してくれたようなケンドリックの発言は、番組や本書でアメリカのヒップホップ史と交互に紹介してきた日本のヒップホップ/ラップの試行錯誤を全面的に肯定するものと言っていいでしょう。

そのBAD HOPがデビューからわずか4年にして日本武道館公演を行う2018年は、アメリカだけでなく日本のヒップホップ/ラップにとってもきっとメモリアルな年になると確信しています。そして「泥水からシャンパン/カップ麺からロブスター/変わらず追われる身/少年Aからスーパースター」(「Kawasaki Drift」から)と歌う彼らのストーリーが、

OUTRO

また別の少年少女のストーリーになっていくことに心の底からわくわくしています。突き詰めていけば、ヒップホップはこうして世界で最も影響力のあるユースカルチャーへと成長／発展を遂げてきたのです。

世界にヒップホップの存在を知らしめたシュガーヒル・ギャング「Rapper's Delight」のヒットから、２０１９年でちょうど40年。ケンドリック・ラマーやＢＡＤ ＨＯＰが開いた大きな扉の向こうには、はたしてどんな景色が拡がっているのでしょう。ヒップホップ／ラップは、まだまだ無限の可能性を秘めています。

高橋芳朗

PLAY LIST

「今日は一日“RAP”三昧」プレイリスト

※本書で紹介した楽曲に加えて、番組のトーク中にBGMとしてかけた楽曲、
リスナーのみなさんからのリクエストも掲載しています。

[第1章　70～80年代初頭]

001. HUMBLE. ／ Kendrick Lamar
002. Apache ／ Incredible Bongo Band
003. Rapper's Delight ／ The Sugarhill Gang
004. The Breaks ／ Kurtis Blow
005. The Message ／ Grandmaster Flash & The Furious Five
006. Planet Rock ／ Africa Bambaataa & The Soul Sonic Force
007. 咲坂と桃内のごきげんいかが１・２・３／スネークマンショー
008. コンプリケイション・シェイクダウン／佐野元春
009. The Bridge ／ MC Shan（ヒップホップ・スラング辞典）
010. The New Rap Language ／ Spoonie Gee & The Treacherous Three

[第2章　80年代中期～後期]

011. Top Billin' ／ Audio Two
012. Here We Go (Live at the Funhouse) ／ Run-D.M.C.
013. P.S.K. What Does It Mean? ／ Schoolly D
014. Rock the Bells ／ LL Cool J
015. The New Style ／ Beastie Boys
016. Raw ／ Big Daddy Kane
017. Ego Trippin' ／ Ultramagnetic MC's
018. Paid in Full ／ Eric B & Rakim
019. Children's Story ／ Slick Rick
020. My Philosophy ／ Boogie Down Productions
021. Bring the Noise ／ Public Enemy
022. Fight the Power ／ Public Enemy
023. 業界こんなもんだラップ／いとうせいこう
024. 東京ブロンクス／いとうせいこう & TINNIE PUNX
025. LAST ORGY ／ TINY PANX
026. Hoo! Ei! Ho! feat. TINNIE PUNX ／ President BPM
027. Pico Curie ／ ECD

028. 噂だけの世紀末 feat. 宇多丸／いとうせいこう（スタジオライブ）
029. Ill Street Blues ／ Kool G Rap & DJ Polo
030. C.R.E.A.M. ／ Wu-Tang Clan（ヒップホップ・スラング辞典）

[第3章　80年代後期～90年代]
031. Me Myself and I ／ De La Soul
032. Can I Kick It? ／ A Tribe Called Quest
033. Straight Outta Compton ／ N.W.A.
034. Mind Playing Tricks on Me ／ Geto Boys
035. Jump ／ Kriss Kross
036. U Can't Touch This ／ MC Hammer
037. The Gas Face ／ 3rd Bass
038. O.P.P. ／ Naughty By Nature
039. How I Could Just Kill a Man ／ Cypress Hill
040. Jump Around ／ House of Pain
041. Shamrocks and Shenanigans (Butch Vig Remix) ／ House of Pain
042. Bring the Noise feat. Chuck D from Public Enemy ／ Anthrax
043. Pass the Mic ／ Beastie Boys
044. Nuthin' But a ‘G’ Thang feat. Snoop Doggy Dogg ／ Dr. Dre
045. Let Me Ride feat. Snoop Dogg ／ Dr. Dre
046. Who Am I (What's My Name)? ／ Snoop Doggy Dogg
047. Real Love ／ Mary J. Blige
048. They Reminisce Over You (T.R.O.Y.) ／ Pete Rock & CL Smooth
049. Mass Appeal ／ Gang Starr
050. Come Clean ／ Jeru the Damaja
051. Wu-Tang Clan Ain't Nuthing ta Fuck Wit ／ Wu-Tang Clan
052. Live at the Barbeque feat. Nas, Joe Fatal & Akinyele ／ Main Source
053. It Ain't Hard to Tell ／ Nas
054. Shook Ones Part II ／ Mobb Deep
055. Unbelievable ／ The Notorious B.I.G.
056. Big Poppa ／ The Notorious B.I.G.
057. Hit'Em Up feat. Outlawz ／ 2Pac
058. California Love feat. Dr. Dre ／ 2Pac
059. Runnin' ／ The Pharcyde
060. 今夜はブギー・バック smooth rap feat. 小沢健二／スチャダラパー

PLAY LIST

061. GET UP AND DANCE／スチャダラパー
062. スチャダラパーのテーマ Pt.2／スチャダラパー
063. DA.YO.NE／EAST END × YURI
064. MICROPHONE PAGER／MICROPHONE PAGER
065. 未確認飛行物体接近中（急接近ミックス）／キングギドラ
066. 見まわそう／キングギドラ
067. 白いヤミの中／キミドリ
068. 口から出まかせ feat. KING GIDDRA & SOUL SCREAM／RHYMESTER
069. 証言／LAMP EYE
070. 人間発電所／BUDDHA BRAND
071. The R／RHYMESTER（スタジオライブ）
072. B-BOY イズム／RHYMESTER（スタジオライブ）
073. Turn My Swag On／Soulja Boy Tell'em（ヒップホップ・スラング辞典）
074. Swagger Like Us feat. Kanye West, Jay-Z & Lil Wayne／T.I.（ヒップホップ・スラング辞典）

[第 4 章　2000 年代]
075. Fu-Gee-La／The Fugees
076. Doo Wop (That Thing)／Lauryn Hill
077. Silly Ho／TLC
078. Ruff Ryders' Anthem／DMX
079. Get Ur Freak On／Missy Elliott
080. Superthug／N.O.R.E.
081. Grindin'／Clipse
082. Back That Thang Up feat. Mannie Fresh & Lil Wayne／Juvenile
083. Ms. Jackson／Outkast
084. Int'l Players Anthem (I Choose You) feat. Outkast／UGK
085. Big Pimpin' feat. UGK／Jay-Z
086. Country Grammar／Nelly
087. The Real Slim Shady／Eminem
088. Still D.R.E. feat. Snoop Dogg／Dr. Dre
089. The Next Episode feat. Snoop Dogg, Kurupt & Nate Dogg／Dr. Dre
090. Lose Yourself／Eminem
091. What Up Gangsta／50 Cent
092. In Da Club／50 Cent
093. Hate It or Love It feat. 50 Cent／The Game

094. Hey Ya! ／ Outkast
095. Stay Fly feat. Young Buck, Eightball & MJG ／ Three 6 Mafia
096. Still Tippin' feat. Slim Thug & Paul Wall ／ Mike Jones
097. 24's ／ T.I.
098. What You Know ／ T.I.
099. Crank That (Soulja Boy) ／ Soulja Boy Tell'em
100. 6 Foot 7 Foot feat. Cory Gunz ／ Lil Wayne
101. A Milli ／ Lil Wayne
102. Hustlin' ／ Rick Ross
103. B.M.F. (Blowin' Money Fast) feat. Styles P ／ Rick Ross
104. Gold Digger feat. Jamie Foxx ／ Kanye West
105. Late ／ Kanye West
106. DJ IZOH DJ mix
（Future Is Born feat. mabanua ／ RHYMESTER、人間交差点／ RHYMESTER、
Critical Point feat. TARO SOUL, KEN THE 390 ／ SKY-HI、ANARCHY AWA MIX ／ DJ IZOH）
107. The Choice Is Yours ／ Black Sheep
108. 93 'Til Infinity ／ Souls of Mischief
109. End to End Burners ／ Company Flow
110. 45 FINGAZ of DEATH ／ NITRO MICROPHONE UNDERGROUND
111. NITRO MICROPHONE UNDERGROUND ／ NITRO MICROPHONE UNDERGROUND
112. STEPPER'S DELIGHT ／ RIP SLYME
113. マルシェ／ KICK THE CAN CREW
114. アンダーグラウンド vs アマチュア／ THA BLUE HERB
115. 漢流の極論／漢
116. 心にゆとりとさわやかマナー／ MSC
117. 宿ノ斜塔／ MSC
118. AREA AREA ／ OZROSAURUS
119. 雪ノ革命／ Gagle
120. 知らざあ言って聞かせや SHOW ／ TOKONA-X
121. 花と雨／ SEEDA
122. アウトレットブルース〜蛇の道をゆく〜／ NORIKIYO
123. かみさま／ PSG

[第 5 章　2010 年代]

124. Say You Will ／ Kanye West

PLAY LIST

125. Best I Ever Had ／ Drake
126. Purple Swag ／ A$AP Rocky
127. Peso ／ A$AP Rocky
128. Roll Up ／ Wiz Khalifa
129. No Problem feat. 2 Chainz & Lil Wayne ／ Chance The Rapper
130. Thrift Shop feat. Wanz ／ Macklemore & Ryan Lewis
131. Same Love feat. Mary Lambert ／ Macklemore & Ryan Lewis
132. OOOUUU ／ Young M.A
133. Alright ／ Kendrick Lamar
134. Trap Queen ／ Fetty Wap
135. Bad and Boujee feat. Lil Uzi Vert ／ Migos
136. Mask Off ／ Future
137. XO Tour Llif3 ／ Lil Uzi Vert
138. Bartier Cardi feat. 21 Savage ／ Cardi B
139. Bodak Yellow ／ Cardi B
140. 24 Bars To Kill feat. ANARCHY, Rino Latina II, 漢 & MACCHO ／ Ski Beatz
141. RED PILL ／ AKLO
142. The Girl on a Board feat. 鋼田テフロン／ SALU
143. JUNJI TAKADA ／ KOHH
144. MONSTER VISION ／ Dungeon Monsters
145. Cho Wavy De Gomenne ／ JP THE WAVY
146. Remember feat. YOUNG JUJU ／ Awich
147. I Used to Love H.E.R. ／ Common
148. SKRT ／ Kodak Black（ヒップホップ・スラング辞典）
149. Hanz Up ／ BAD HOP（スタジオライブ）
150. Gucci Scarf ／ BAD HOP（スタジオライブ）
151. Ocean View ／ BAD HOP（スタジオライブ）
152. Flava in Ya Ear (Remix) feat. The Notorious B.I.G., LL Cool J, Rampage & Busta Rhymes ／ Craig Mack
153. Supa Star ／ Group Home
154. You Got Me feat. Erykah Badu & Eve ／ The Roots
155. Let Me Turn You On ／ Biz Markie
156. 人間交差点／ RHYMESTER
157. I REP ／ KREVA, DABO, ANARCHY

ZANMAI

今日は一日“RAP”三昧／NHK-FM

放送日時：2018年1月8日 12:15～22:45（18:50～19:20はニュースのため中断）

MC　ライムスター宇多丸

解説　高橋芳朗／DJ YANATAKE／渡辺志保

ゲスト（出演順）　いとうせいこう／Bose（スチャダラパー）／Zeebra
ライムスター／DJ IZOH／漢 a.k.a. GAMI／BAD HOP

主要スタッフ

プロデューサー：中田淳子、小澤 寛（NHKエンタープライズ）

ディレクター：馬場一浩（シャ・ラ・ラ・カンパニー）

アシスタントディレクター：兒玉洋太、佐々木竣平、田村直子、
本田文男、毛利友香、八木橋正司（以上、シャ・ラ・ラ・カンパニー）

音声：石崎裕一、日下みなみ、田辺滋樹、丹賀健太郎（以上、NHKメディアテクノロジー）

宇多丸（うたまる）

ラッパー／ラジオパーソナリティ。1989年にヒップホップグループ・ライムスターを結成し、日本語ラップの最初期よりシーンを牽引。ラジオパーソナリティ、TVコメンテーター、文筆家としても幅広く活躍しており、MCを務めたTBSラジオ「ライムスター宇多丸のウィークエンド・シャッフル」（2007～2018年）にて、2009年に第46回ギャラクシー賞「DJパーソナリティ賞」を受賞。2018年4月からはTBSラジオ「アフター6ジャンクション」でMCを務める。ラジオ番組の出版化に、『ライムスター宇多丸も唸った人生を変える最強の「自己低発」 低み』（イーストプレス）など。著書に『ライムスター宇多丸の映画カウンセリング』（新潮社）など多数。

高橋芳朗（たかはしよしあき）

音楽ジャーナリスト。音楽雑誌の編集を経て、フリーの音楽ジャーナリストとして活動。エミネムやカニエ・ウェストなどのオフィシャル取材のほか、マイケル・ジャクソンをはじめ数多くのライナーノーツを手がける。ラジオパーソナリティ、選曲家としても活動。ライムスター宇多丸との共著に『ブラスト公論』（徳間文庫）、『R&B馬鹿リリック大行進』（スモール出版）など。

DJ YANATAKE（ディージェー ヤナタケ）

DJ。レコードショップ・Ciscoのヒップホップ・チーフバイヤーとして“レコードの町・宇田川町”の一時代を築いた後、MTV Japanに選曲家として参加するなどヒップホップシーンの重要な場面を担う。現在は、ヒップホップ専門のインターネットラジオ局・WREPのプロデュースを行うほか、block.fm「INSIDE OUT」のラジオパーソナリティも務めている。

渡辺志保（わたなべしほ）

音楽ライター。主にヒップホップ関連の文筆や歌詞対訳に携わる。ケンドリック・ラマーの来日インタビューの監修やblock.fm「INSIDE OUT」でラジオパーソナリティを務めるなど多方面で活動中。共著に『ディスク・コレクション ヒップホップ 2001-2010』（シンコーミュージック・エンタテイメント）。

装幀	川名 潤
収録写真撮影	八木橋正司（シャ・ラ・ラ・カンパニー）
協力	株式会社スタープレイヤーズ
校正	福田光一
DTP	センターメディア
編集協力	みやーん ZZ
編集	井上雄介、粕谷昭大

ライムスター宇多丸の「ラップ史」入門

2018年10月30日　第1刷発行
2024年4月25日　第5刷発行

著者　宇多丸、高橋芳朗、DJ YANATAKE、渡辺志保
編者　NHK-FM「今日は一日“RAP”三昧」制作班

発行者　松本浩司
発行所　NHK出版
〒150-0042　東京都渋谷区宇田川町10-3
電話　0570-009-321（問い合わせ）　0570-000-321（注文）
ホームページ　https://www.nhk-book.co.jp
印刷・製本　共同印刷

Printed in Japan
ISBN 978-4-14-081755-1　C0095